sewing harue 26

김공주

노정미

이현정

최은례

HANDIS

Intro

Contents

part 1. natural

part 2. girlish

part 3. urban

part 4. cosy

Outro

Intro

당신의 옷장에는 어떤 옷들이 살고 있나요?

매일 우리는 옷장에 걸린 다양한 옷들을 마주합니다. 어떤 때에는 내 몸에 맞는 편안한 옷을, 또 어떤 때에는 내게 평소와는 다른 분위기를 더해 줄 옷을 고르기도 합니다. 이처럼 당신이 골라 입는 옷과 소품은 당신의 삶의 한 조각을 담고 있습니다. 내가 미처 알아차리지 못하는 아주 작은 부분들이 옷에 담겨있기도 하지요.

〈소잉 하루에 26〉에서는 소잉을 사랑하는 네 작가분들의 취향과 마음을 담은 작품들을 파트별로 나누어 소개합니다. 서적을 읽으며 나의 취향은 어느 작가와 닮았는지 관찰하고, 내 옷장 속 의상들을 떠올리며 끌리는 작품부터 골라서 시작해 보세요.

Intro

<u>Contents</u>

part 1. natural

part 2. girlish

part 3. urban

part 4. cosy

Outro

Contents

Intro ⋯ p.02

Contents ⋯ p.04

part 1.	김공주 작가
	화보 / 제작
a-1 둥근 칼라 블라우스	p.07 / 66
a-2 뒷 단추 블라우스	p.08 / 69
a-3 뒷 단추 원피스	p.09 / 72
a-4 에이프런 원피스	p.10 / 74
a-5 와이드 밴딩 팬츠	p.11 / 77
a-6 이중 스커트	p.12 / 80
a-7 차이나 칼라 재킷	p.13 / 83
a-8 클러치백	p.14 / 86
styling tip 1	p.15

part 2.	노정미 작가
	화보 / 제작
b-1 소매 페플럼 블라우스	p.17 / 88
b-2 빅 칼라 블라우스	p.18 / 91
b-3 빅 칼라 원피스	p.19 / 93
b-4 스퀘어 넥 단추 블라우스	p.20 / 95
b-5 스퀘어 넥 단추 원피스	p.21 / 97
b-6 스퀘어 넥 블라우스	p.22 / 99
b-7 플랫 칼라 원피스	p.23 / 102
b-8 캔버스 백	p.24 / 105
styling tip 2	p.25

part 3. 이현정 작가

	화보 / 제작
c-1 브이넥 블라우스	p.27 / 107
c-2 버클 장식 블라우스	p.28 / 109
c-3 허리 끈 원피스	p.29 / 111
c-4 옆지퍼 팬츠	p.30 / 112
c-5 앞단추 팬츠	p.31 / 114
c-6 페플럼 스커트	p.32 / 117
c-7 노 칼라 재킷	p.33 / 119
c-8 숄더백	p.34 / 123
styling tip 3	p.35

part 4. 최은례 작가

	화보 / 제작
d-1 점프수트	p.37 / 125
d-2 퍼프 소매 블라우스	p.38 / 127
d-3 리본 소매 블라우스	p.39 / 129
d-4 밑단 투 버튼 팬츠	p.40 / 131
d-5 스커트	p.41 / 134
d-6 후드 재킷	p.42 / 136
d-7 에코백	p.43 / 139
d-8 토트백	p.44 / 141
styling tip 4	p.45

Outro	⋯ p.46
Sewing tip	⋯ p.48
Basic Materials	⋯ p.62
How to make	⋯ p.64

* 본 서적에 사용된 원단은 심플소잉(http://www.simplesewing.co.kr), 패션스타트 (http://www.fashionstart.net)에서 확인하실 수 있습니다.

Intro

Contents

part 1. *natural*

part 2. girlish

part 3. urban

part 4. cosy

Outro

part 1.

내추럴 룩 Natural look

처음 이 컨셉을 제안받았을 때, 참 고민이 많았습니다.

그동안 만들었던 작품들을 돌아보고, 제 취향에 대해 고민하던 끝에 저는 편안하고 내추럴한 분위기를 주제로 준비하게 되었습니다. 너무 어려운 기술을 쓰지 않고 간단하게 만들 수 있으면서도 입었을 때에 멋스러운 옷, 공방에서 만난 수강생들에게도 반응이 좋았던 디자인들입니다.

그동안 다양한 의상과 소품들을 만들어 본 경험을 바탕으로, 제 취향과 노하우를 가득 담아 여덟 작품을 이 파트에 담았습니다. 제 작품들로 당신의 옷장이 한 층 더 풍족해지기를 바랍니다.

김공주 드림

사용 원단…트윌리넨 솔리드_오프화이트

a-1 둥근 칼라 블라우스

둥근 칼라가 사랑스러운 블라우스입니다. 소매 밑단에 주름을 잡고, 바이어스로 깔끔하게 처리했습니다. 너무 어두운 색상보다는 깨끗한 화이트 색상의 리넨으로 만들면 칼라와 주름이 잘 보여 사랑스러운 느낌으로 완성됩니다.

◎how to make… p.66

a-2 뒷 단추 블라우스

요크 절개선 사이에 턱 디테일이 귀여운 블라우스입니다. 소매 밑단에는 주름을 잡고, 커프스를 달아 더욱 풍성하게 만들어 사랑스러운 느낌을 줍니다. 뒤판에는 단추를 달아 여미는 디자인입니다.

©how to make… p.69

사용 원단…리투아니아 리넨_킹피셔블루

a-3 뒷 단추 원피스

a-2 작품을 활용하여 만든 원피스입니다. 소매를 칠부 기장으로 늘리고, 바이올렛 색상의 원단을 사용해 고급스러움을 더해주면 블라우스와는 또 다른 느낌의 아이템으로 완성됩니다.

◎how to make… p.72

사용 원단…리네티 리넨 무지_바이올렛

a-4 에이프런 원피스

루즈한 스타일의 에이프런 원피스입니다. 뒤쪽의 어깨끈을 크로스로 연결하고, 단추로 여밀 수 있는 디자인입니다. a-1 블라우스와 레이어드하여 코디하면 편안하고 멋스러운 스타일이 완성됩니다.

ⓒhow to make… p.74

사용 원단…리투아니아 리넨 샴브레이_차콜

a-5 와이드 밴딩 팬츠

와이드 스타일의 밴딩 팬츠입니다. 허리 밴딩으로 입고 벗기 편하며, 와이드한 핏으로 마치 스커트를 입은 것처럼 연출이 가능합니다. 심플한 룩에 포인트 주기 좋은 팬츠입니다.

◎how to make… p.77

사용 원단…리투아니아 리넨 핀스트라이프_블랙

a-6 이중 스커트

스커트를 이중으로 덧대어 착용한 느낌으로 연출되는 스커트입니다. 다른 색상의 2가지 원단으로 배색하여 제작하면 더 멋스럽습니다. 고급스러운 그레이 컬러와 화이트의 배색으로 사랑스러운 실루엣이 매력적인 스커트를 만들어보세요.

©how to make… p.80

사용 원단…리넨 디보트무지_그레이 / 코튼 60수아사 소프트_밀키화이트

a-7 차이나 칼라 재킷

블랙 리넨으로 만든 멋스러운 차이나 칼라 재킷입니다. 칼라, 소매의 안단쪽에 스트라이프 원단을 사용하여 배색으로 포인트를 주었습니다. 허리끈을 묶으면 잔잔한 주름이 잡혀 멋스럽게 연출됩니다.

◎how to make… p.83

사용 원단…리투아니아 리넨 샴브레이_블랙

a-8 클러치백

클러치백으로도 사용할 수 있고, 가죽 끈을 달면 토트백으로도 사용할 수 있는 활용도 만점인 가방입니다. 벨트 장식으로 뚜껑을 여미어 멋스러우며, 어떤 룩에도 잘 어울리는 디자인이라 하나쯤 만들기 좋은 아이템입니다.

◎how to make… p.86

사용 원단…리넨 프렌치 헤비_내추럴베이지

Styling tip 1

김공주 작가의 작품들은 어디에나 잘 어울리는 자연스러움이 매력인 기본에 충실한 디자인들입니다. 첫 번째 스타일링 팁에서는 그 기본의 미덕을 해치지 않으면서도 또 다른 느낌을 끌어낼 수 있는 코디를 준비했습니다.

뒷 단추 원피스는 하나만 입어도 매력적인 아이템입니다. 밀짚모자로 포인트를 주면 더욱 편안한 느낌의 스타일링이 완성됩니다.

에이프런 원피스는 그레이 색상의 얇은 니트와 함께 착용하면 간절기에도 딱 입기 좋은 코디가 됩니다. 여러 아이템들과 레이어드 하면 리넨의 매력을 언제나 다양하게 즐길 수 있습니다.

이중 스커트는 베이지 카디건과 함께 코디하면 편안하고 부드러운 느낌이 더해집니다. 여기서 토트백을 들어주면 더욱 조화로운 코디가 완성됩니다.

블랙 차이나 칼라 재킷과 이중 스커트를 함께 코디하면 또 다른 느낌의 스타일링이 완성됩니다. 격식 있는 자리에도 어울리는 멋스러운 코디이니 느낌이 비슷한 원단으로 만들어 도전해보세요.

Intro

Contents

part 1. natural

part 2. girlish

part 3. urban

part 4. cosy

Outro

part 2.

걸리시 룩 Girlish look

저는 어렸을 때부터 소녀스럽고 사랑스러운 모든 것에 대한 관심이 많았고 좋아했습니다. 이러한 취향은 지금까지도 이어져 와서 제가 만드는 작품들에는 사랑스러운 요소들이 하나둘 더해집니다. 네크라인과 주름, 다트, 칼라... 작은 요소들만 바꾸어도 색다른 느낌으로 완성되지요.

이번 서적을 준비하면서 작가 개개인으로 파트를 나눈다는 이야기를 듣고, 꼭 이런 제 취향을 작품 하나하나에 녹여내야겠다고 생각했습니다. 그렇다고 현실과 동떨어진 대단한 옷이라기보다는 저라는 사람이 가진 고유의 감성을 찾으려 했습니다. 독자분들이 제 작품과 함께하면서 일상에 기분 좋은 사랑스러움 한 조각을 더하셨으면 좋겠습니다.

노정미 드림

b-1 소매 페플럼 블라우스

소매 페플럼이 사랑스러운 블라우스입니다. 깊게 파인 목둘레로 입고 벗기 편하며, 옆선에서부터 뒷몸판까지 이어지는 잔잔한 주름이 귀여운 디자인입니다. 화보에서는 c-3 작품의 허리끈을 묶어 포인트를 주었습니다.

©how to make… p.88

사용 원단…트윌리넨 솔리드_오프화이트

b-2 빅 칼라 블라우스

풍성한 주름이 들어간 빅 칼라가 포인트인 블라우스입니다. 몸판을 두 장으로 연결하여 스티치로 포인트를 주었습니다. 리넨 원단으로 만들면 목둘레의 잔잔한 주름을 자연스럽게 연출할 수 있습니다.

◎how to make… p.91

사용 원단…트월리넨 솔리드_키나리

b-3 빅 칼라 원피스

b-2 아이템을 활용하여 만든 원피스입니다. 긴 기장의 소매로 만들었으며, 잔꽃 무늬 원단으로 만들어 더욱 매력적인 아이템입니다. 화보처럼 스커트를 레이어드하여 입으면 소녀스러운 느낌이 더해집니다.

◎how to make… p.93

사용 원단…코튼리넨 플라워가든 미모자_블랙

b-4 스퀘어 넥 단추 블라우스

뒤쪽에서 감싸주는 듯한 소매가 포인트인 블라우스입니다. 허리에는 다트를 주고, 밑단감에는 턱을 잡은 디자인입니다. 디테일이 많이 들어간 아이템으로 코디에 포인트로 활용해보세요.

ⓒhow to make… p.95

사용 원단…울리넨혼방 트윌 무지_머스타드

b-5 스퀘어 넥 단추 원피스

b-4 아이템을 활용하여 만든 원피스입니다. 어릴 적 동화 속에 나오는 공주풍의 스타일로 과감한 컬러의 무늬 원단을 사용해 포인트를 준 아이템입니다. 나에게 잘 어울리는 색감의 프린팅 원단으로 더욱 특별한 원피스를 만들어 보세요.

◎how to make… p.97

사용 원단…코튼리넨 에치노 와플_그린

b-6 스퀘어 넥 블라우스

목선을 돋보이게 하는 스퀘어 넥 블라우스입니다. 소매에는 풍성한 주름을 넣어 소녀다움을 더해주고, 몸판에 다트를 주어 허리라인을 슬림하게 보이도록 만들었습니다. 작품은 체크 원단으로 만들었지만, 화사한 색상으로 만들면 더욱 러블리한 아이템이 완성됩니다.

◎how to make… p.99

사용 원단…코스모 코튼 1mm 체크_네이비

b-7 플랫 칼라 원피스

플랫 칼라에 배색으로 포인트를 준 원피스입니다. 스커트에 잡힌 맞주름이 더 소녀같은 분위기를 냅니다. 칼라와 비슷한 색상의 캔버스 백을 들어 조화로운 코디로 완성했습니다.

◎how to make… p.102

사용 원단…리투아니아 리넨 샴브레이_블랙

b-8 캔버스 백

나들이 룩에 들기 좋은 백입니다. 안쪽에 금속 부자재를 달고, 겉쪽에는 스티치로 포인트를 준 아이템입니다. 노정미 작가의 의상에 모두 코디하기 좋은 아이템으로 의상과 함께 만들어 연출하는 것을 추천합니다.

ⓒhow to make… p.105

사용 원단…코튼 8수 캔버스 오스카_아이보리

Styling tip 2

노정미 작가의 작품들을 보고 있으면 언젠가 한 번쯤은 좋아했던 그 소녀 감성을 다시금 내 곁으로 불러오는 기분이 듭니다. 두 번째 스타일링 팁에서는 사랑스러움이 가득 담긴 작품들과 더불어 잘 어울리는 스타일을 발견해 보았습니다.

소매 페플럼 블라우스에 연보라색 주름 스커트를 함께 코디하여 소매의 디테일이 더욱 돋보이는 사랑스러운 코디를 완성했습니다. 귀여운 헤어밴드로 포인트를 주어도 좋습니다.

빅 칼라 블라우스에 뷔스티에 스타일의 원피스를 레이어드하면 나들이하기 좋은 코디가 완성됩니다. 캔버스 백과 함께 연출하여 완성도 높은 스타일링을 만들어 보세요.

빅 칼라 원피스와 청바지를 레이어드하면 잔잔한 꽃무늬와 잘 어우러지는 활기찬 소녀의 코디가 완성됩니다.

스퀘어 넥 단추 블라우스와 캐주얼한 청바지를 코디하면 편안한 분위기에 사랑스러운 매력이 잘 어울립니다. 머리에 귀여운 진주 헤어 핀을 더해 소녀 감성을 완성해보세요.

Intro

Contents

part 1. *natural*

part 2. *girlish*

part 3. *urban*

part 4. *cosy*

Outro

part 3.

어반 룩 Urban look

저의 취향을 담을 작품들을 고민하던 중에, 직장 생활을 할 때에 주로 입었던 도회적이고 여성스러운 느낌의 의상들이 떠올랐습니다. 지금은 결혼하고 아이들을 키우느라 쉽사리 입을 수는 없는 옷들입니다. 직장을 다니던 2~30대 시절을 돌이켜 보면, 어쩌면 그때가 나의 취향을 잘 담은 옷들을 가장 많이 입었던 시기가 아니었을까요?

그 시절 나의 아름다웠던 모습을 기억하고 싶은 마음을 담아, 그때의 느낌을 가득 담은 디자인의 작품들을 만들었습니다. 물론 지금도 즐겁게 입을 수 있도록 지금의 제 취향들도 함께 담겨 있어요. 이번 파트에서는 그 시절의 느낌으로, 평소와는 다르게 꾸며보는 건 어떨까 제안해 봅니다.

이현정 드림

c-1 브이넥 블라우스

주름을 잡은 소매와 적당히 파인 브이넥이 여성스러운 느낌을 더해주는 블라우스입니다. 만들어두면 어느 하의에 매치해도 어울리는 아이템이므로 다양한 원단으로 만들어보세요.

◎how to make… p.107

사용 원단…트윌리넨 솔리드_오프화이트

c-2 버클 장식 블라우스

활동하기에 부담스럽지 않은 길이의 소매로 만든 블라우스입니다. 제천으로 만든 벨트에 버클 장식을 달아 포인트를 주었습니다. 화보처럼 무지 원단으로 만들면 깔끔한 오피스룩 느낌으로 완성됩니다.

◎how to make… p.109

사용 원단…40수 코튼 트리플 원_카키브라운

c-3 허리 끈 원피스

c-2 작품을 활용하여 만든 원피스입니다. 허리에 얇은 끈을 달아 더 여성스러운 느낌입니다. 화보에서는 도회적인 느낌의 그레이 무지 원단으로 만들었지만, 무늬 원단으로도 만들어 보는 것을 추천합니다.

ⓒhow to make… p.111

사용 원단…40수 코튼 트리플 원_스톤그레이

c-4 옆지퍼 팬츠

군더더기없는 슬림한 핏이 매력적인 팬츠입니다. 앞팬츠에는 턱을 잡았고, 뒤팬츠에는 다트를 넣었습니다. 콘실지퍼를 사용하여 걸리는 부분 없이 딱 떨어지는 깔끔한 라인을 완성했습니다.

ⓒhow to make… p.112

사용 원단…소프트 스판 정장지_카키그레이

c-5 앞단추 팬츠

c-4 작품을 활용한 디자인의 팬츠입니다. 허리에 벨트고리를 더하고, 단추로 여미어 보다 캐주얼한 느낌이 듭니다. 차분한 브라운 계열의 리넨으로 만들면 어느 상의에도 잘 어울립니다.

◎how to make… p.114

사용 원단…리네티 리넨 베이직 무지_스톤브라운

c-6 페플럼 스커트

옆선에 지퍼를 달아 만든 페플럼 스커트입니다. 앞쪽은 짧고 뒤쪽은 길게 만들어 예쁜 실루엣을 연출해줍니다. 퍼프 소매의 무지 블라우스와 함께 착용하여 깔끔하게 코디했습니다.

©how to make… p.117

사용 원단…리투아니아 리넨 샴브레이_블랙

사용 원단…멀베리 코튼기모 헤링본_브라운

c-7 노 칼라 재킷

단정한 네크라인이 돋보이는 노 칼라 재킷입니다. 길지 않은 기장으로 움직임이 편하고, 적당히 허리를 잡아주어 딱 떨어지는 핏이 완성됩니다. 주머니 위에 달린 플랩이 포인트입니다.

◎how to make… p.119

c-8 숄더백

리넨 몸판에 가죽 핸들을 달아 색다른 분위기를 낸 가방입니다. 화보에서는 짧은 핸들을 사용했지만, 긴 핸들을 달면 크로스백으로도 활용할 수 있습니다. 플랩에 여러 색상의 가죽라벨을 달아 포인트를 주었습니다.

©how to make… p.123

사용 원단…리투아니아 리넨 보더스트라이프_메텔베이지x네온핑크

Styling tip 3

이현정 작가의 작품들은 도회적인 아름다움이 가득한 여성의 느낌을 딱 떨어지는 실루엣과 포인트가 되어줄 벨트로 표현했습니다. 이번 스타일링 팁에서는 여성으로서 당당한 모습을 보여줄 수 있는 매력적인 코디를 준비했습니다.

노 칼라 재킷을 아이보리 색상의 목폴라. 스커트와 함께 코디하여 차분한 스타일링으로 완성했습니다. 반달 모양의 가죽 숄더백으로 포인트를 주어도 좋습니다.

버클 장식 블라우스는 버클 장식이 아닌 가죽 벨트로 연출하면 한층 더 시크한 느낌으로 코디할 수 있습니다. 격식 있는 자리에 딱 입기 좋은 스타일링입니다.

옆 지퍼 팬츠와 아이보리 색상의 브이넥 블라우스를 코디하여 단정하면서도 편안한 느낌의 출근 룩을 연출했습니다.

화이트 브이넥 블라우스에 과감한 프린트 패턴 스커트를 연출하면 직장인 룩에 포인트가 되어줄 코디가 완성됩니다. 단정한 정장 풍의 느낌을 잠시 벗어나고 싶다면 이 스타일링을 추천합니다.

Intro

Contents

part 1. natural

part 2. girlish

part 3. urban

part 4. cosy

Outro

part 4.

코지 룩 Cosy look

이 책을 보는 독자분들의 취향은 어떠실지, 문득 궁금해집니다.

저는 결혼을 하고 아이를 키우다 보니, 자연스레 그 이전보다는 편안함과 실용성 위주의 옷을 자주 찾게 되었습니다. 루즈한 핏의 상의와 와이드 핏 팬츠 등, 최근의 패션 경향도 편한 착용감의 의상들이 주를 이룬 것 같습니다. 언제 어디서나 즐겨 입을 수 있는 옷, 누구에게나 잘 어울리는 옷.. 그런 작품들이야말로 가장 많은 독자분들이 원하시지 않을까 하는 생각으로 이번 파트를 준비했습니다.

편안하게, 내 취향의 원단을 골라 당신의 작품을 만들어 보세요!

최은례 드림

d-1 점프수트

편안하게 코디를 완성할 수 있는 점프수트입니다. 허리에 있는 끈으로 허리둘레를 조절할 수 있고, 양 옆선에 주머니가 있어 더 실용적인 아이템입니다. 네이비 색의 리넨으로 깔끔하게 완성했습니다.

◎how to make⋯ p.125

사용 원단⋯리네티 리넨 무지_네이비

d-2 퍼프 소매 블라우스

어깨에 턱을 잡고 소매 밑단엔 주름을 잡아 풍성한 실루엣이 매력적인 블라우스입니다. 뒤쪽에는 트임을 주고, 루즈한 핏으로 편안하게 착용할 수 있도록 만들었습니다.

©how to make… p.127

사용 원단…리투아니아 리넨 샴브레이_오프화이트

d-3 리본 소매 블라우스

d-2에서 커프스를 변형해 리본을 묶을 수 있게 만들었습니다. 블라우스 하나만으로 포인트를 줄 수 있어 한 벌 만들어 놓으면 자주 손이 갈 아이템입니다. 밝은 컬러의 원단으로 만들어 귀여운 매력을 더해주세요.

◎how to make… p.129

사용 원단…리네티 리넨 무지_데이지핑크

d-4 밑단 투 버튼 팬츠

독특한 밑단 디자인이 인상적인 조거 팬츠입니다. 허리에는 고무줄을 넣고 옆선에 넓은 주머니가 있어 편안하게 착용할 수 있습니다. 밑단에는 주름을 잡고 트임을 주어 버튼으로 여밀 수 있도록 색다른 포인트를 주었습니다.

◎how to make… p.131

사용 원단…리투아니아 리넨 헤링본_블랙

d-5 스커트

한 가지 패턴으로 간편하게 만들 수 있는 스커트입니다. 허리에는 고무줄을 넣고, 양 옆선에 주머니를 달아 실용성을 더했습니다. 체크 원단으로 만들어 화이트 셔츠 코디에 포인트를 주었습니다.

◎how to make… p.134

사용 원단…리네티 리넨 15mm 킹검체크_옐로우

d-6 후드 재킷

귀여운 후드가 달린 숏 재킷입니다. 길지 않은 적당한 기장에 품이 넓어 활동성이 좋고, 안단이 없는 디자인이어서 간단하게 만들기 좋은 아이템입니다. 다양한 원단으로 만들어 사계절 내내 즐겨보세요.

◎how to make… p.136

사용 원단…알파카울 솔리드_멜란지그레이

d-7 에코백

귀여운 패턴이 눈에 띄는 에코백입니다. 몸판 두 개를 겹쳐 안쪽에 상침하여 주머니로 사용할 수 있도록 만든 독특한 디자인입니다. 넉넉한 수납공간으로 실용성이 좋은 아이템이라 꼭 만들어 보시는 것을 추천합니다.

ⓒhow to make… p.139

사용 원단…코튼리넨 폼폼플라워_키나리

d-8 토트백

토트와 크로스 두 가지 방법으로 사용할 수 있는 토트백입니다. 가죽 핸들을 사용해 고급스러운 느낌을 더해주었습니다. 넉넉한 수납공간으로 언제든 들고 다니기 좋습니다. 다른 컬러나 무늬의 원단을 사용해 내가 원하는 배색으로 만들어보세요.

◎how to make… p.141

사용 원단…코튼리넨 미니테일_네이비

Styling tip 4

최은례 작가의 작품들은 핸드메이드 의상의 최대 장점인 '나에게 꼭 맞는 편안함'을 잘 살려, 편안함과 멋스러움을 놓치지 않은 작품들입니다. 이번 스타일링 팁에서는 작품들을 화보와는 다른 느낌으로 해석할 수 있는 코디를 준비했습니다.

퍼프 소매 블라우스는 청바지와 코디해도 사랑스러운 느낌으로 잘 어울립니다. 컬러감 있는 에코백과 리본이 달린 플랫슈즈로 편안하면서도 귀여운 스타일링을 완성해 보세요.

체크 스커트와 화이트 컬러의 퍼프 소매 블라우스를 매치하여 트렌디함과 사랑스러운 매력을 살려주는 코디입니다. 블랙 베레모를 더하면 깔끔한 느낌으로 완성됩니다.

리본 소매 블라우스를 화이트 주름 스커트와 함께 코디하여 편안하면서도 여성스러움까지 느낄 수 있는 코디로 완성했습니다.

밑단 두 버튼 팬츠는 화이트 계열의 맨투맨과 스니커즈로 코디하여 캐주얼한 매력을 살렸습니다. 오렌지 색상의 모자로 귀여움을 더해보세요.

Intro

Contents

part 1. natural

part 2. girlish

part 3. urban

part 4. cosy

Outro

Outro

이번 서적에 소개된 모든 작품들은 정성과 마음을 담아 만드는 핸드메이드 작품들에, 작가 개개인의 취향이 더해져 더 특별하게 완성되었습니다.

나의 옷장에 잘 녹아들 것 같은 익숙한 느낌도 좋습니다. 내가 이전에 입어 본 적 없는 디자인의 작품들을 발견했다면, 내가 좋아하는 원단으로 만들어 새로운 시도를 하는 것도 추천합니다.

〈소잉 하루에 26〉과 함께 당신의 일상에 새로운 활력을 더해 보세요.

※박현지(좌, 170cm/49kg), 배가율(우, 165cm/55kg) 모델은 55 사이즈 작품을 착용했습니다.

sewing tip

1. 사이즈 재는 법

본 서적의 실물크기 패턴은 아래의 사이즈표를 기준으로 제작되었습니다. 상의는 가슴둘레를 기준으로, 하의는 허리둘레와 엉덩이둘레를 기준으로 실물크기 패턴을 사용해주세요. 먼저 사이즈를 측정하여 제일 근접한 사이즈의 실물크기 패턴을 사용하는 것이 좋습니다.

· 성인여성 신체 실측 치수   단위(cm)

사이즈 분류	55	66	77	88
①가슴둘레	84	88	92	96
②허리둘레	66	70	74	78
③엉덩이둘레	90	94	98	102
④팔길이	54	54	54	54

※ 사이즈는 재는 방법에 따라 1~3cm 정도 차이가 있을 수 있습니다
※ 화보 촬영 시 모델은 55 사이즈를 착용했습니다

2. 품과 길이 수정하는 방법

가슴이나 엉덩이둘레에 맞춰 패턴 사이즈를 고르면, 길이 또는 품이 맞지 않는 경우가 있습니다.
이때, 패턴을 몸에 맞춰 수정하면 딱 맞는 옷을 만들 수 있습니다.

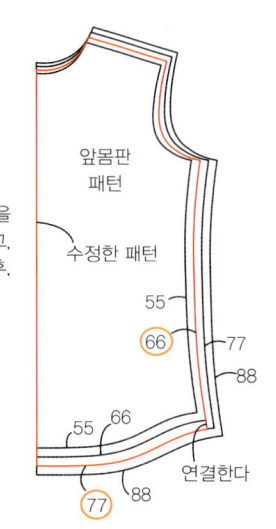

〈몸판의 길이를 늘리고 싶은 경우〉

몸판의 품이 66사이즈일 때, 옷 길이를 늘리고 싶을 경우 몸판의 폭은 66사이즈의 선에 맞춰서 그리고, 밑단 완성선만 더 큰 사이즈의 선에 맞춰 그린 후, 옆선과 밑단선을 연결한다

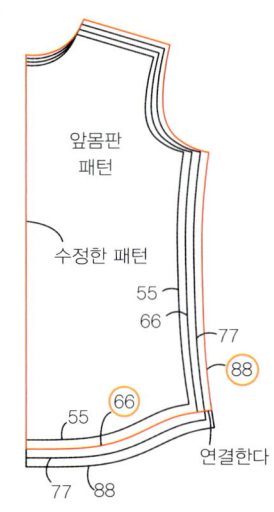

〈몸판의 품을 늘리고 싶은 경우〉

신장이 66사이즈일 때, 몸판의 품을 늘리고 싶은 경우는 밑단 완성선은 66사이즈에 맞춰서 그리고, 몸판의 폭은 더 큰 사이즈의 선에 맞춰 그린 후, 옆선과 밑단선을 연결한다

3. 원하는 사이즈로 수정하는 방법

3-1. 몸판&소매

〈폭을 크게할 때〉 ★=늘려야 하는 치수의 1/4
ex)늘려야 하는 치수가 4cm라면 ★=1cm

〈폭을 작게할 때〉 ★=줄여야 하는 치수의 1/4
ex)줄여야 하는 치수가 4cm라면 ★=1cm

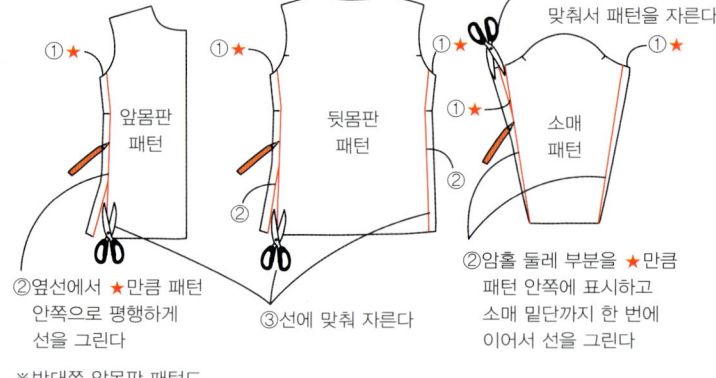

3-2. 팬츠

〈폭을 크게할 때〉 ★=늘려야 하는 허리치수의 1/4
ex)늘려야 하는 치수가 4cm라면 ★=1cm

〈폭을 작게할 때〉 ★=줄여야 하는 허리치수의 1/4
ex)줄여야 하는 치수가 4cm라면 ★=1cm

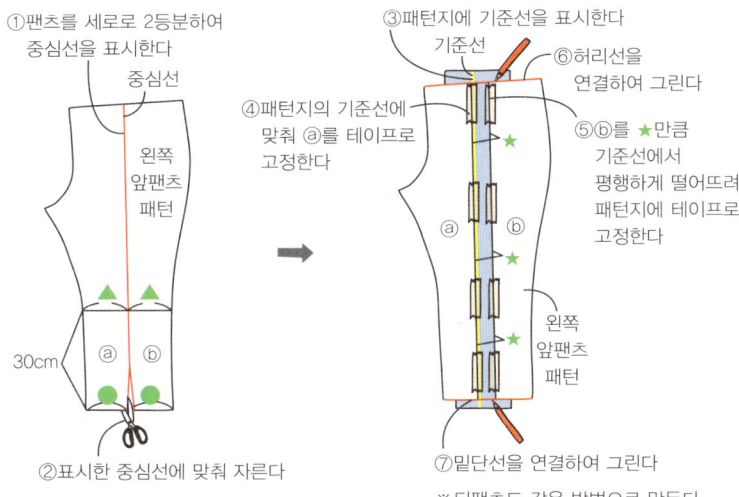

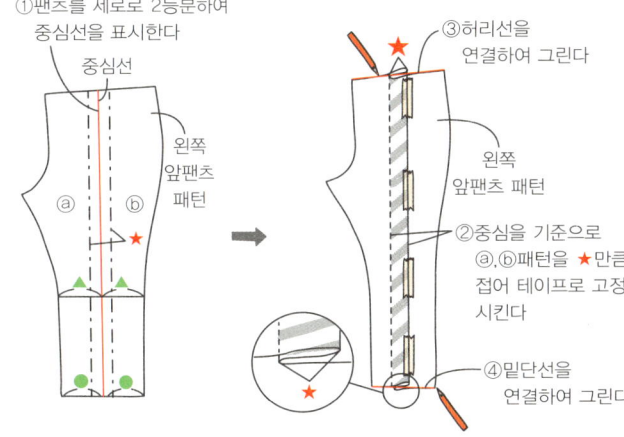

※ 뒤팬츠도 같은 방법으로 만든다

4. 소잉의 기본 용어
알아두면 편리한 소잉용어들을 소개합니다.

- **패턴 그리기**
  원형제도의 한 방법으로, 직선, 직각 등을 안 내선이나 등분선 등을 기준으로 완성치수를 그대로 그리는 일을 말한다.

- **맞춤점(너치)**
  2장 이상의 천을 겹쳐 봉합할 때, 서로 뒤틀리지 않도록 맞춤 위치를 표시하는 기호.

- **봉합선**
  원단을 봉합하는 선으로 대부분 완성선과 같다.

- **완성선**
  완성했을 때 최종적으로 보여지는 선으로, 제도할 때 긋는 선. 보통 두꺼운 실선으로 표현한다. 마감선과 같다.

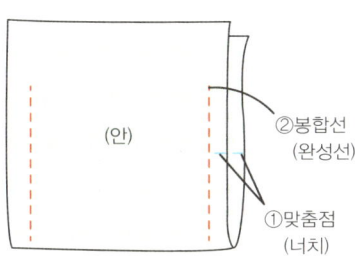

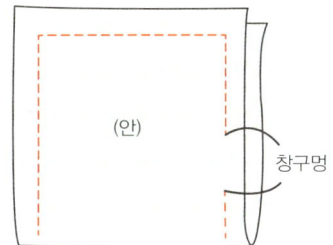

- **창구멍**
  2장의 천을 겉과 겉이 서로 마주 보게 겹쳐 봉합할 때, 겉면으로 뒤집기 위해 위 그림과 같이 봉합하지 않고 남겨 놓는 부분을 말한다. 가방 등 안감에 창구멍을 남겨 놓는 일이 많다.

- **샤링**
  작은 폭의 바느질로 만들어 낸 주름.

- **땀길이**
  봉합땀을 지칭하는 말로써, 주로 한 땀의 길이를 말하고 땀수라고도 한다.

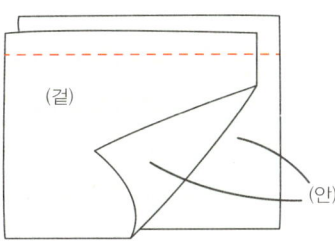

- **안끼리 맞대어(마주 보게) 겹치기**
  2장의 천을 겹쳐 봉합할 때, 천의 겉면이 바깥쪽으로 드러나게 접거나 포개는 것을 말한다.

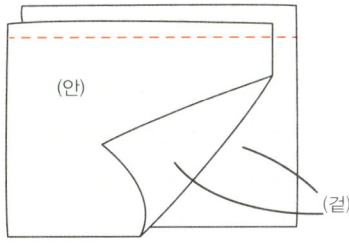

- **겉끼리 맞대어(마주 보게) 겹치기**
  2장의 천의 겉면이 서로 맞닿게 접거나 포개는 것을 말한다.

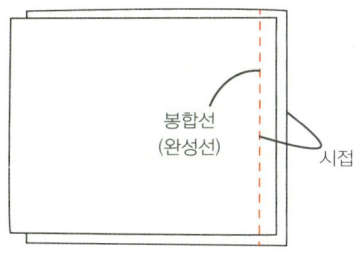

- **시접**
  2장의 천을 봉합하기 위해 완성선에서부터 여분으로 남겨 두는 부분을 말한다.

- **시침질**
  본 박음질 전에 완성선이 뒤틀리지 않도록 가봉하거나 시침핀을 꽂는 일.

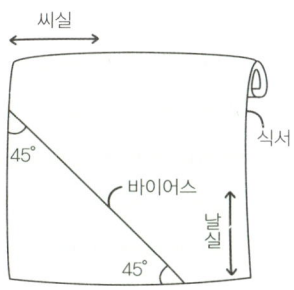

- **바이어스**
  직물의 날실 방향과 대각선이 되도록 비스듬히 자른 천을 말한다. 테이프 모양으로 잘라 사용하는 일이 많다.

- **날실(경사)**
  직물의 세로 방향으로 놓인 실.

- **씨실(위사)**
  직물의 가로 방향으로 놓인 실.

- **요척**
  작품을 제작할 때 필요한 최소한의 천의 폭과 길이. 천의 사용량을 칭하는 말.

- **접착심**
  천의 보강을 위해 다림질로 접착시키는 심지.

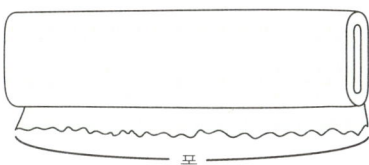

- **천의 폭**
  직물의 짜여진 가로폭을 말하는 것으로, 원단의 끝부터 끝까지의 길이에 해당한다.

- **천의 결**
  날실과 씨실이 교차해서 만들어낸 천의 흐름.

5. 선세탁 하기(정련)

선세탁은 과거에 충분한 가공이 되지 않은 원단으로 옷을 완성할 경우, 세탁 후 심하게 줄어드는 현상을 예방하기 위해 하는 제작 공정이었습니다.
하지만 최근 생산되는 대부분의 원단은 충분한 가공이 되어 거의 수축되지 않으므로, 선세탁 없이 옷을 만들어도 괜찮습니다.

5-1. 면과 마의 선세탁

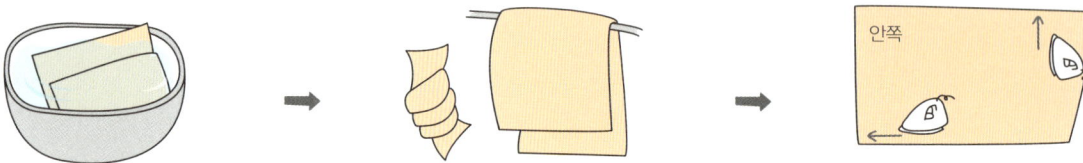

① 충분한 양의 물에 원단을 1시간 정도 담가둔다
② 원단을 가볍게 짜고, 주름을 펴서 말린다
③ 원단이 완전히 마르면 안쪽부터 바깥쪽으로 직조된 올방향을 따라 다림질한다

5-2. 울의 선세탁

  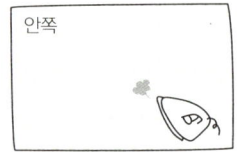

① 원단의 안쪽에서 원단이 충분히 젖을 정도로 고르게 분무기로 물을 뿌린다
② 천을 가지런히 접어서 비닐봉지 등에 넣고 습기가 잘 밸 때까지 1시간 정도 둔다
③ 천을 꺼내서 안쪽부터 바깥쪽으로 스팀을 주어 다림질을 해준다

6. 올 방향 바로잡기

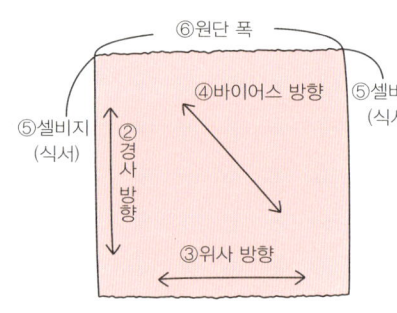

〈원단의 세부 명칭〉

- ① 올 방향 : 원단의 씨실과 날실의 짜임을 말합니다.
- ② 경사 방향 : 원단의 날실(세로실) 방향. 패턴의 올 방향을 나타내는 화살표는 세로 올 방향(식서 방향)을 나타냅니다.
- ③ 위사 방향 : 원단의 씨실(가로실) 방향. 푸서 방향이라고도 합니다. 세로 올 방향에 비해 원단이 잘 늘어납니다.
- ④ 바이어스 방향 : 원단의 45도 대각선 방향. 원단이 가장 잘 늘어나는 방향입니다.
- ⑤ 셀비지 : 원단의 가장자리 부분으로, 좌우의 양 끝을 가리키며 식서라고도 합니다. 촘촘하게 직조되어 있어 실의 올 풀림이 없으며, 원단에 따라서 색상이 다르거나 제조사명이 프린트되어 있습니다.
- ⑥ 원단 폭 : 원단의 셀비지(식서)부터 반대쪽 셀비지(식서)까지의 길이를 말합니다.

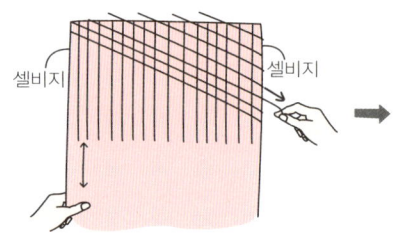 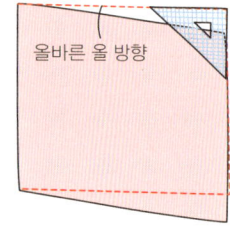 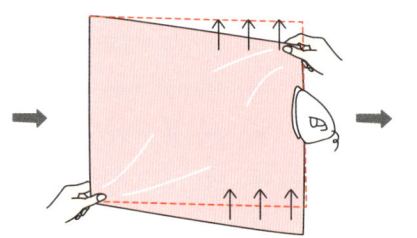 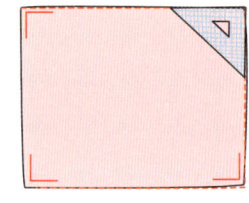

① 씨실 한 가닥을 빼낸 다음, 씨실을 빼낸 선을 따라 원단의 가장자리를 잘라낸다
② 원단의 모서리에 자를 대고 원단이 뒤틀리지 않았는지 확인한다
③ 원단의 방향이 올바르게 되도록 양손으로 원단을 잡아당긴 후, 다림질하여 정리한다
④ 준비 완성

7. 제도 기호 보는 방법

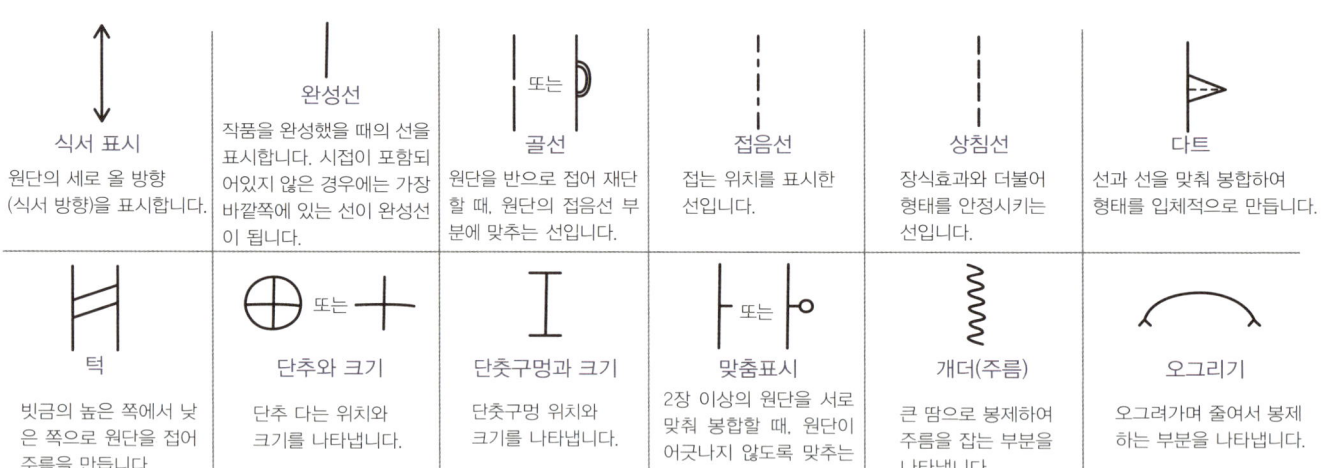

8. 패턴 베끼는 방법

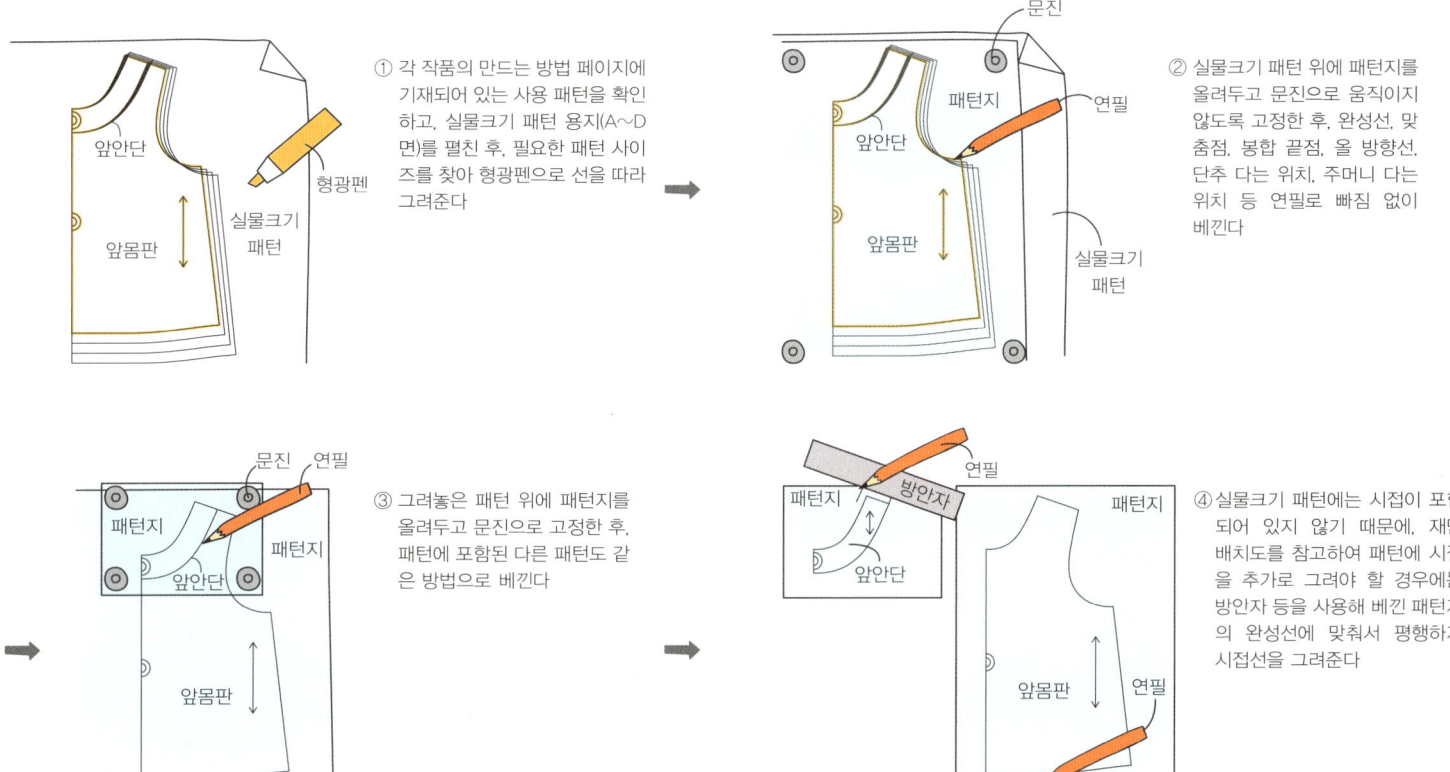

8-1. 몸판 패턴에 목둘레, 어깨 시접 그리는 방법

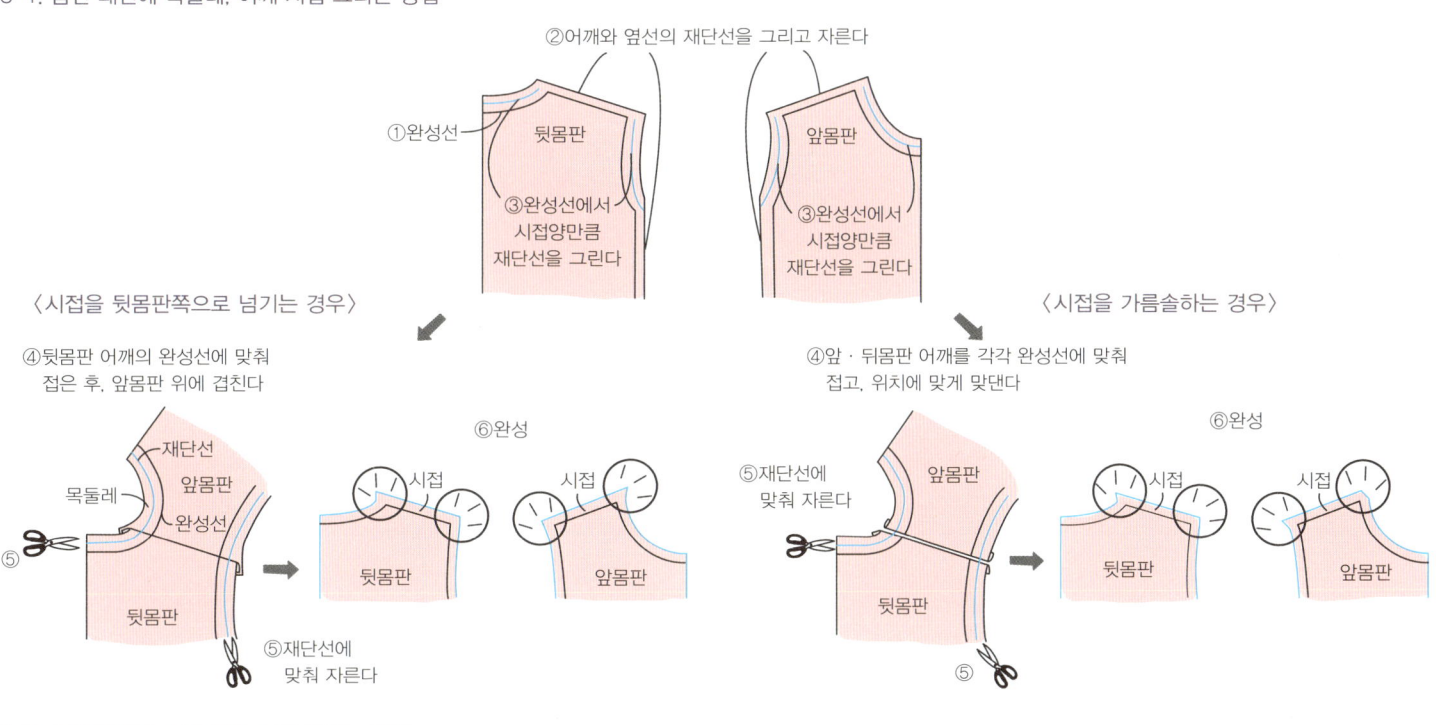

8-2. 소매 패턴에 소매 밑단 시접 그리는 방법

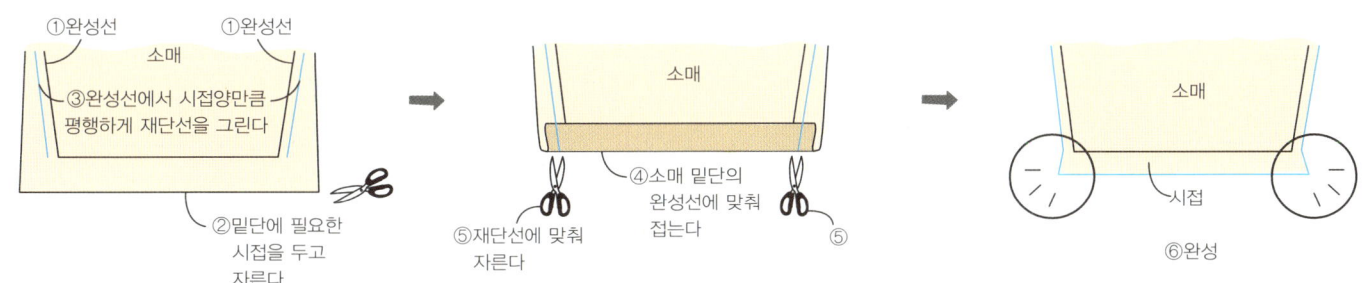

9. 재단하는 방법

▶ 패턴에 기재되어 있는 올 방향선을 원단의 식서 방향에 맞춰 재단 배치도를 참고하여 배치합니다.

▶ 패턴이 움직이지 않도록 시침핀&문진으로 고정한 다음, 몸을 이동해가며 로터리칼이나 재단 가위로 재단합니다.

▶ 실물크기 패턴이 들어있지 않는 경우, 재단 배치도의 치수를 참고하여 원단에 직접 제도하여 사용합니다.

10. 원단 종류에 따른 바늘과 실 고르는 방법

▶ 미싱 바늘과 미싱실은 원단의 종류에 맞춰 사용합니다.

▶ 미싱 바늘은 숫자가 커질수록 바늘의 굵기가 크며,
반대로, 미싱실은 숫자가 작을수록 실의 두께가 두껍습니다.

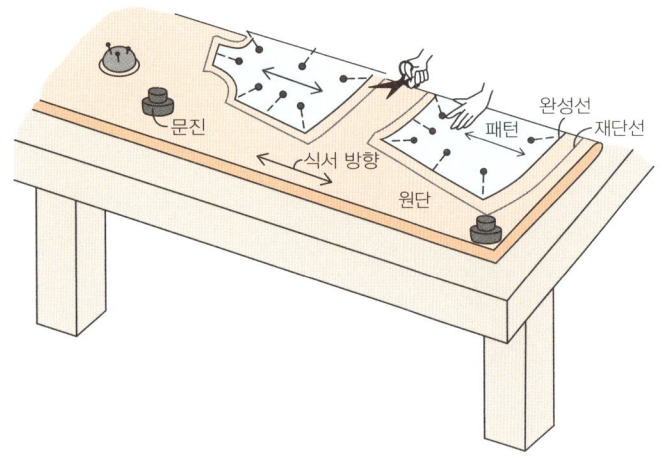

원단의 종류	미싱 바늘	미싱실
얇은 원단 (노방, 쉬폰, 코튼 론)	9호	파인 프라임실
보통 두께의 원단 (30~40수 코튼 리넨)	11호	프라임실
조금 두꺼운 원단 (20수 옥스포드)	14호	프라임실
두꺼운 원단 (데님, 18호 캔버스) (겉쪽 상침용)	16호	스티치 프라임실

11. 원단 소요량 계산하는 방법

원단의 폭에 따라 필요한 길이도 다릅니다.
계산법에 맞춰 원단의 소요량을 미리 예상할 수 있습니다.

11-1. 계산법

아이템 원단 폭	상의	스커트(팬츠)
90~92cm	[몸판 길이+소매 길이]×2+30cm	스커트 길이×2+20cm
110~120cm	[몸판 길이×2+소매 길이]+30cm	스커트 길이×2+20cm
140~180cm	몸판 길이+소매 길이+20cm	스커트 길이+15cm (벨트를 다는 경우, 벨트 길이 +5cm)

11-2. 패턴 배치 및 요척 계산법 (1/10축도법)

재단 전 사용할 원단을 넉넉히 준비하면 좋으나, 애매하게 남는 경우에는 낭비가 될 수 있습니다.
또한, 적절히 준비한 원단은 패턴의 배치에 따라 원단이 부족할 수 있으므로 미리 원단에 배치해 본 후 재단합니다.
그러므로 한 눈에 배치하기 쉽도록 1/10축도법을 사용하여 패턴을 미리 배치한 후 원단을 재단합니다.

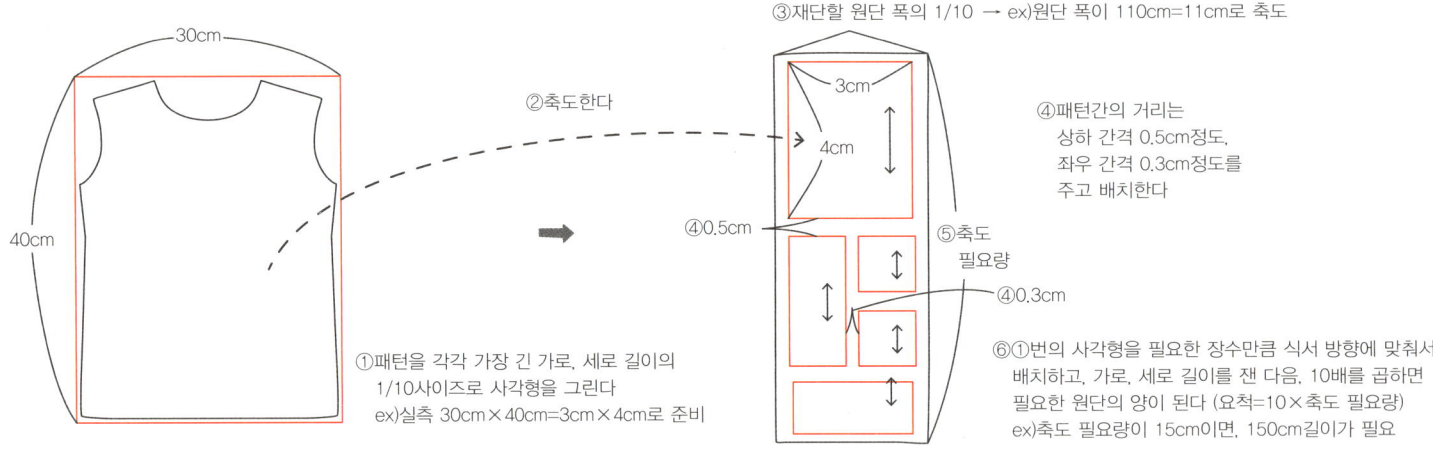

12. 솔기 처리 방법

12-1. 가름솔 처리 방법 시접이 한 쪽으로 뭉치지 않고 겉에서 봤을 때 평평하도록 양쪽으로 펼쳐 다려주는 방법입니다.

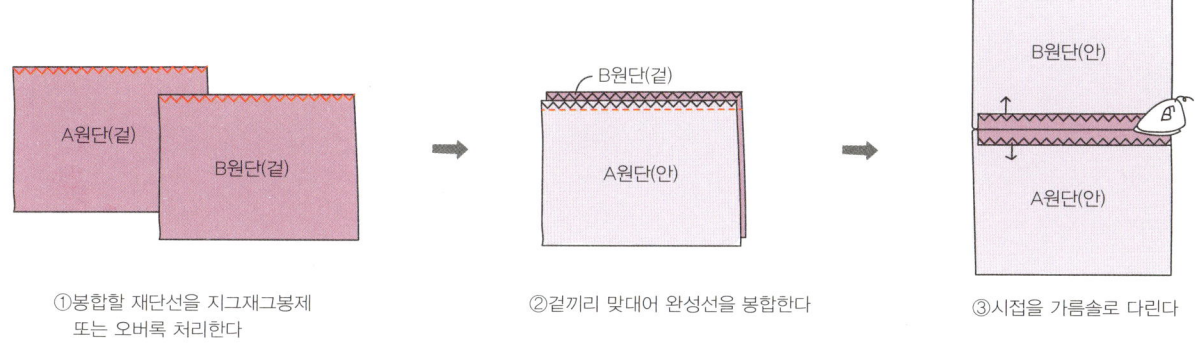

① 봉합할 재단선을 지그재그봉제 또는 오버록 처리한다
② 겉끼리 맞대어 완성선을 봉합한다
③ 시접을 가름솔로 다린다

12-2. 시접을 한 쪽으로 꺾는 방법 세탁 후에도 안정적으로 깔끔하게 정리하는 방법입니다.

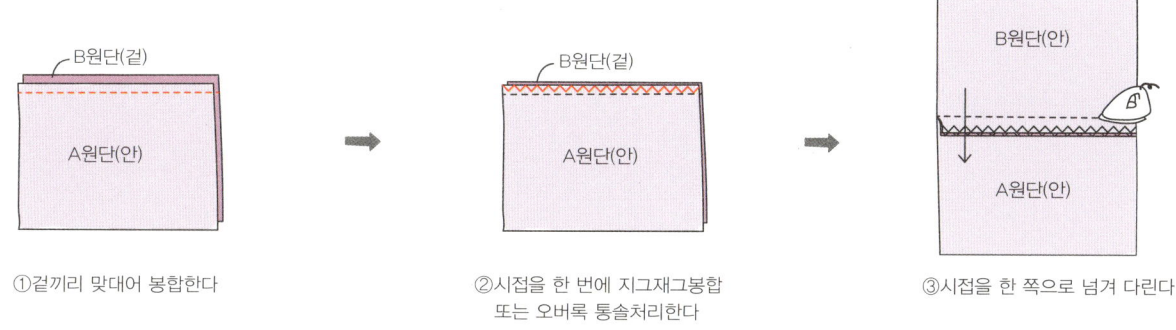

① 겉끼리 맞대어 봉합한다
② 시접을 한 번에 지그재그봉합 또는 오버록 통솔처리한다
③ 시접을 한 쪽으로 넘겨 다린다

13. 끝단이나 밑단의 시접 처리 방법

몸판이나 소매의 밑단에 많이 사용하는 시접 처리 방법입니다. 상침하기 전에 미리 다림질 해두면 작업하기 훨씬 수월해집니다.

13-1. 같은 양의 시접을 두 번 접어 상침하는 방법   **13-2. 지정 치수의 시접을 두 번 접어 상침하는 방법**

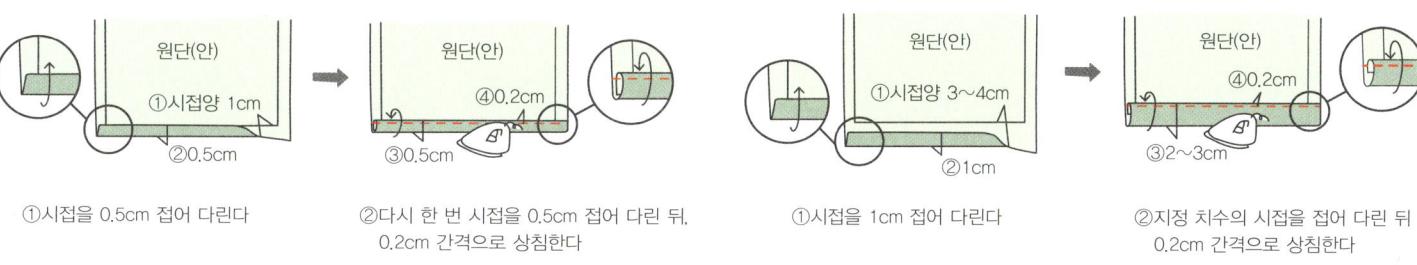

① 시접을 0.5cm 접어 다린다
② 다시 한 번 시접을 0.5cm 접어 다린 뒤, 0.2cm 간격으로 상침한다

① 시접을 1cm 접어 다린다
② 지정 치수의 시접을 접어 다린 뒤 0.2cm 간격으로 상침한다

13-3. 시접 끝을 한 번 접어 상침하는 방법

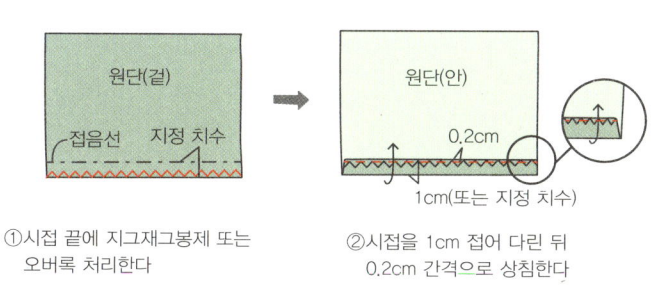

① 시접 끝에 지그재그봉제 또는 오버록 처리한다
② 시접을 1cm 접어 다린 뒤 0.2cm 간격으로 상침한다

13-4. 새발뜨기 (손바느질)

단을 접었을 때 가장자리를 고정시키는 바느질 방법입니다. 주로 두꺼운 원단에 많이 사용하며, 바늘땀이 겉에서 나타나지 않도록 하는 것이 좋습니다.

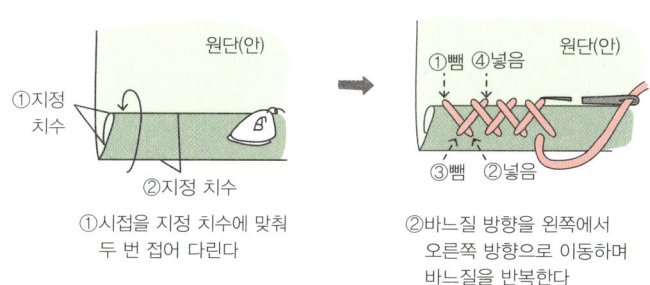

① 시접을 지정 치수에 맞춰 두 번 접어 다린다
② 바느질 방향을 왼쪽에서 오른쪽 방향으로 이동하며 바느질을 반복한다

13-5. 미싱을 사용하여 단뜨기하는 방법

미싱의 기능 중. 감침질 노루발을 사용합니다. 미싱이 없을 경우에는 새발뜨기(손바느질)로 대체할 수 있습니다.

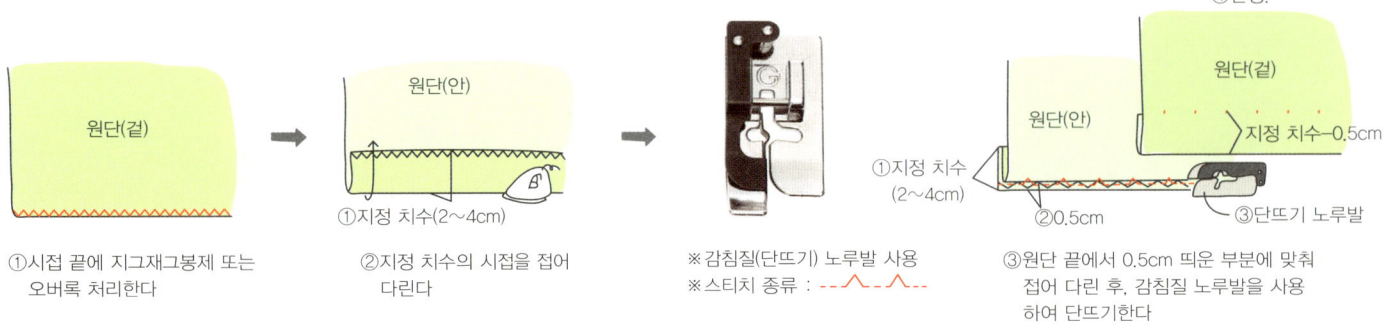

① 시접 끝에 지그재그봉제 또는 오버록 처리한다
② 지정 치수의 시접을 접어 다린다
※ 감침질(단뜨기) 노루발 사용
※ 스티치 종류 :
③ 원단 끝에서 0.5cm 띄운 부분에 맞춰 접어 다린 후, 감침질 노루발을 사용하여 단뜨기한다

14. 소잉심지 붙이기

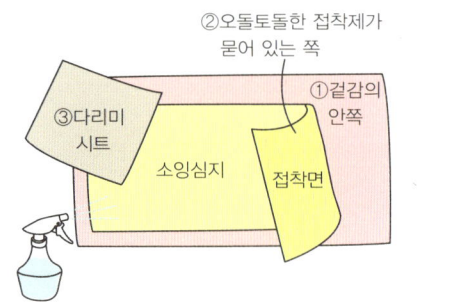
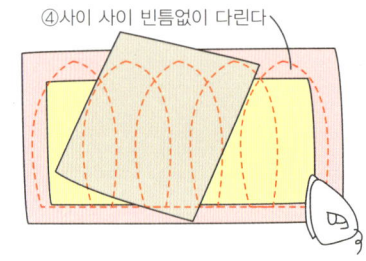

〈소잉심지 붙이는 방법〉

소잉심지의 접착면을 겉감 원단의 안쪽에 닿도록 올린다. 이때, 겉감과 소잉심지 사이에 실오라기나 먼지 등이 들어가지 않도록 주의하며, 다리미 시트를 대고 꾹꾹 눌러 다림질한다. 문지르지 않도록 주의하며 얼룩이 생기지 않도록 균일하게 눌러 준다. 다림질이 끝난 후, 열이 다 식기 전에는 천을 움직이지 않도록 한다.

〈주의〉

심지의 소재는 다양하다. 사용하는 소재가 합성섬유일 경우, 다리미의 온도를 소재에 맞게 맞춘 후 예열하고 사용한다. 특히, 다리미에 접착풀이 묻지 않도록 항상 주의한다.

15. 소잉테이프 심지 종류와 부착 방법

15-1. 식서 방향 테이프 심지 ①

주로, 직기 원단에 사용하며 늘어나면 안되는 직선 부분에 부착하여 사용한다.

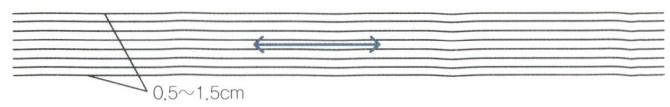

15-2. 지퍼전용 테이프 심지 ②

1.8cm폭의 심지이며, 지퍼 다는 부분에 늘어남을 방지하기 위해 부착한다.
시접량보다 폭이 넓기 때문에 지퍼 봉제선까지 부착되어 안정감있게 봉제할 수 있다.

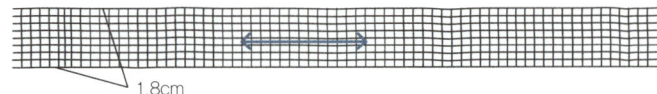

15-3. 바이어스 방향 테이프 심지 ③

주로, 다이마루 원단과 곡선 부위에 사용되며 늘어남을 방지하기 위해 몸판의 암홀이나 목둘레 등 곡선에 부착하여 사용한다.

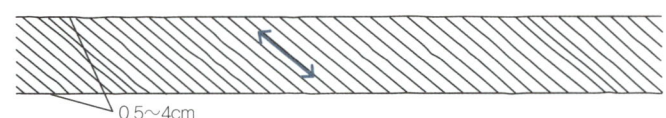

15-4. 소잉테이프 심지 ④

바이어스 방향 테이프 심지와 얇은 폭의 식서 방향 테이프 심지가 함께 두겹으로 되어있어 직선과 곡선 어떤 부분에도 사용할 수 있다.

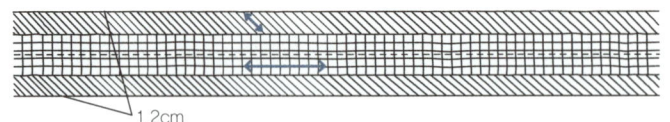

15-5. 소잉테이프 심지 붙이기

※ 아래의 번호는 좌측「소잉테이프 심지 종류」의 번호입니다.

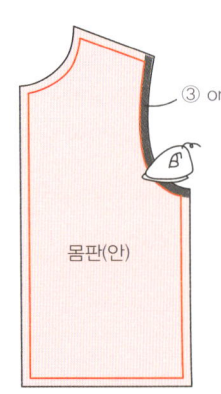

〈소잉테이프 심지 붙이는 방법〉

소잉테이프 심지의 접착면을 겉감 원단 안쪽면의 부착해야 할 시접에 맞춰 얹고, 겉감과 심지 사이에 먼지나 실오라기 등이 들어가지 않도록 주의하며 다리미로 꾹꾹 눌러 다림질하여 부착한다.

15-6. 아우터(재킷, 코트) 몸판의 테이프 심지 부착 위치와 사용 종류

16. 바이어스 길게 만들기

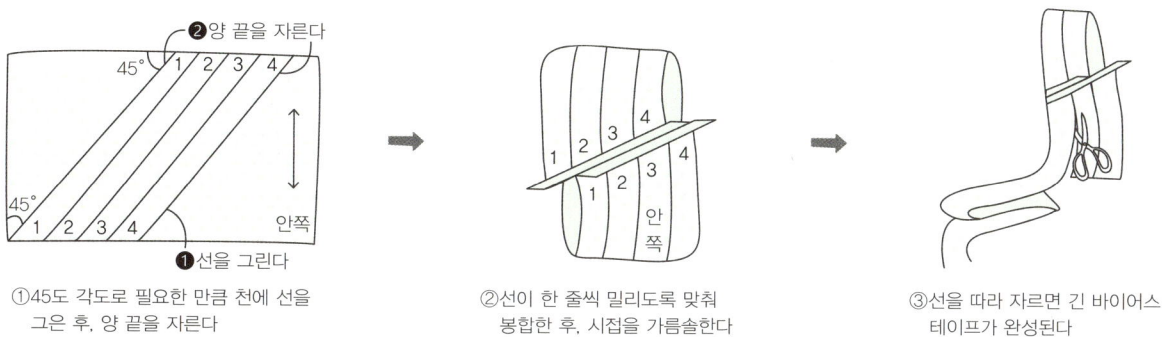

①45도 각도로 필요한 만큼 천에 선을 그은 후, 양 끝을 자른다

②선이 한 줄씩 밀리도록 맞춰 봉합한 후, 시접을 가름솔한다

③선을 따라 자르면 긴 바이어스 테이프가 완성된다

17. 바이어스 만드는 방법과 달기

17-1. 바이어스 만들기

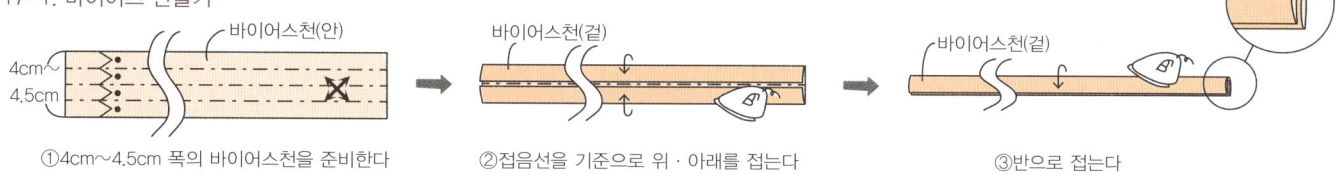

①4cm~4.5cm 폭의 바이어스천을 준비한다

②접음선을 기준으로 위·아래를 접는다

③반으로 접는다

17-2. 바이어스 달기

바이어스 달기 A

4겹의 바이어스를 몸판에 바로 감싸서 박음질하는 방법.
(바이어스 처리하는 면이 직선인 경우)

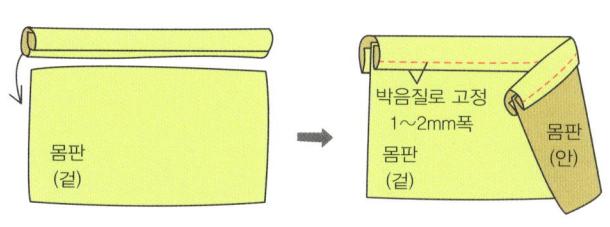

①4겹의 바이어스로 원단의 끝을 감싼 후 시침핀을 이용해서 고정한다

②겉쪽의 바이어스 끝에서 1~2mm 떨어진 곳을 박음질로 고정한다

바이어스 달기 B

바이어스를 몸판에 봉합한 후, 뒤집어서 상침하는 방법.
(바이어스 처리하는 면이 곡선인 경우)

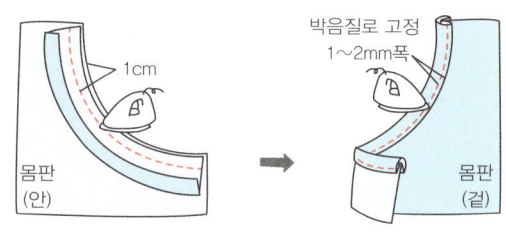

①몸판의 안쪽에서 1cm의 시접으로 바이어스를 고정한다

②바이어스로 원단의 시접을 감싸고 겉쪽의 바이어스 끝에서 1~2mm 떨어진 곳을 박음질로 봉합한다

18. 안바이어스 만드는 방법과 달기

18-1. 안바이어스 만들기

안바이어스 만들기 A

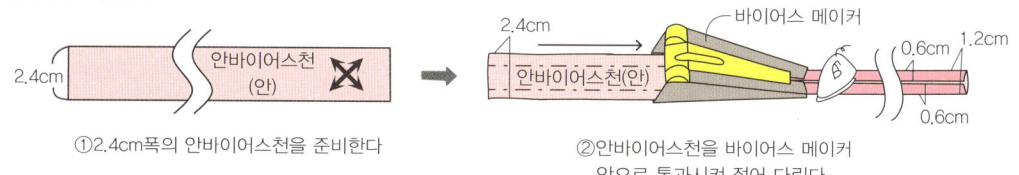

①2.4cm폭의 안바이어스천을 준비한다

②안바이어스천을 바이어스 메이커 안으로 통과시켜 접어 다린다

안바이어스 만들기 B

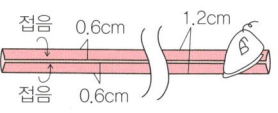

※바이어스 메이커가 없는 경우에는 지정된 폭으로 접어 다린다

18-2. 안바이어스 달기

2겹의 바이어스를 몸판과 함께 접어 몸판의 안쪽에서 박음질로 고정하는 방법.
(목둘레, 암홀 등 곡선이 큰 경우나 바이어스 안쪽에 끈 등을 넣어 셔링을 만들 경우)

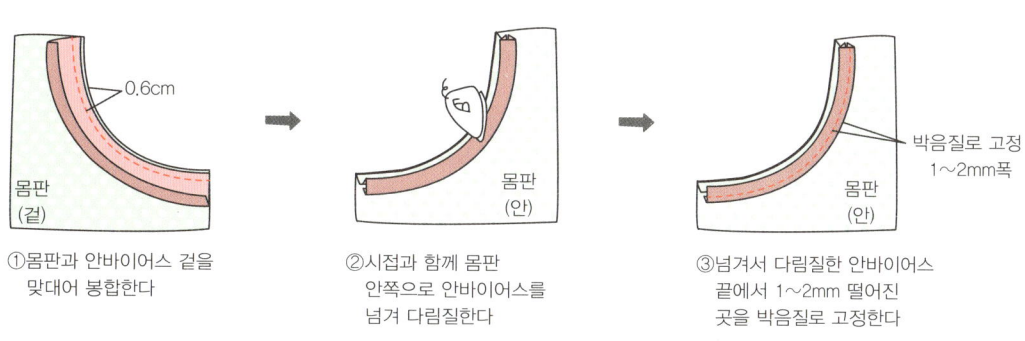

①몸판과 안바이어스 겉을 맞대어 봉합한다

②시접과 함께 몸판 안쪽으로 안바이어스를 넘겨 다림질한다

③넘겨서 다림질한 안바이어스 끝에서 1~2mm 떨어진 곳을 박음질로 고정한다

19. 주름 잡는 방법 커프스 다는 방법 기준으로 설명합니다

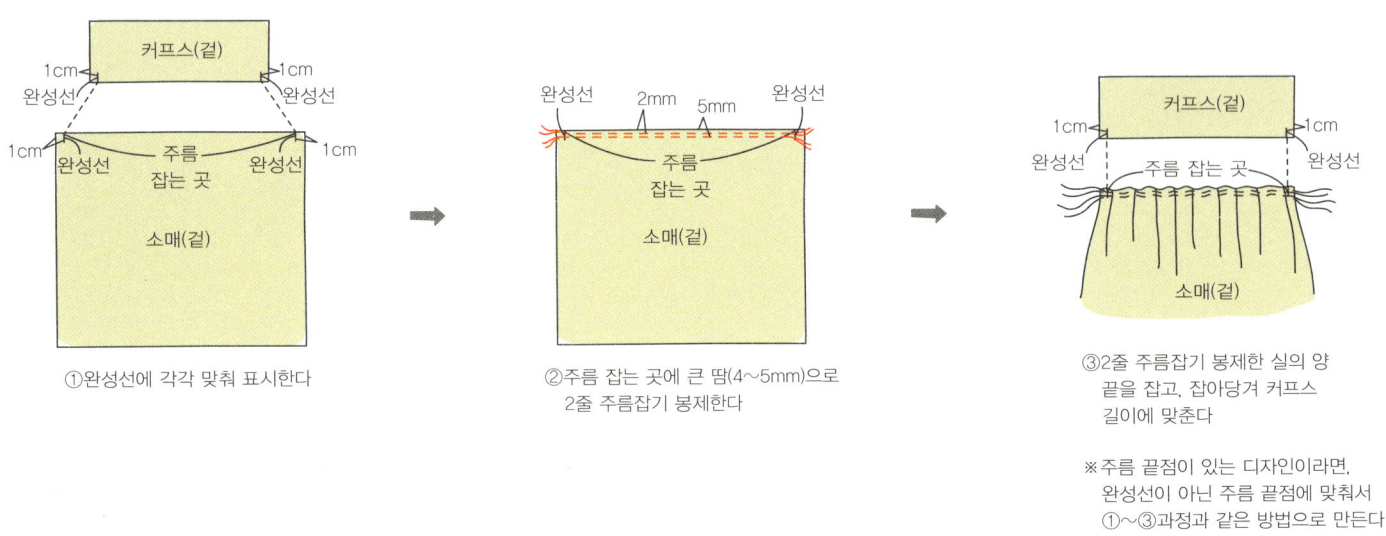

20. 턱 표시와 접는 방법 빗금의 높은 쪽에서 낮은 쪽으로 원단을 접는다

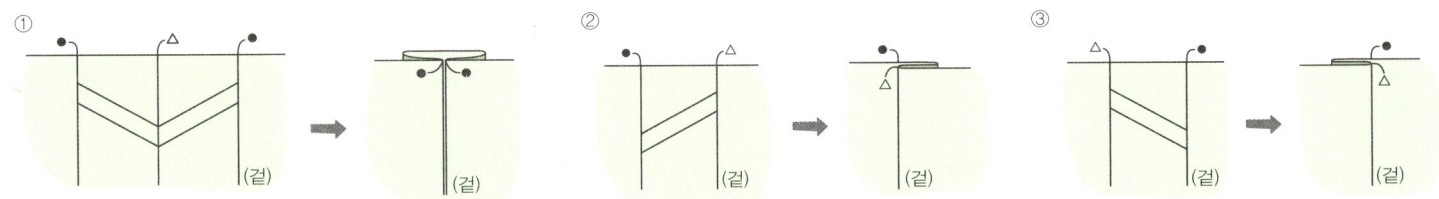

21. 실루프 만드는 방법

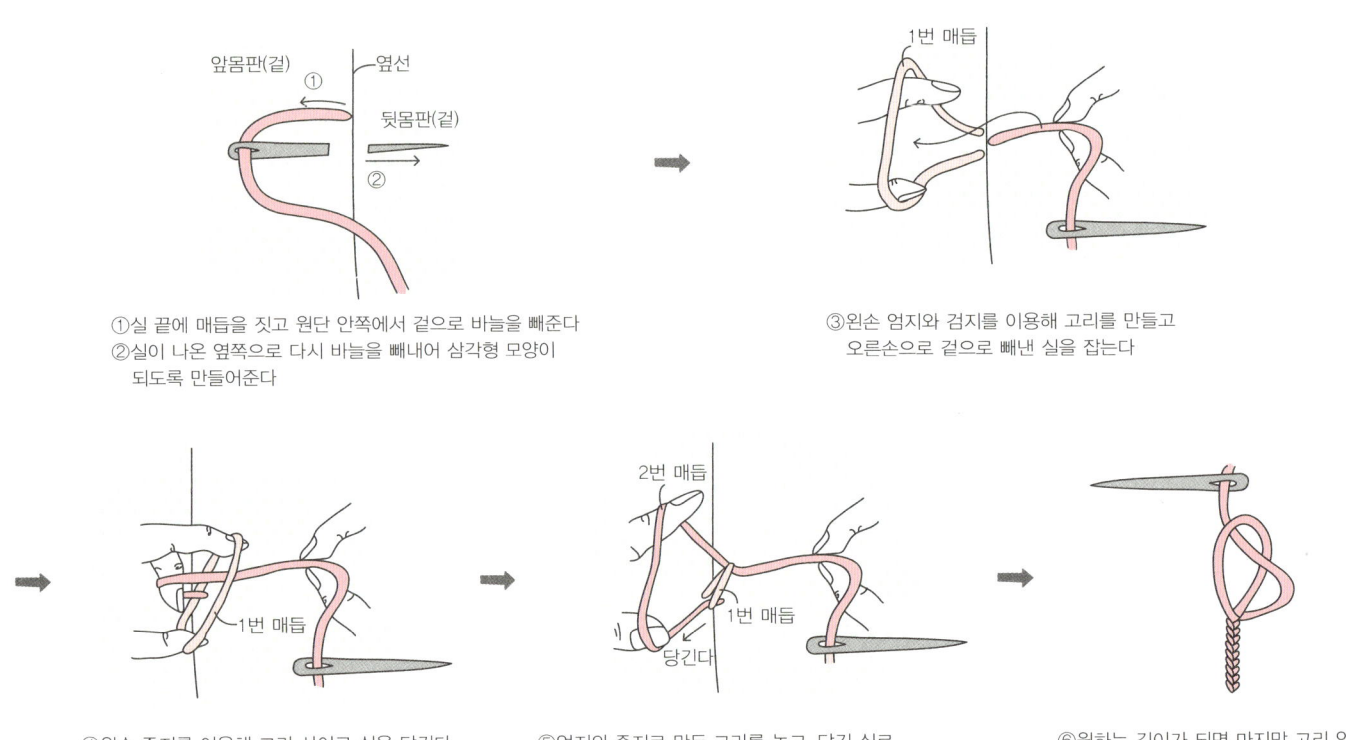

22. 단추 달기와 단춧구멍 위치 정하기

23. 콘실지퍼 다는 방법

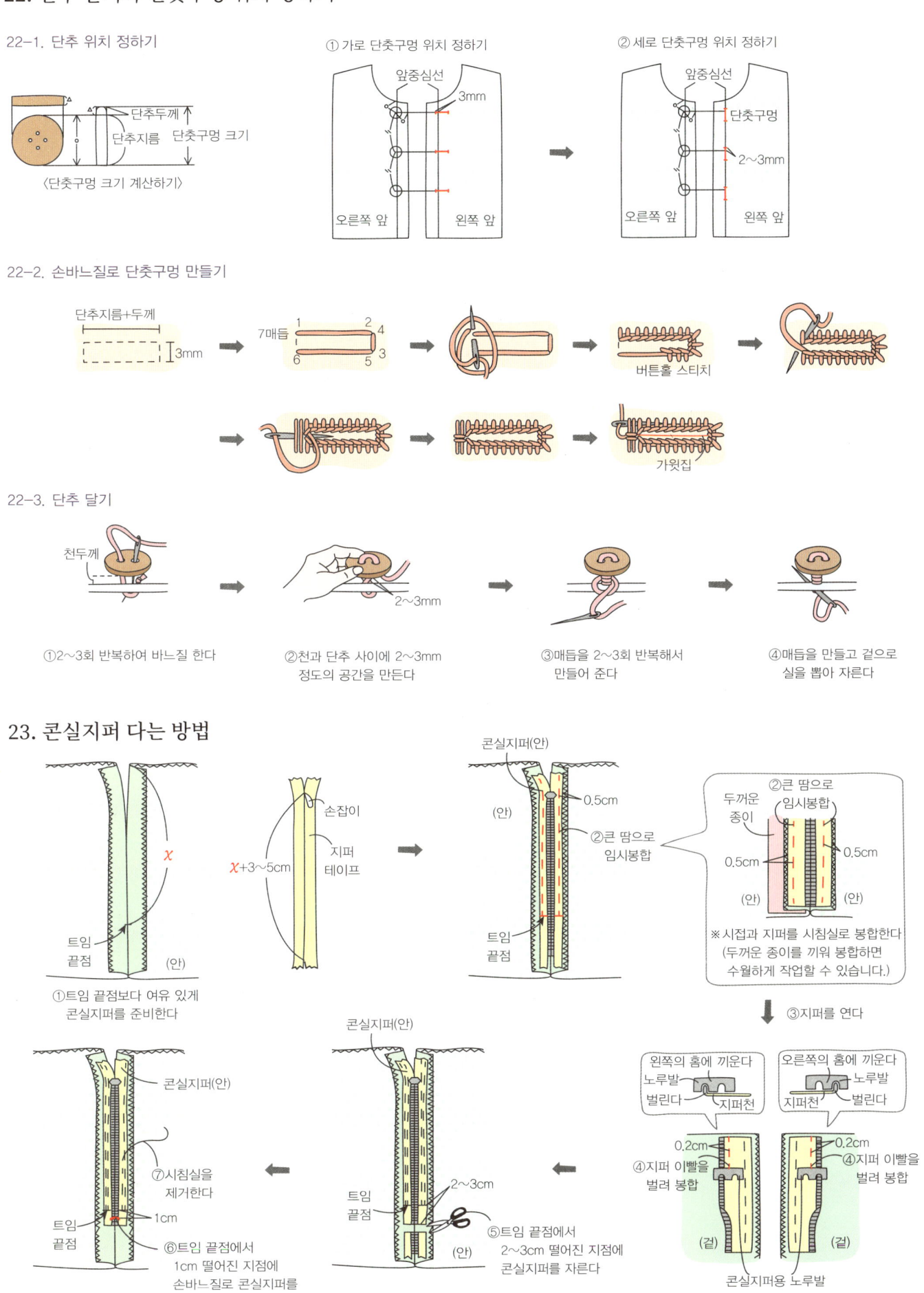

24. 기본 손바느질

24-1. 시침질

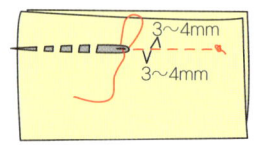 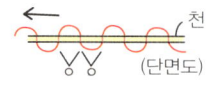

손바느질의 가장 기본이 되는 바느질법. 3~4mm 정도의 바늘땀으로 겉과 안이 같은 간격으로 봉합되도록 한다. 이불과 같은 큰 옷감의 재봉 시 미리 고정해 두기 위해 시침핀 대신 사용하기도 하고, 옷을 가봉할 때 사용하기도 한다.

24-2. 홈질

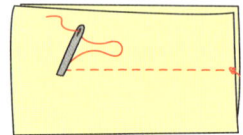 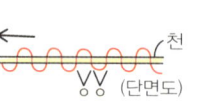

시침질의 바늘땀보다 좀 더 좁게 하는 바느질 방법. 겉과 안의 바늘땀을 2mm 정도로 촘촘하게 바느질한다. 박음질보다는 약하지만 간단한 재봉을 하거나 주름을 잡을 때 많이 사용한다.

24-3. 공그르기

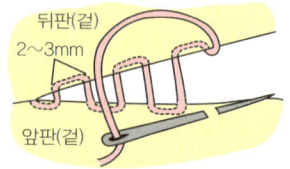

창구멍을 막거나 겉쪽에서 원단과 원단을 연결할 때 사용한다.

24-4. 박음질

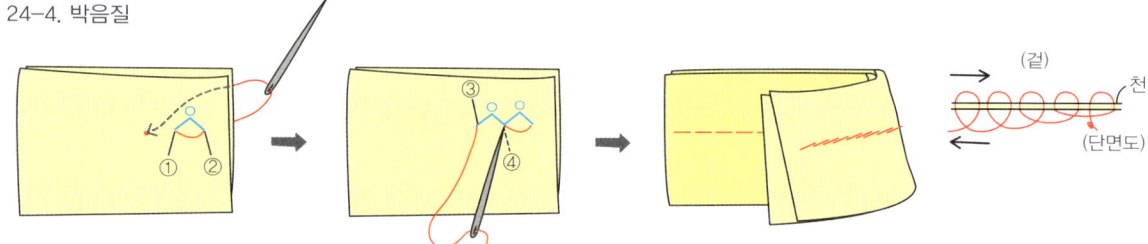

손바느질 중 가장 튼튼한 바느질 방법으로, 한 땀씩 되돌아가는 방법으로 진행한다. 천의 겉모습은 미싱의 바늘땀과 비슷하게 보인다.

24-5. 반박음질

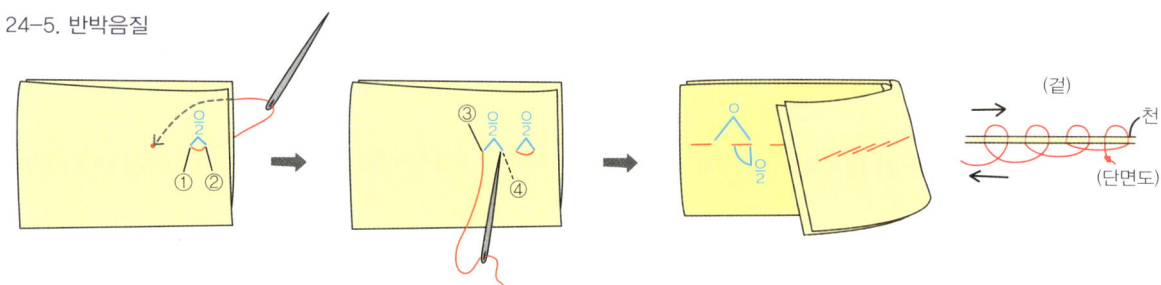

박음질과 같이 되돌아가며 진행하지만, 진행 폭의 절반만 되돌아오는 방법. 겉에서 보기에는 홈질과 비슷하게 보인다.

25. 소매 오그림 주는 방법

소매 오그림은 주름을 주기 위한 것이 아니라 소매의 어깨부분에 입체감을 주기 위해 사용하는 방법입니다. 봉제시 주름이 잡히지 않도록 주의합니다.

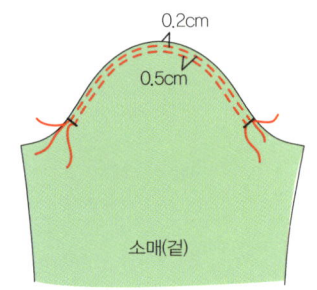

① 소매에서 앞너치에서 뒤너치까지의 시접에 큰 땀으로 두 줄 봉합한다

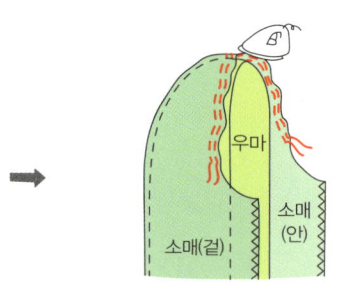

② 밑실을 잡아당겨 분량만큼의 오그림을 준다

26. 쌈솔 처리 방법

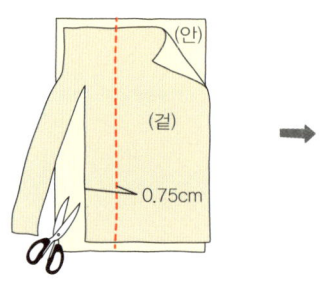 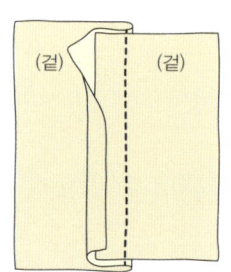

① 안과 안이 서로 마주보도록 겹쳐 봉합한 후, 한 쪽의 시접을 반으로 자른다

② 시접을 한 쪽으로 넘기고, 자른 쪽의 시접을 다른 쪽의 시접으로 감싼다

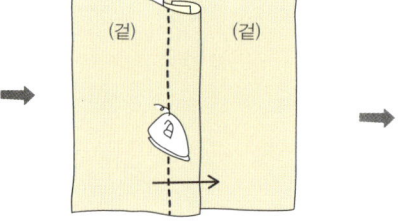 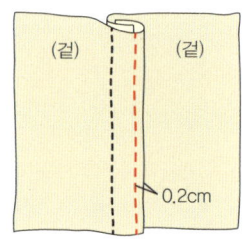

③ 시접을 다림질하여 반대방향으로 넘긴다

④ 감싼 시접의 가장자리에 상침한다

27. 금속 부자재

27-1. 금속라벨 다는 방법

    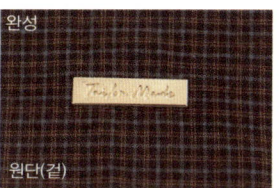

①원단에 금속라벨의 발을 꽂을 위치를 표시한다

②표시한 위치에 맞춰 원단에 11자 구멍을 뚫고 금속라벨의 발을 꽂는다

③원단 안쪽에서 고정 와샤를 꽂고, 금속라벨의 발을 구부려 고정한다

27-2. 23mm 싸개단추 만드는 방법

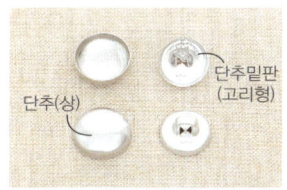 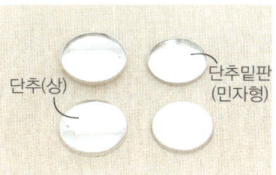   

크기에 맞는 싸개단추 몰드와 금속 자동기구도 함께 준비한다

①단추 사이즈보다 약간 크게 재단한 원단과 단추(상)을 준비해서 몰드 B에 넣는다(이때 원단과 단추의 안쪽면이 모두 위로 향하게 넣는다)

②삐져 나온 원단들을 송곳이나 날카로운 도구를 이용해 꾹꾹 눌러 안쪽으로 넣는다

③몰드A와 단추밑판(민자형, 고리형 중 원하는 밑판을 사용한다)을 준비한 다음, 밑판 안쪽면이 위로 향하게 몰드A에 끼워 넣는다

④몰드B를 뒤집어서 사진과 같이 몰드A 위로 올린다

⑤기구에 몰드를 올리고, 손잡이 레버를 눌러 내린다(이때, 몰드를 조금씩 움직여 동서남북 방향으로 꼼꼼하게 눌러준다)

28. 금속단추 및 부속 달기

28-1. 양면징

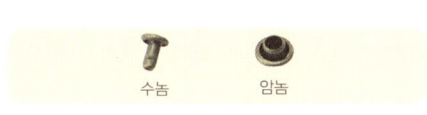 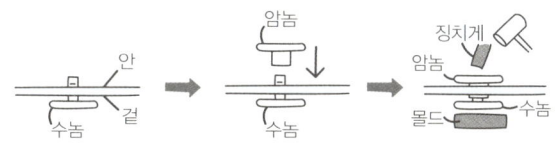 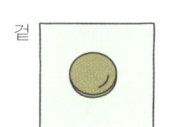 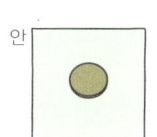

28-2. 자석단추

  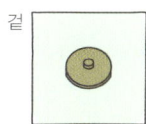

밖으로 꺾어 눌러준다

 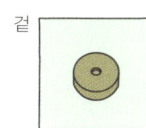

밖으로 꺾어 눌러준다

29. 심지 종류와 붙이는 방법
29-1. 심지 종류

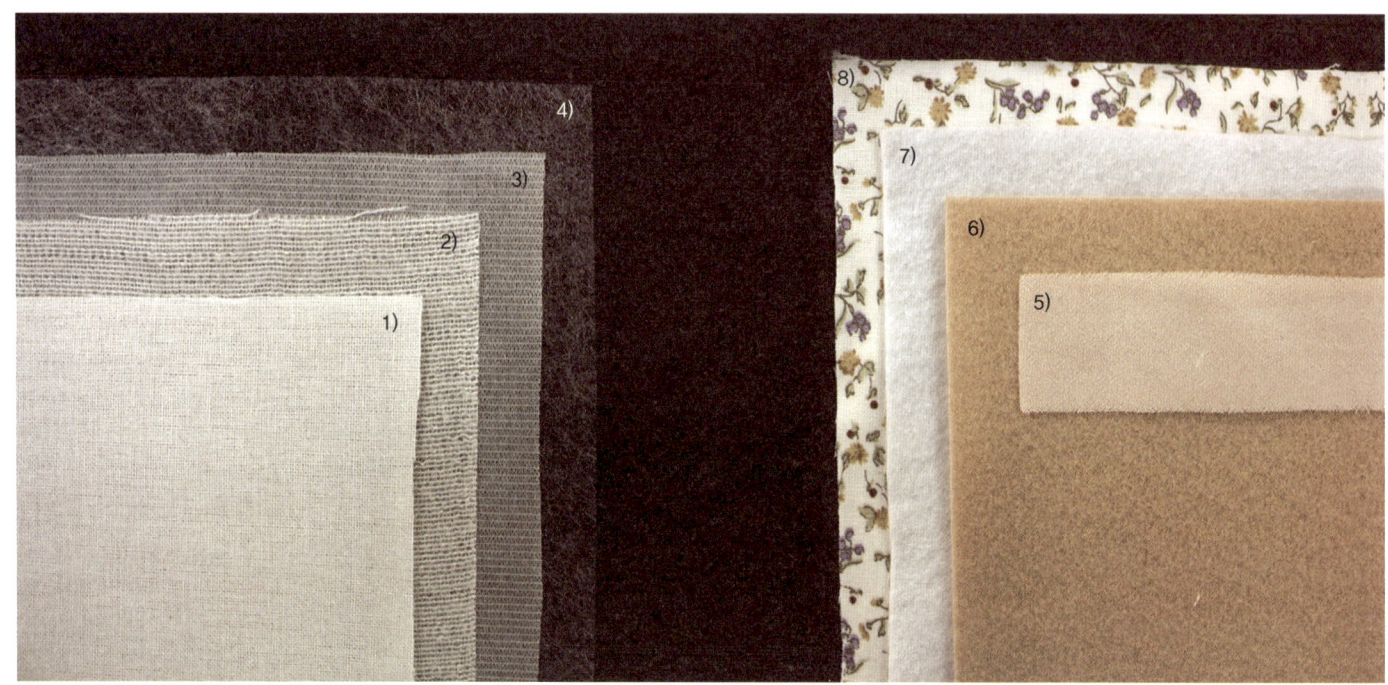

1) 가방심지(접착심)
   두께에 비해 빳빳하며 형태 유지가 필요한 작품에 부착하여 사용한다. 작은 소품이나 형태가 있는 가방류에 많이 사용한다. 원단에 부착 시 얇은 천이나 광목을 대고 다림질을 하면 다리미에 풀이 묻는 것을 방지할 수 있다.

2) 커버링심지(접착심)
   심지에 기모가공을 하여 보온성을 향상시킨 심지로, 유연하며 보온성을 필요로 하는 의상이나 소품에 많이 사용된다. 특히, 심지의 열 고정성이 좋기 때문에 겨울 원단에도 사용 가능하다.

3) 소잉심지(접착심)
   얇은 폴리에스테르 소재의 심지로, 원단의 결을 잡아주는 용도. 겉감(또는 안감) 전면에 부착한다.

4) 양면 멜트심지(양면 접착심)
   양면으로 접착이 가능한 그물 조직의 반투명한 심지로, 매우 얇기 때문에 부착 후에도 두께감에 영향을 주지 않는다. 봉제 작업 전, 다양한 작업물이나 비접착 심지를 고정할 수 있다. 다리미에 풀이 묻지 않도록 완성선에서 0.3cm 작게 재단한다.

5) 솜고정용 접착테이프 심지(2.5cm폭)
   원단에 솜심지 또는 두께감 있는 심지를 부착할때. 가장자리에 붙여 원단과 솜 심지 사이를 들뜸없이 밀착되도록 고정하는 역할을 한다.

6) 소프트 보강심지(비접착심)
   작품의 형태감을 잡아주는 가벼운 심지. 비 접착이므로 양면 멜트심지를 원단과 보강심지 사이에 위치시키고 다림질로 고정한다. 일반적으로 보강심지는 완성선에서 0.3cm 작게 재단한다.

7) 퀼팅솜(접착심or비접착심)
   압축된 솜에 접착풀 가공 여부에 따라 접착과 비접착으로 구분. 본 책에서는 접착심을 사용한다. 퀼팅솜은 완성선까지만 재단하고 먼저 다림질로 부착 후, 솜고정용 접착테이프 심지를 이용하여 시접에 다림질로 다시 한 번 더 고정해서 안정감을 준다.

8) 안감심지
   원단의 안쪽 면에 접착풀 가공을 한 심지로, 안감을 달아야 하는 번거로움 없이 겉감에 안감심지를 부착하여 보다 쉽게 작품의 완성도를 높일 수 있다. 의상보다는 주로 간단하게 제작하는 소품에 많이 쓰인다.

29-2. 심지 재단하는 방법과 붙이는 방법

※이 페이지에서는 각 제작설명서의 재단 배치도에 기재된 심지의 재단·부착 방법을 소개하고 있습니다. 아래 내용을 참고하여 심지 작업을 해주세요.

※주의 : 심지의 소재는 다양합니다. 사용하는 소재가 합성섬유일 경우, 다리미의 온도를 소재에 맞게 맞춘 후 예열하고 사용합니다.
　　　　특히, 다리미에 접착풀이 묻지 않도록 항상 주의해주세요.

1) 소잉심지 · 커버링심지 · 가방심지

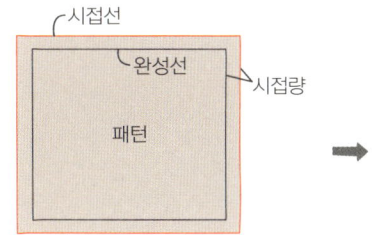
①시접을 포함하여 베낀 패턴을 준비한다

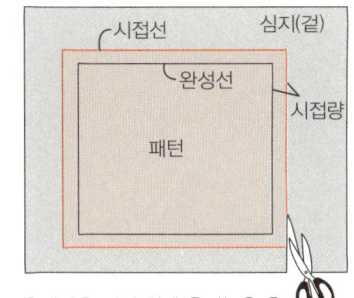
②패턴을 심지 위에 올려놓은 후, 시접선에 맞춰 심지를 재단한다

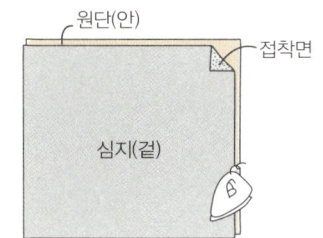
③미리 재단한 원단(안) 위에 심지의 접착면 쪽을 맞대어 다리미로 잘 다려준다

2) 안감심지

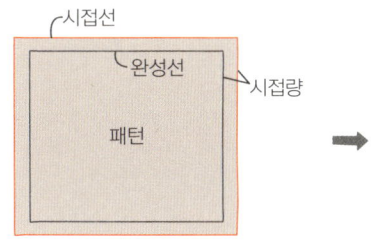
①시접을 포함하여 베낀 패턴을 준비한다

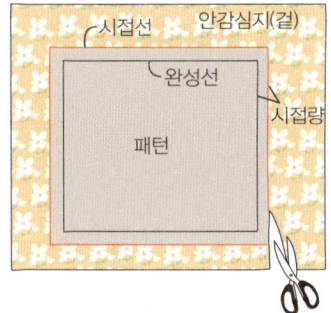
②패턴을 안감심지 위에 올려놓은 후, 시접선에 맞춰 심지를 재단한다

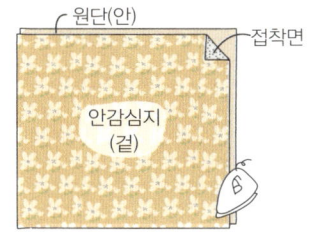
③미리 재단한 원단(안) 위에 안감심지의 접착면 쪽을 맞대어 다리미로 잘 다려준다

3) 양면 멜트심지 · 소프트 보강심지

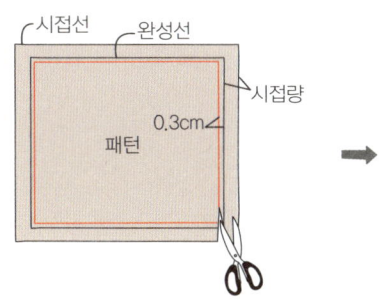
①시접을 포함하여 베낀 패턴지를 완성선에서 0.3cm 작게 잘라서 준비한다

②패턴을 양면 멜트심지 위에 올려놓은 후, 완성선보다 0.3cm 작게 자른 선에 맞춰 양면 멜트심지를 재단한다

③패턴을 소프트 보강심지 위에 올려놓은 후, 완성선보다 0.3cm 작게 자른 선에 맞춰 소프트 보강심지를 재단한다

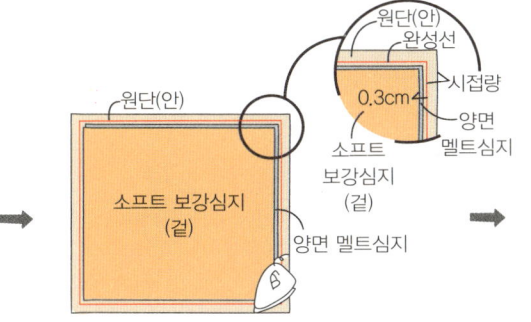
④미리 재단한 원단(안) 완성선 위에 완성선보다 0.3cm 작게 자른 양면 멜트심지와 소프트 보강심지를 올려 2장을 함께 다리미로 잘 다려 준다

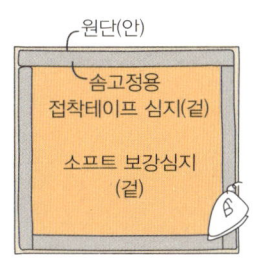
⑤솜고정용 접착테이프 심지를 원단 둘레에 맞게 얹고 다리미로 잘 다려준다

basic materials

1. 제도용품

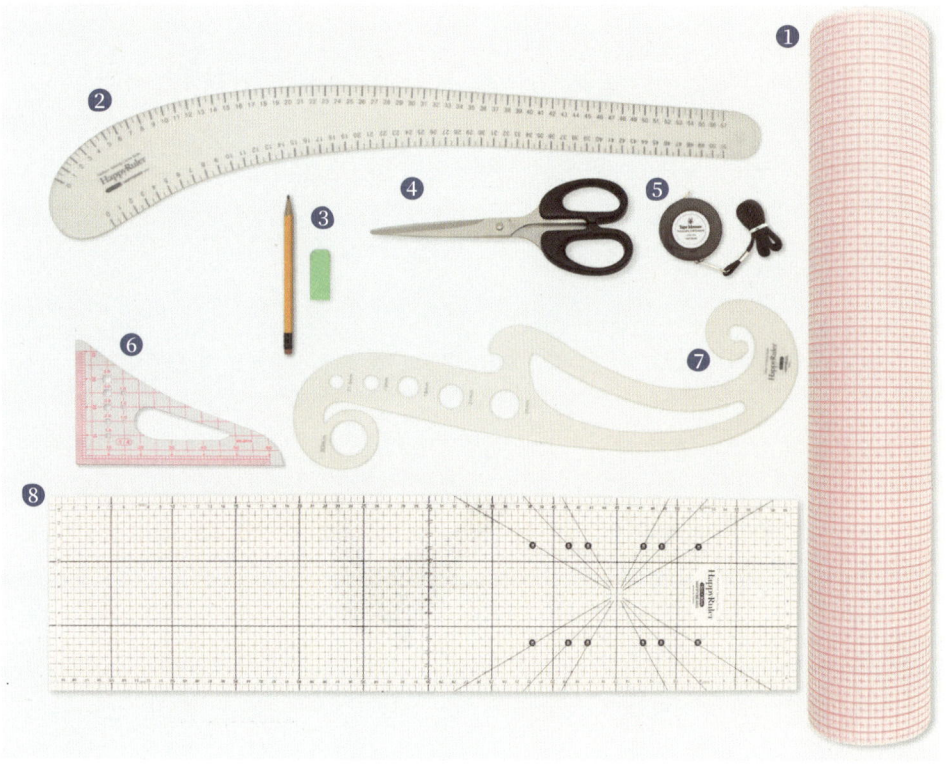

1. **패턴지** 모눈 처리가 되어있어 작업이 용이하고, 잘 비쳐 보입니다. 패턴을 복사하기 쉬운 부직포 패턴지를 사용하면 좋습니다.

2. **곡자** 한 쪽 끝이 곡을 이루고 있는 자로 스커트 옆선, 소매 옆선, 절개선, 다트 곡선 등을 그리는데 주로 사용합니다.

3. **연필&지우개** 패턴지에 패턴을 그릴 때 사용합니다.

4. **종이가위** 패턴(종이나 부직포)을 자를 때 사용하는 가위로, 재단가위로 종이를 오리면 가위의 날이 상할 수 있으므로 가위는 반드시 패턴 재단용과 원단 재단용을 구분하여 사용합니다.

5. **줄자** 신체 치수를 측정하거나 곡선의 치수를 잴 때 사용합니다.

6. **축도자** 실 사이즈의 패턴을 1/4 또는 1/5로 축도하여 자료를 남기고자 할 때 사용합니다.

7. **S자** S 모양의 자로 소매산, 진동 둘레 등 거의 모든 기본 곡선을 그릴 수 있으며, 사이즈별 원 모양이 있어 단추 표시를 하기 좋습니다.

8. **직각&컷팅자** 정확한 직각이 제도작업을 원활하게 합니다. 넓은 폭이 작업물의 뒤틀림 현상을 없애주어 원단 컷팅 작업에도 사용됩니다.

2. 재단용품

1. **컷팅매트** 재단칼로 원단을 재단할 때 함께 사용하면 재단칼의 날이 손상되지 않고, 원단이 깔끔하게 재단됩니다.

2. **초크** 원단에 마름선을 표시하거나 수정할 때 사용합니다. 고체형, 샤프형, 펜형이 있으니 용도에 맞게 골라 사용하세요.

3. **핀쿠션** 자주 사용하는 시침핀, 바늘 등을 적당량 꽂아두고 필요할 때 바로 사용하세요.

4. **문진** 원단과 패턴이 서로 뒤틀리지 않도록 묵직하게 고정해주는 누름쇠입니다.

5. **시침핀&집게** 시침핀은 옷감을 고정하거나 입체 재단 시 사용합니다. 구슬핀, 실크핀 등 용도에 따라서 사용하세요. 핀 작업이 어려운 니트 원단에는 집게를 사용하면 좋습니다.

6. **초크페이퍼** 패턴을 원단에 마름질할 때 초크 대신 사용할 수 있는 도구로, 페이퍼를 원단 아래 놓고 위에서 룰렛으로 굴려주면 원단에 완성선이 표시됩니다.

7. **룰렛** 톱니를 굴려 원단에 마킹합니다. 초크페이퍼와 함께 사용하세요. 톱니형과 원반형으로 두 가지 타입이 있습니다. 원반형은 헤라로도 사용 가능합니다.

8. **재단칼** 재단가위 대신 원단을 재단할 때 사용하며, 여러 겹의 원단을 한 번에 컷팅할 수 있어 편리합니다. 컷팅매트와 함께 사용하세요.

9. **재단가위** 원단 재단에 사용하는 전용가위로 자신의 손에 맞는 크기의 가위를 사용하는 것이 좋습니다. 왼손용, 오른손용으로 두 가지 타입이 있습니다.

3. 봉제용품

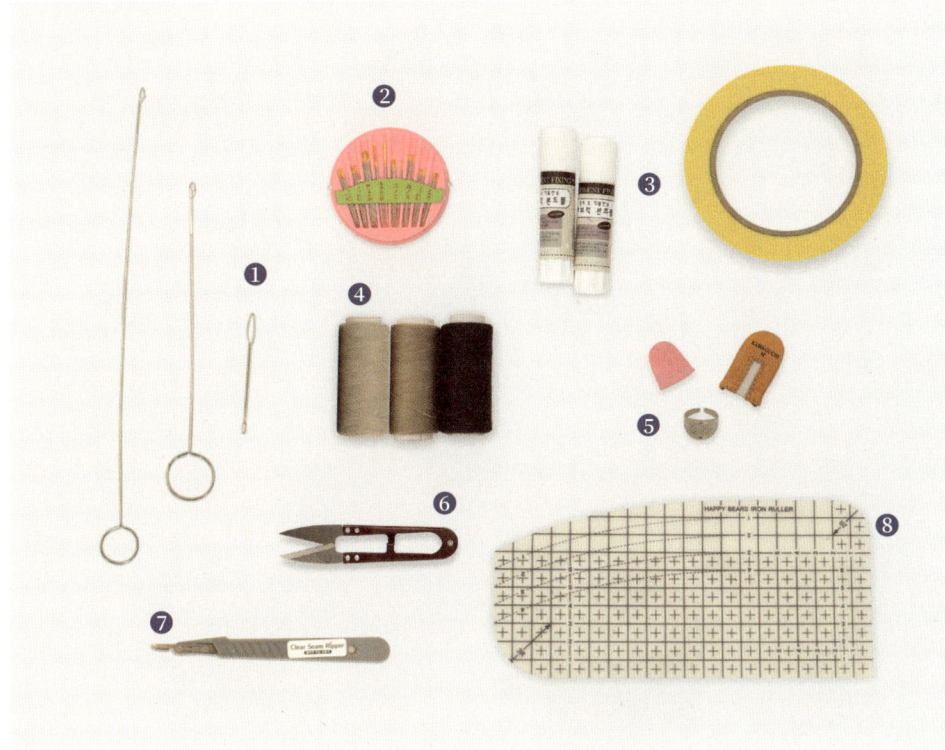

❶ **뒤집개 & 끼우개** 원단으로 리본 등을 만들 때 좁은 폭의 원단을 쉽게 뒤집을 수 있고, 작품에 고무줄이나 끈을 끼워 넣을 때 편리하게 작업할 수 있습니다.

❷ **손바늘** 작품의 마무리 또는 장식 작업 시 자주 사용되므로 사이즈별로 준비해두세요.

❸ **직물전용 본드풀 & 매직테이프** 시침핀을 꽂기 힘든 곳, 지퍼 및 시접 등 임시고정이 필요한 부분에 사용하면 원단의 밀림 없이 봉제를 편하게 할 수 있습니다. 수용성 재질로 세탁 후 완전히 제거됩니다.

❹ **손바느질용 봉제실** 기본적으로 가장 많이 사용되는 색상은 휴대가 편리한 소형 사이즈로 준비해두고 간편하게 사용하세요.

❺ **골무** 손바느질을 할 때 손가락 끝을 보호해주어 작업의 능률을 높입니다. 가죽, 금속, 고무 등 다양한 재질이 있으니 용도에 맞게 골라 사용하세요.

❻ **쪽가위** 작업 중 가장 많이 사용되는 가위로, 깔끔한 마무리 작업을 위해 꼭 필요합니다.

❼ **실뜯개** 봉제가 잘못되어 바늘땀을 뜯어야 할 때나, 단춧구멍을 자를 때 유용하게 사용됩니다.

❽ **아이론시접자** 정확한 치수체크와 함께 다림질로 손쉽게 시접부분을 만들 수 있도록 도와주는 열에 강한 시접자입니다.

4. 미싱용품

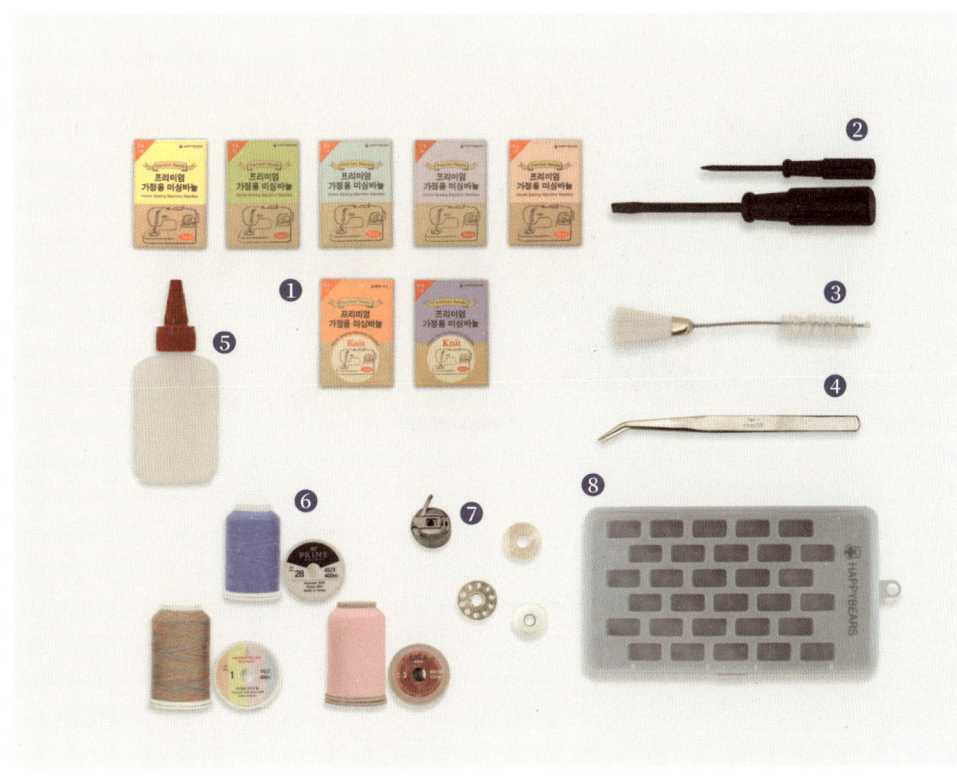

❶ **미싱바늘** 공업용과 가정용을 잘 구분하여 사용해야 합니다. 원단의 소재와 두께에 따라 9/11/14/16/18호의 바늘을 맞춰 사용하세요. 니트원단에는 니트용 바늘을 사용하세요.

❷ **드라이버** 노루발과 미싱바늘을 교체할 때 사용합니다.

❸ **크리닝브러시** 봉제 후 미싱에 쌓인 먼지를 청소할 때 사용하는 미싱 청소용 브러시입니다.

❹ **핀셋** 일반 미싱이나 오버록에 실을 끼울 때나, 미싱의 세밀한 곳을 작업할 때 사용합니다.

❺ **미싱기름** 미싱의 소음이나 마찰을 완화시켜 줍니다.

❻ **미싱용 봉제실** 원단의 소재와 두께 및 작업 용도에 맞게 골라 사용합니다.

❼ **북집(보빈케이스)** 공업용과 가정용을 잘 구분하여 사용해야 합니다. 북집이 필요 없는 미싱 기종도 있으니 확인 후 사용하세요.

❽ **북알(보빈)&북알케이스** 북알은 공업용과 가정용을 잘 구분하여 사용해야 하며, 밑실은 윗실 컬러에 맞춰 바로 사용할 수 있도록 다양하게 감아서 준비해두면 좋습니다. 북알케이스에 보관하면 편리합니다.

how to make

- 이 책에서는 작품을 55, 66, 77, 88 사이즈로 소개하고 있습니다.
  작품의 완성 사이즈를 확인하여 적합한 사이즈를 선택해주세요.

- 재단 배치도에 기재된 원단 폭은 각 화보 작품을 제작한 원단의 폭 기준입니다. 다른 폭의 원단으로 제작 시 소요량에 약간의 차이가 있을 수 있으니, P.52를 참고하여 원단 소요량을 계산하여 재단해주세요.

- 설명서에 표기된 재단 배치도의 요척과 재료의 양은 가장 큰 사이즈의 패턴을 기준으로 작성되어 있습니다. 다른 사이즈의 패턴으로 제작할 경우 약간의 차이가 있을 수 있습니다.

- 부록인 실물크기 패턴에는 시접이 포함되어 있지 않습니다.
  각 만드는 방법 페이지의 재단 배치도를 참고하여 시접을 더해주세요.

a-1 둥근 칼라 블라우스 *photo p.07*

[패턴에 대해서]

※패턴: A면
- 사용 패턴: 앞몸판, 뒷몸판, 겉뒷요크, 안뒷요크, 겉칼라, 안칼라, 소매

[재료]
- 겉감 … 112cm폭 x 270cm
- 소잉심지 … 110cm폭 x 90cm
- 1.1cm폭 단추 5개

[완성 사이즈]

사이즈 명칭	55	66	77	88
가슴둘레	111.5	121	126.5	132
옷길이	65.5	68	70	72.5
소매길이	17	18	19	20

[재단 배치도]
- 지정 이외의 시접은 1cm.
- ▨ 부분에 소잉심지를 붙인다
- 목둘레 바이어스천, 소매 밑단 바이어스천은 직접 제도하여 사용합니다
- 왼쪽에서부터 55/66/77/88 사이즈

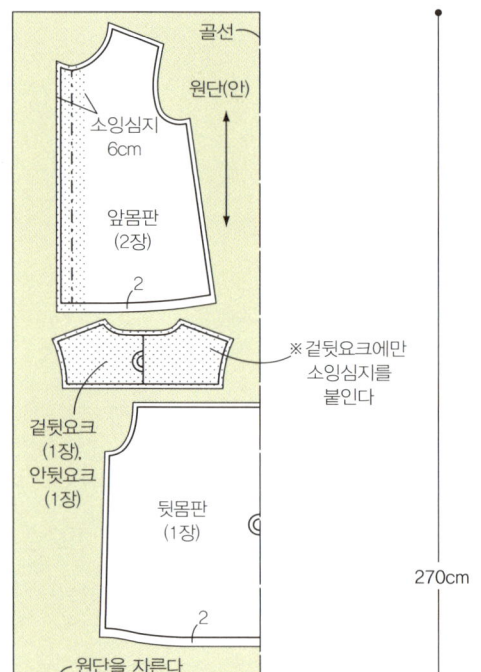

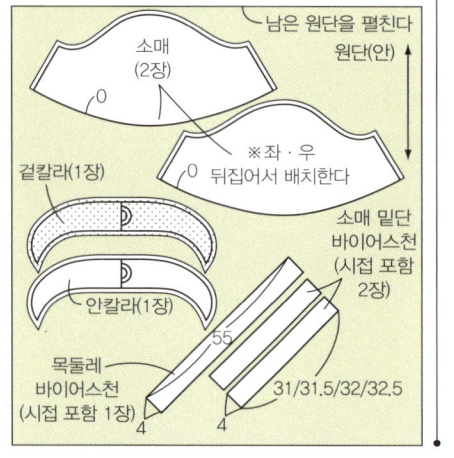

[만드는 순서]

1. 뒷몸판에 겉·안뒷요크를 단다
2. 몸판의 어깨를 봉합한다
3. 칼라를 만든다
4. 몸판에 칼라를 달고, 목둘레와 앞끝을 정리한다
5. 몸판에 소매를 단다
6. 소매의 밑단에 주름을 잡는다
7. 몸판과 소매의 옆선을 한 번에 이어서 봉합한다
8. 소매의 밑단을 바이어스 처리한다
9. 몸판의 밑단을 정리한다
10. 몸판에 단춧구멍을 뚫고, 단추를 단다

[만드는 방법]

★치수가 기재되어 있지 않은 곳은 1cm로 봉합합니다.

1 뒷몸판에 겉·안뒷요크를 단다

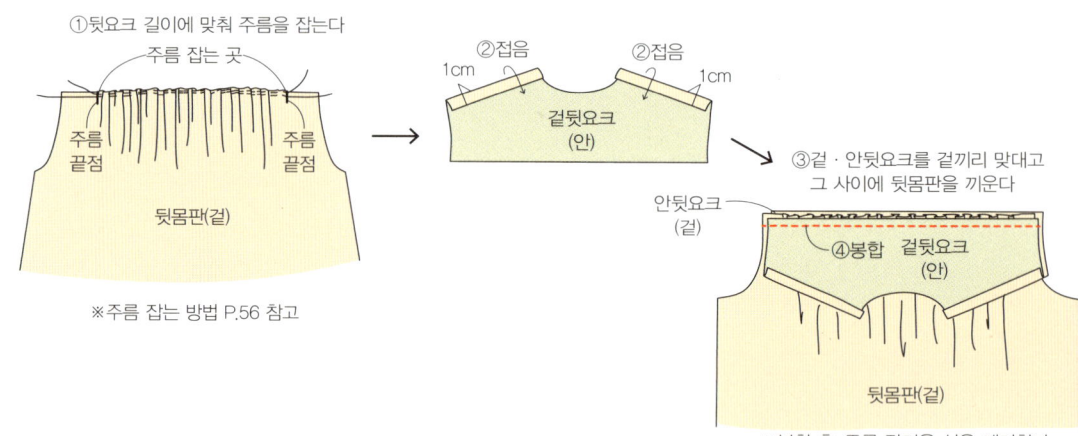

a-1 둥근 칼라 블라우스

2 몸판의 어깨를 봉합한다

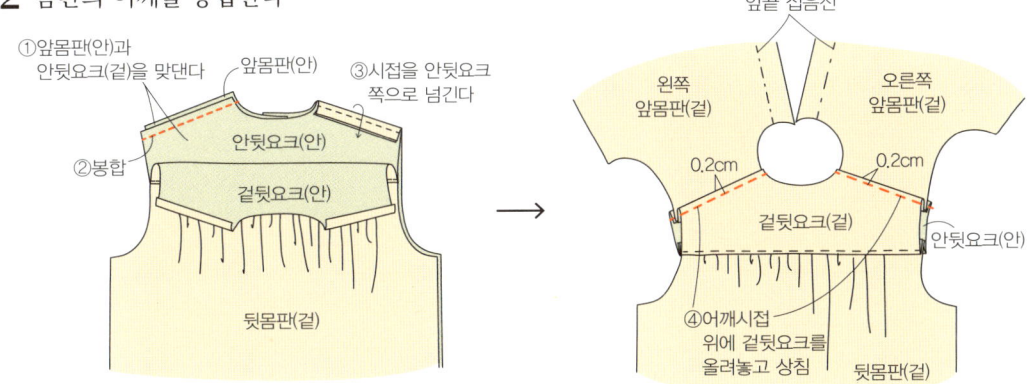

3 칼라를 만든다

4 몸판에 칼라를 달고, 목둘레와 앞끝을 정리한다

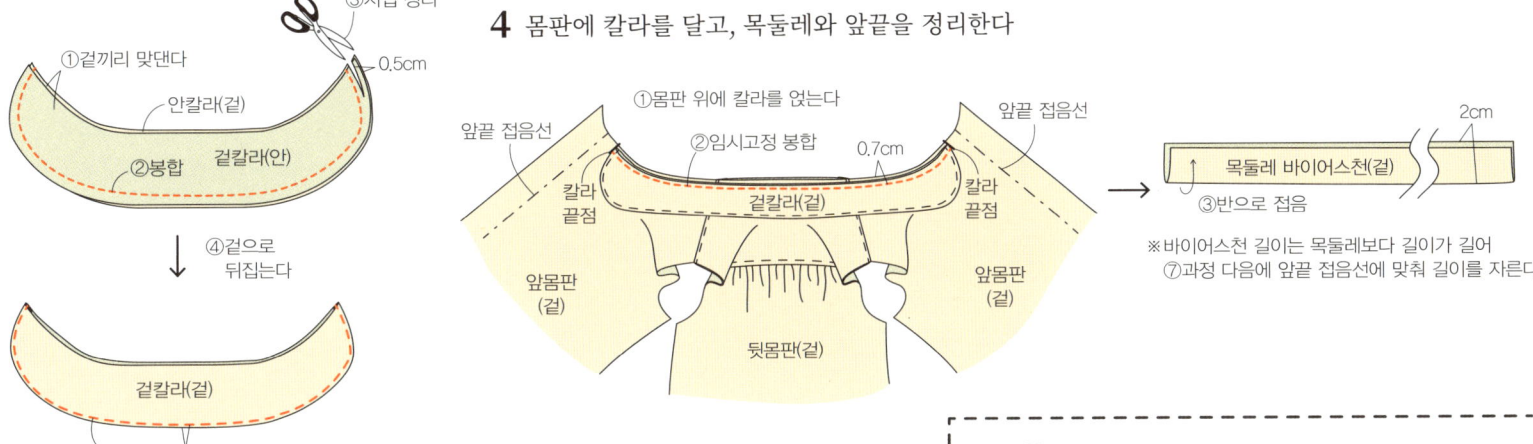

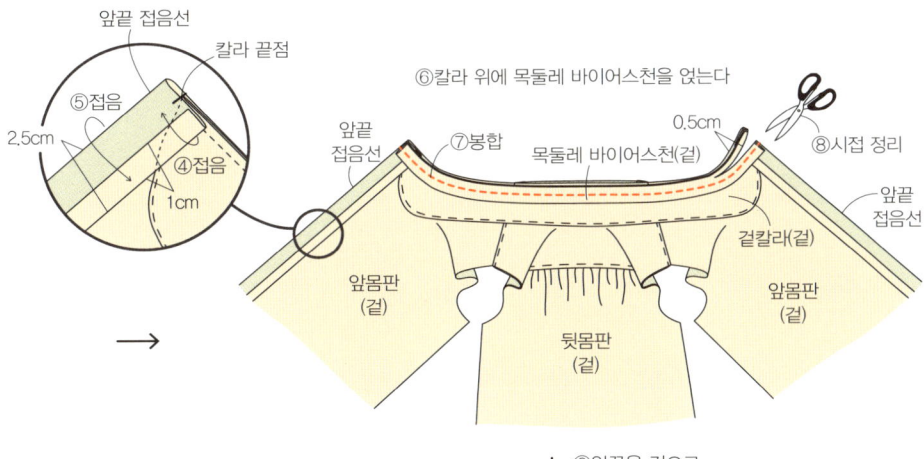

5 몸판에 소매를 단다

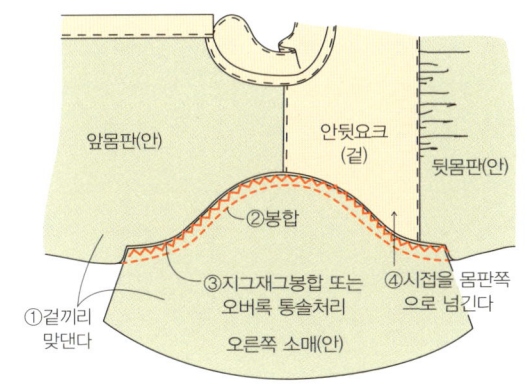

※ 왼쪽 소매도 ①~④과정과 같은 방법으로 만든다

6 소매의 밑단에 주름을 잡는다

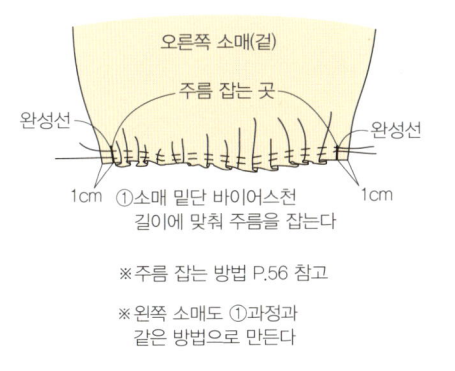

※ 주름 잡는 방법 P.56 참고

※ 왼쪽 소매도 ①과정과 같은 방법으로 만든다

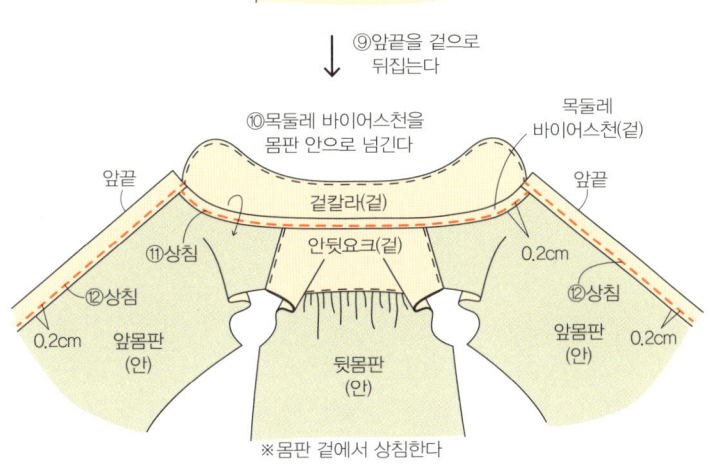

a-1 둥근 칼라 블라우스

7 몸판과 소매의 옆선을 한 번에 이어서 봉합한다

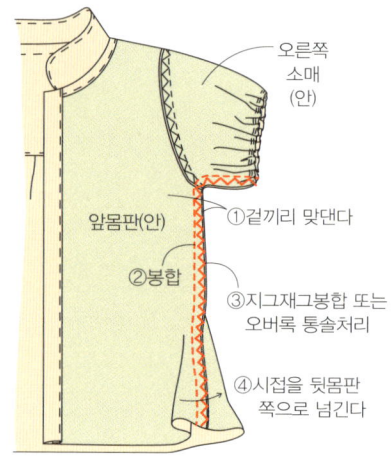

8 소매의 밑단을 바이어스 처리한다

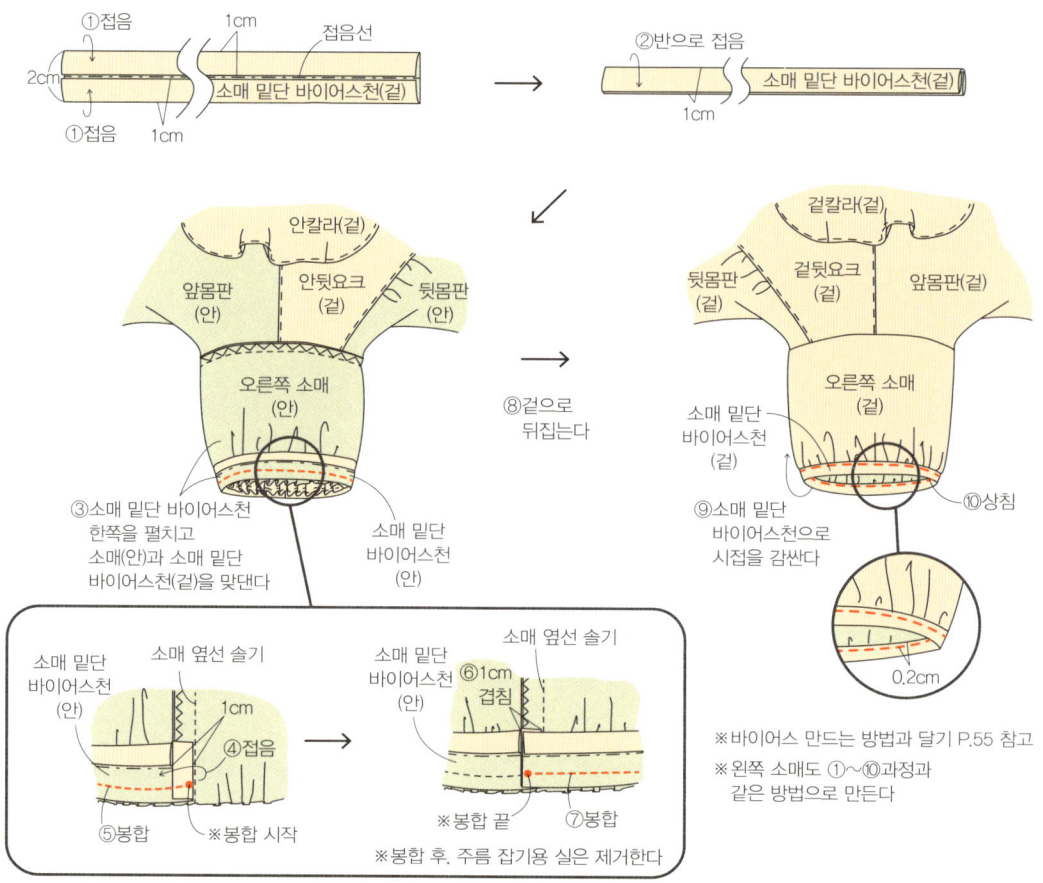

9 몸판의 밑단을 정리한다

10 몸판에 단춧구멍을 뚫고, 단추를 단다

< *finish* >

a-2 뒷 단추 블라우스 *photo p.08*

[패턴에 대해서]

※패턴: A면

- 사용 패턴: 앞몸판, 뒷몸판, 앞요크, 뒷요크, 소매, 커프스
- 앞몸판, 뒷몸판 실물크기 패턴에서 a-2 밑단으로 베껴 사용합니다.

[재료]

- 겉감 … 130cm폭 x 180cm
- 소잉심지 … 50cm폭 x 50cm
- 1.2cm폭 바이어스 메이커 … 1개
- 1.1cm 단추 … 2개

[완성 사이즈]

사이즈 명칭	55	66	77	88
가슴둘레	114	119	124	128.5
옷길이	64.5	66.5	68	70
소매길이	23.5	24.5	25.5	26.5

[재단 배치도]

- 지정 이외의 시접은 1cm.
- ▨ 부분에 소잉심지를 붙인다
- 목둘레 안바이어스천은 직접 제도하여 사용합니다
- 왼쪽에서부터 55/66/77/88 사이즈

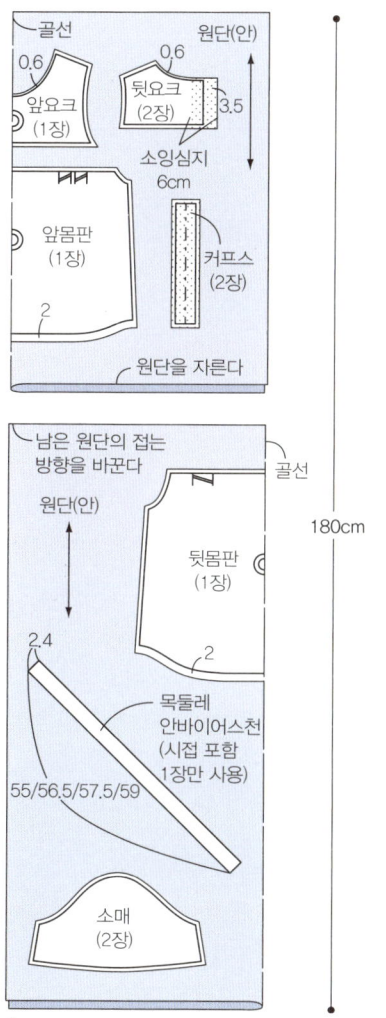

[만드는 순서]

1. 요크의 어깨를 봉합한다
2. 요크의 목둘레를 안바이어스 처리한다
3. 몸판에 턱을 잡고, 요크를 단다
4. 몸판에 소매를 단다
5. 소매의 밑단에 주름을 잡는다
6. 몸판과 소매의 옆선을 한 번에 이어서 봉합한다
7. 커프스를 만든다
8. 소매에 커프스를 단다
9. 몸판의 밑단을 정리한다
10. 뒷요크에 단춧구멍을 뚫고, 단추를 단다

[만드는 방법]

★치수가 기재되어 있지 않은 곳은 1cm로 봉합합니다.

1 요크의 어깨를 봉합한다

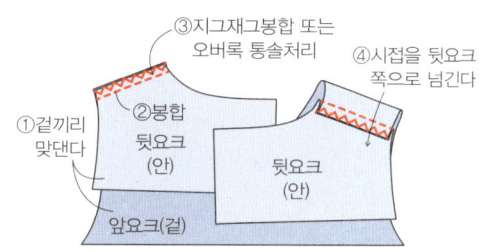

2 요크의 목둘레를 안바이어스 처리한다

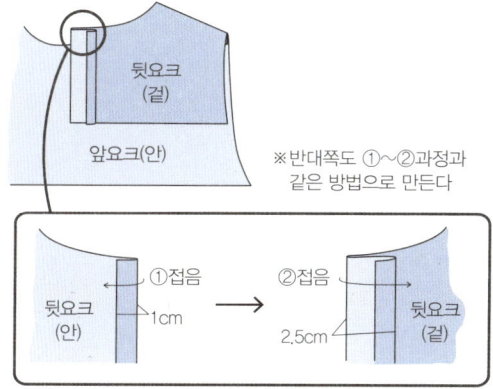

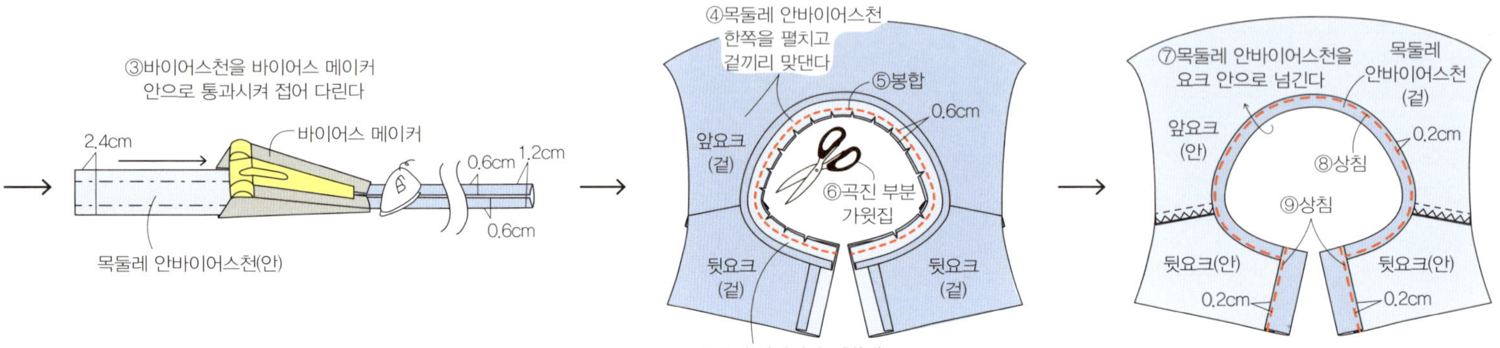

※요크 겉에서 상침한다

3 몸판에 턱을 잡고, 요크를 단다

※턱 잡는 방법 P.56 참고

※턱 잡는 방법 P.56 참고

※뒷요크와 뒷몸판도 ⑤~⑨과정과
같은 방법으로 만든다

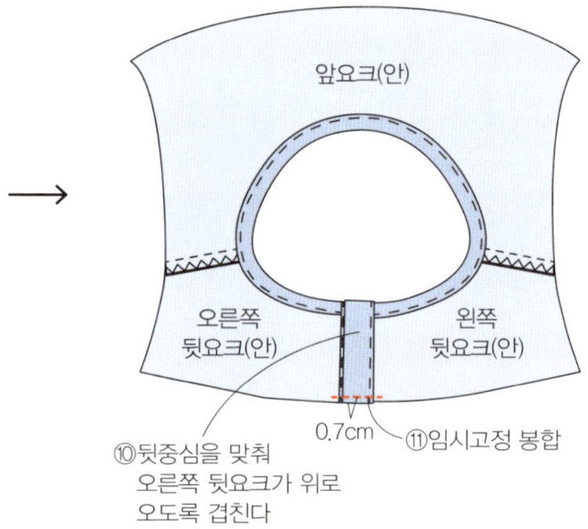

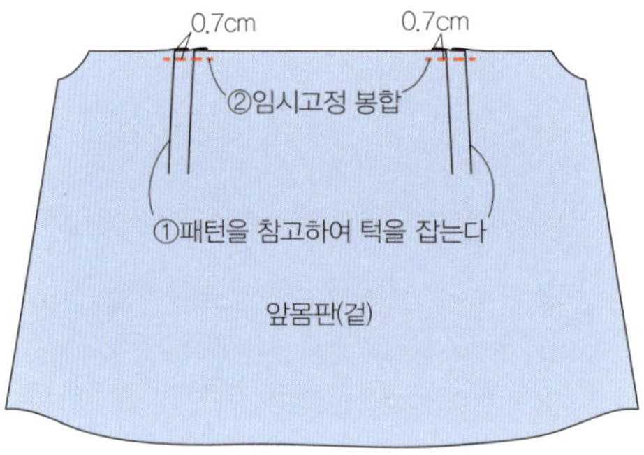

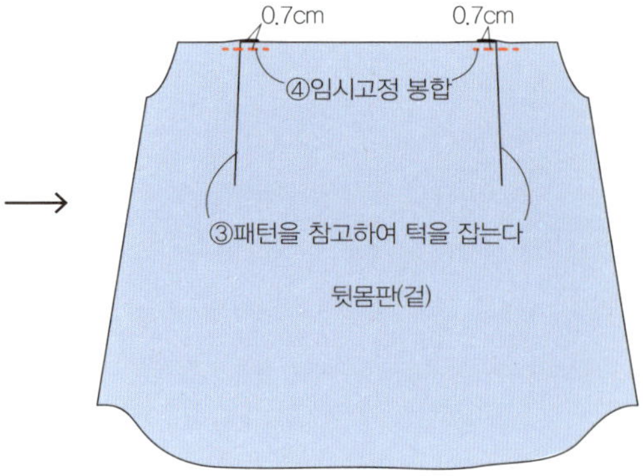

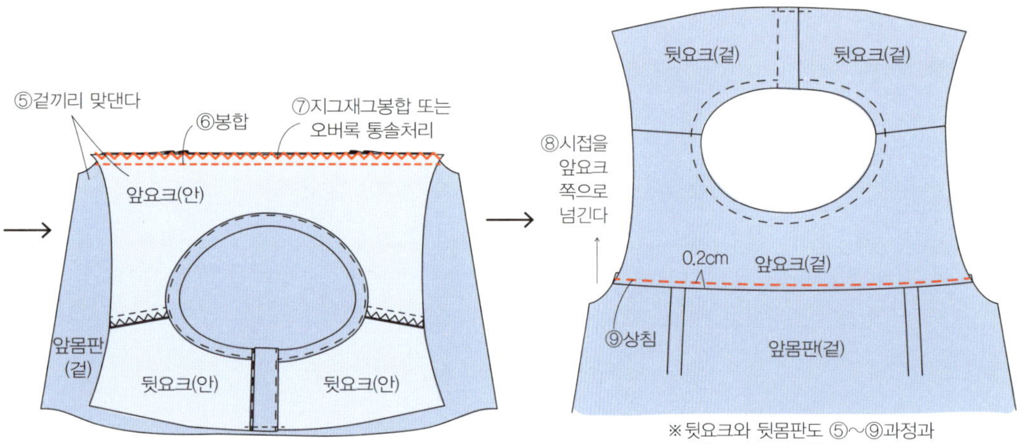

4 몸판에 소매를 단다 (P.67/ 5-①~④ 참고)

5 소매의 밑단에 주름을 잡는다

※주름 잡는 방법 P.56 참고

※왼쪽 소매도 ①과정과
같은 방법으로 만든다

6 몸판과 소매의 옆선을 한 번에 이어서 봉합한다 (P.68 / 7-①~④ 참고)

7 커프스를 만든다

※커프스를 총 2개 만든다

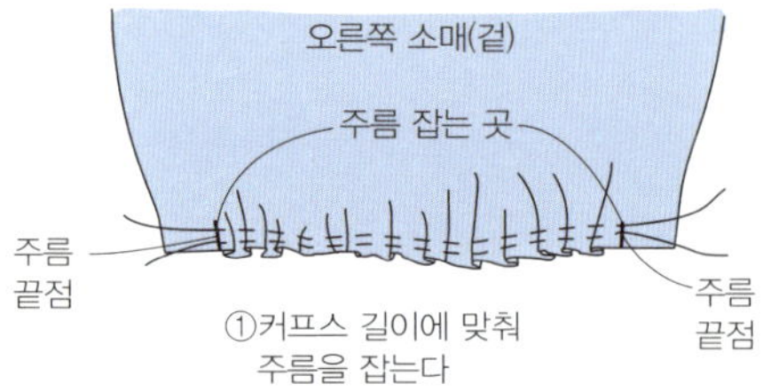

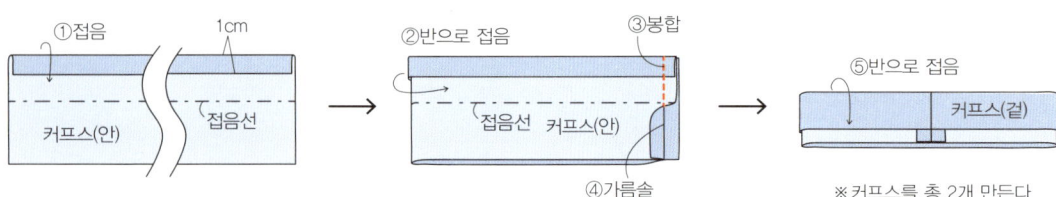

8 소매에 커프스를 단다

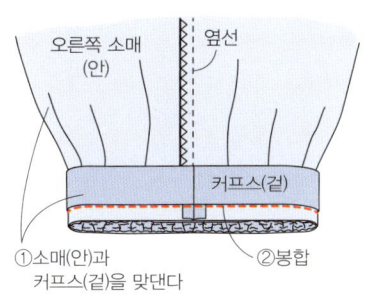 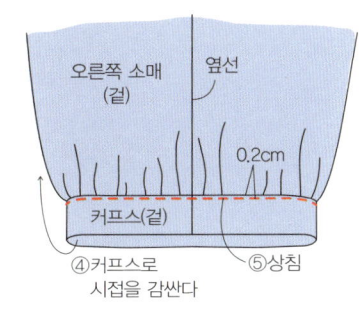

9 몸판의 밑단을 정리한다

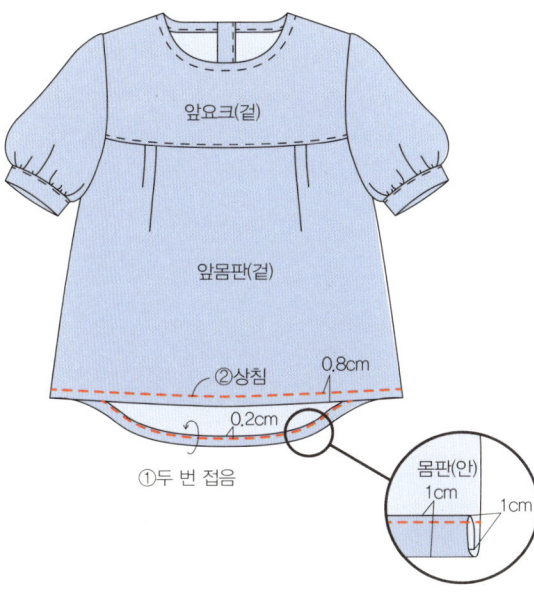

10 뒷요크에 단춧구멍을 뚫고, 단추를 단다

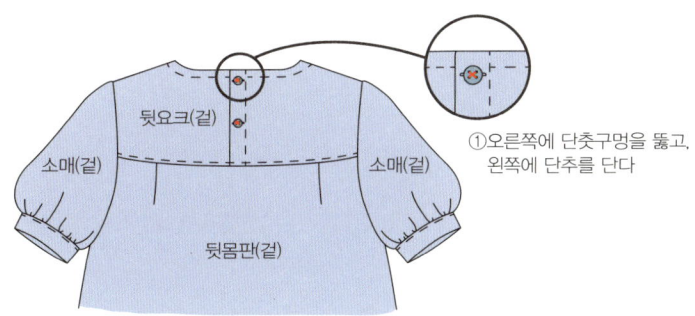

< *finish* >

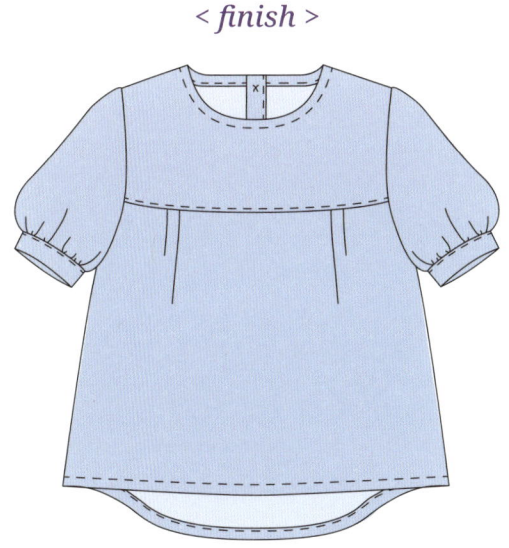

a-3 뒷 단추 원피스 *photo p.09*

[패턴에 대해서]

※ 패턴: A면

- 사용 패턴: 앞몸판, 뒷몸판, 앞요크, 뒷요크, 소매, 커프스
- 앞몸판, 뒷몸판 실물크기 패턴에서 a-3 밑단으로 베껴 사용합니다.

[재료]

- 겉감 … 140cm폭 x 270cm
- 소잉심지 … 50cm폭 x 50cm
- 1.1cm 단추 … 4개

[완성 사이즈]

사이즈 명칭	55	66	77	88
가슴둘레	114	119	124	128.5
옷길이	107	109	110.5	112.5
소매길이	36.5	37.5	38.5	39.5

[재단 배치도]

- 지정 이외의 시접은 1cm.
- 부분에 소잉심지를 붙인다
- 표시된 부분은 지그재그봉제 또는 오버록 처리한다
- 목둘레 안바이어스천은 직접 제도하여 사용합니다
- 왼쪽에서부터 55/66/77/88 사이즈

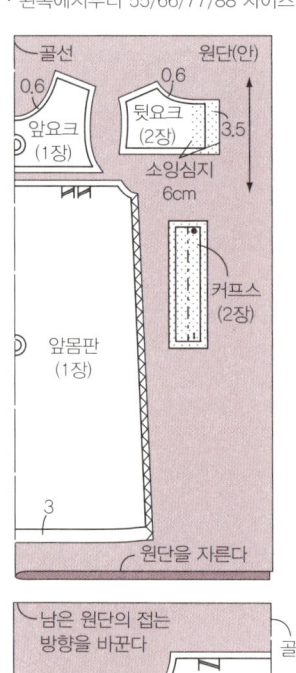

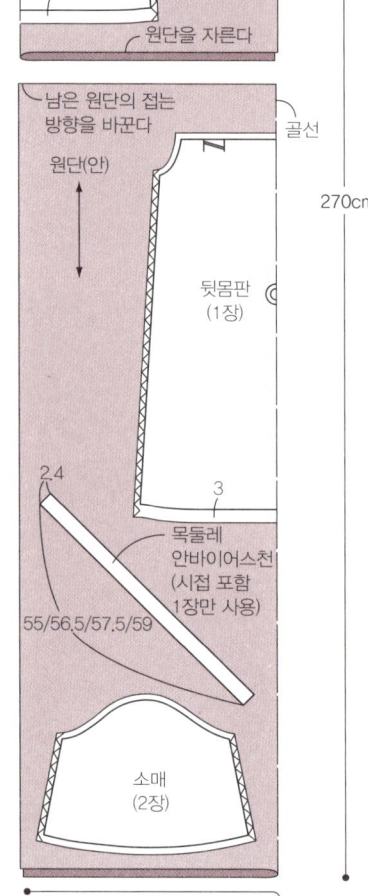

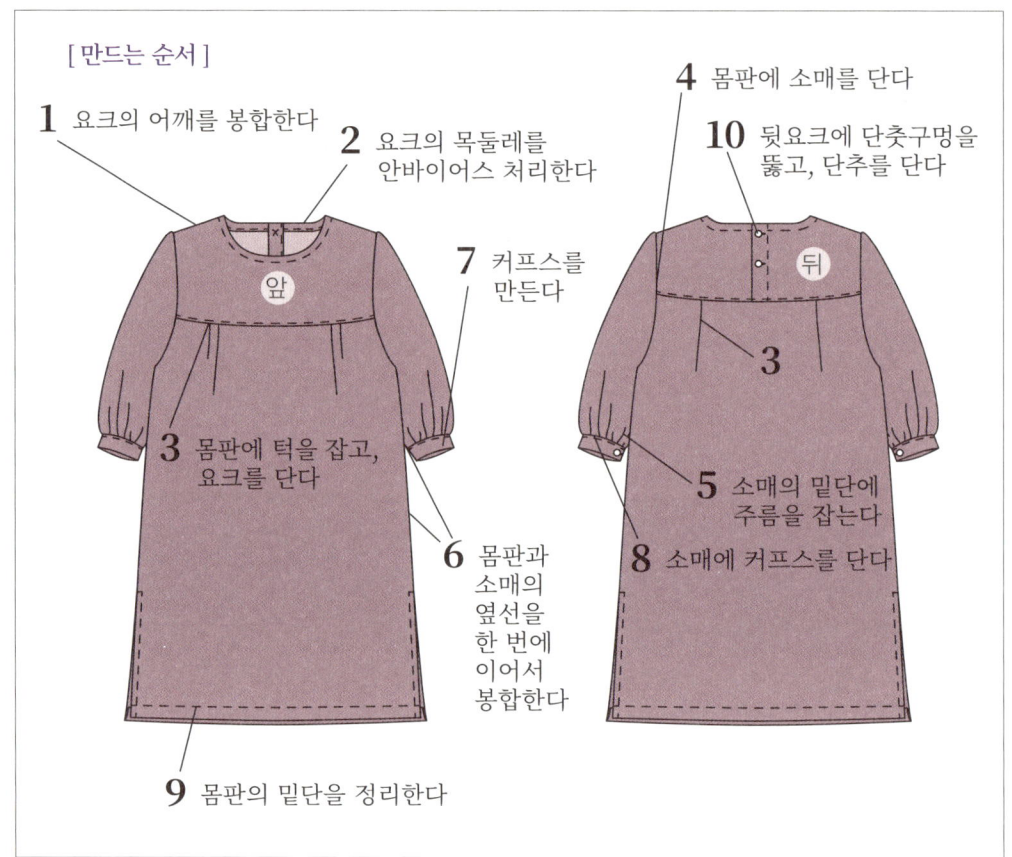

[만드는 순서]

1. 요크의 어깨를 봉합한다
2. 요크의 목둘레를 안바이어스 처리한다
3. 몸판에 턱을 잡고, 요크를 단다
4. 몸판에 소매를 단다
5. 소매의 밑단에 주름을 잡는다
6. 몸판과 소매의 옆선을 한 번에 이어서 봉합한다
7. 커프스를 만든다
8. 소매에 커프스를 단다
9. 몸판의 밑단을 정리한다
10. 뒷요크에 단춧구멍을 뚫고, 단추를 단다

[만드는 방법]

★치수가 기재되어 있지 않은 곳은 1cm로 봉합합니다.

1. 요크의 어깨를 봉합한다 (P.69 / 1-①~④ 참고)
2. 요크의 목둘레를 안바이어스 처리한다 (P.69 / 2-①~⑪ 참고)
3. 몸판에 턱을 잡고, 요크를 단다 (P.70 / 3-①~⑨ 참고)
4. 몸판에 소매를 단다 (P.67 / 5-①~④ 참고)
5. 소매의 밑단에 주름을 잡는다 (P.70 / 5-① 참고)

a-3 뒷 단추 원피스

6 몸판과 소매의 옆선을 한 번에 이어서 봉합한다

7 커프스를 만든다

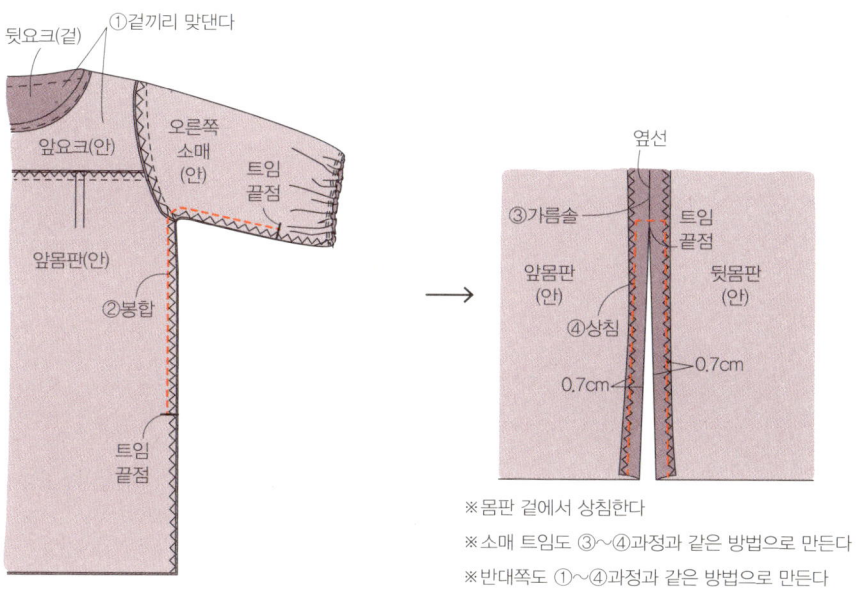

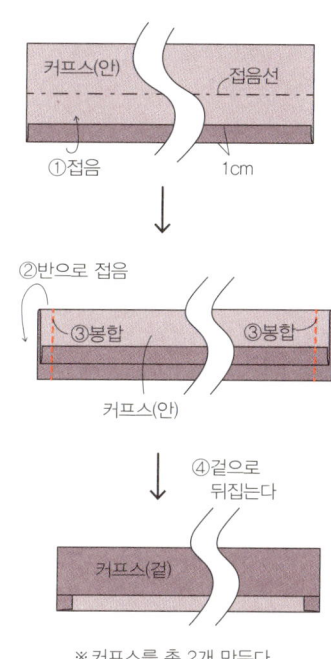

8 소매에 커프스를 단다

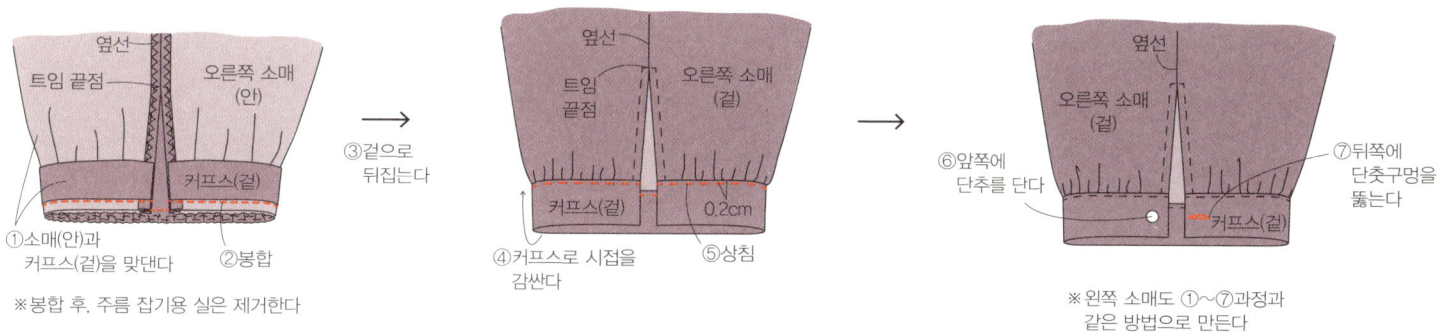

9 몸판의 밑단을 정리한다

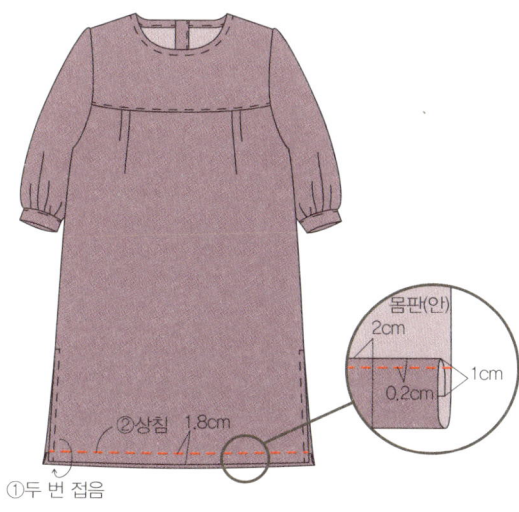

< *finish* >

10 뒷요크에 단춧구멍을 뚫고, 단추를 단다 (P.71 / 10-① 참고)

a-4 에이프런 원피스 *photo p.10*

[패턴에 대해서]

※ 패턴: A면
- 사용 패턴: 겉앞몸판, 안앞몸판, 앞스커트, 뒷스커트, 뒤허리벨트

[재료]
- 겉감 … 130cm폭 x 225cm
- 소잉심지 … 55cm폭 x 65cm
- 3cm폭 고무줄 … 1팩
- 1.1cm폭 단추 … 1개

[완성 사이즈]

사이즈 명칭	55 · 66	77 · 88
가슴둘레	175.5	181.5
옷길이	99.5	103

[재단 배치도]

- 지정 이외의 시접은 1cm.
- ▨ 부분에 소잉심지를 붙인다
- ∿ 표시된 부분은 지그재그봉제 또는 오버록 처리한다
- 어깨끈감, 암홀 둘레 안바이어스천은 직접 제도하여 사용합니다

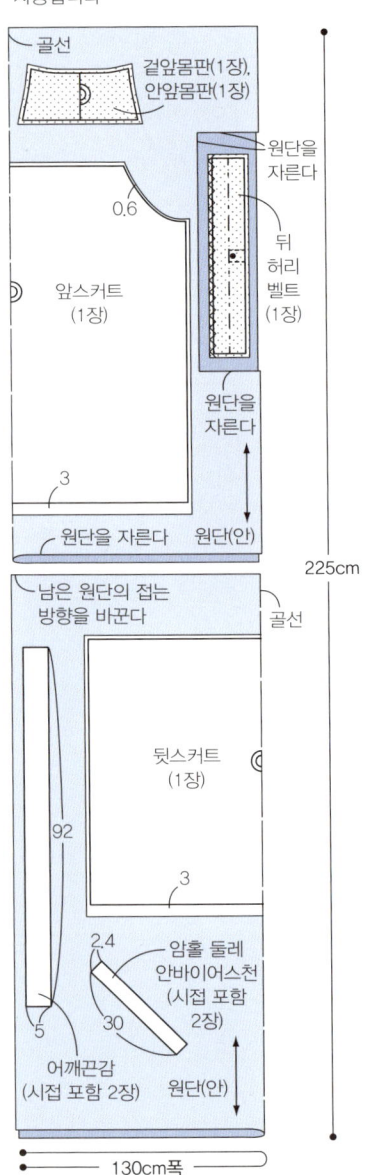

[만드는 순서]

1. 어깨끈감을 만들어 몸판에 단다
2. 앞몸판을 만든다
3. 앞스커트를 만들어 앞몸판에 단다
4. 뒷스커트에 뒤허리벨트를 단다
5. 스커트의 옆선을 봉합하고, 뒤허리벨트에 고무줄을 통과시킨다
6. 스커트의 밑단을 정리한다

[만드는 방법]

★ 치수가 기재되어 있지 않은 곳은 1cm로 봉합합니다.

1 어깨끈감을 만들어 몸판에 단다

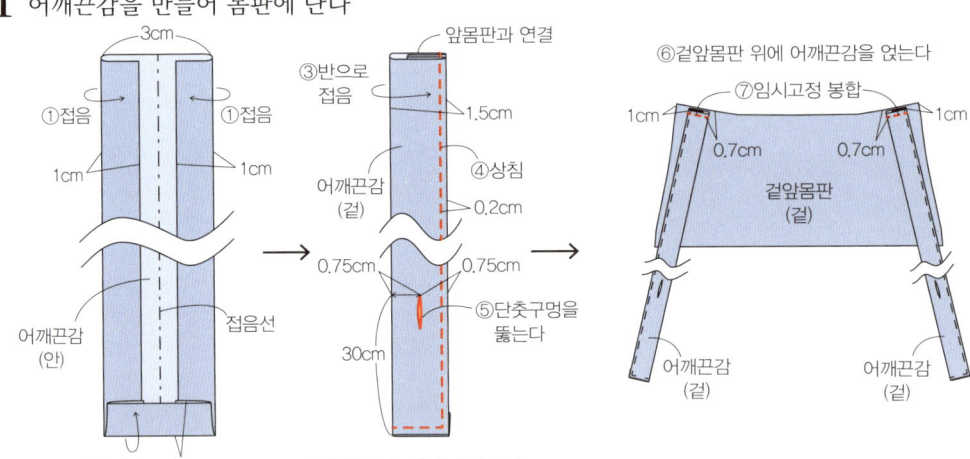

2 앞몸판을 만든다

3 앞스커트를 만들어 앞몸판에 단다

※안바이어스천 길이는 암홀 둘레보다 길이가 길어 ③과정 다음에 옆선에 맞춰 길이를 자른다

※반대쪽도 ①~⑤과정과 같은 방법으로 만든다

※주름 잡는 방법 P.56 참고

※봉합 후, 주름 잡기용 실은 제거한다

4 뒷스커트에 뒤허리벨트를 단다

※주름 잡는 방법 P.56 참고

※봉합 후, 주름 잡기용 실은 제거한다

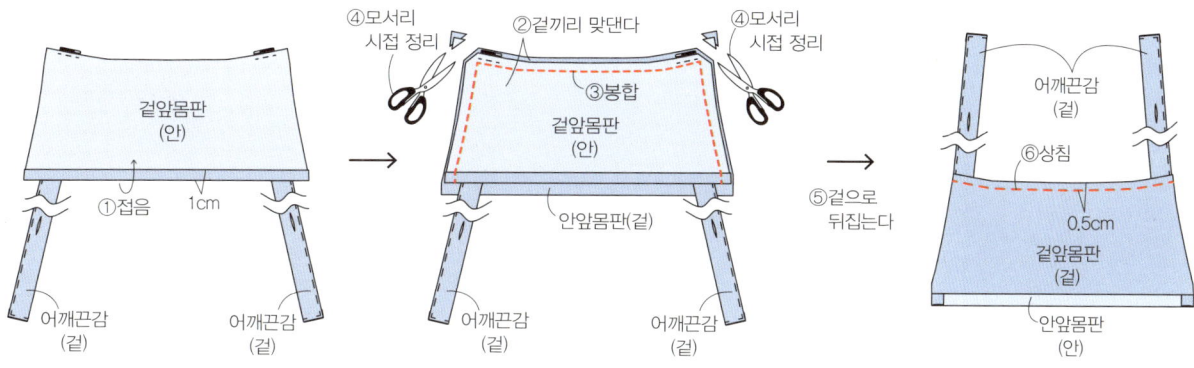

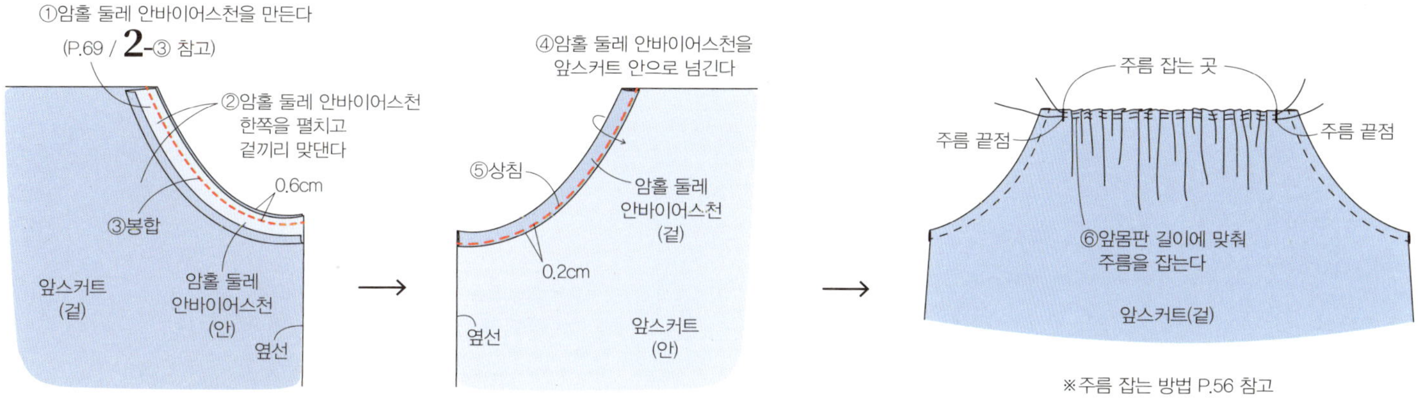

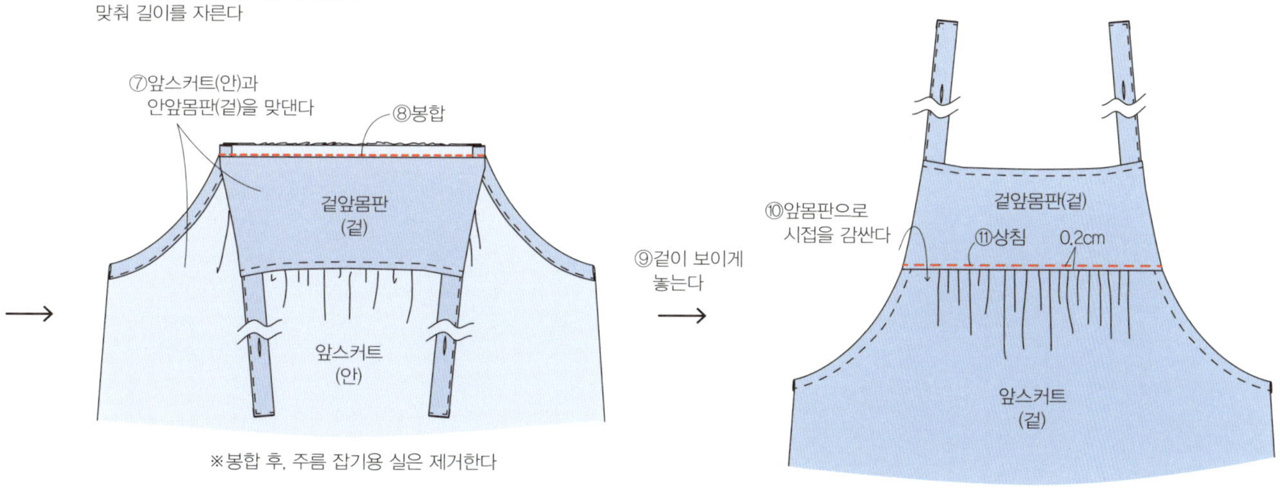

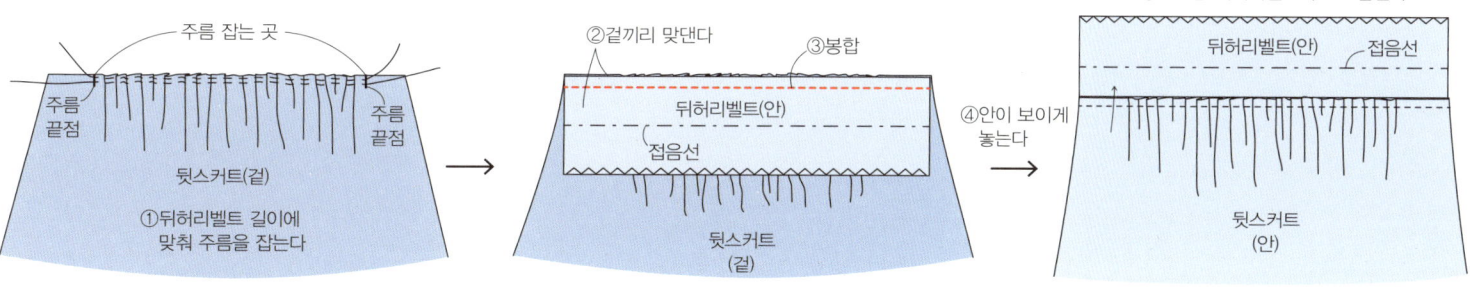

5 스커트의 옆선을 봉합하고, 뒤허리벨트에 고무줄을 통과시킨다

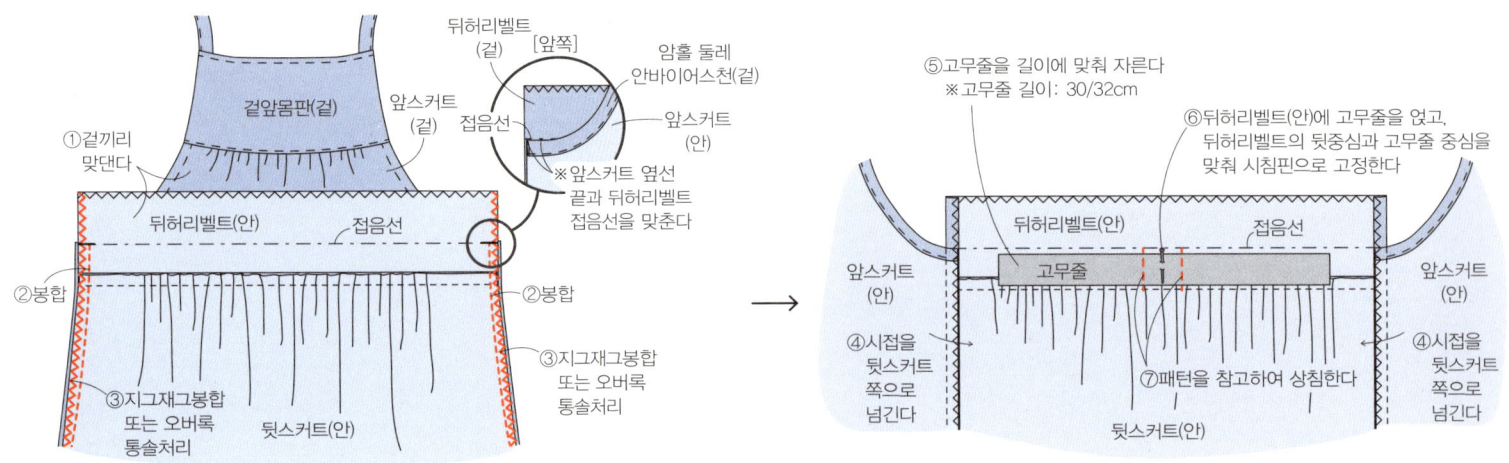

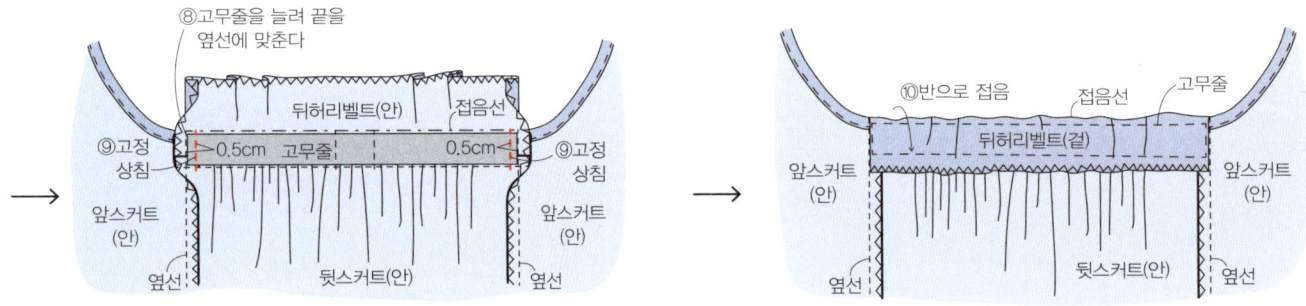

6 스커트의 밑단을 정리한다

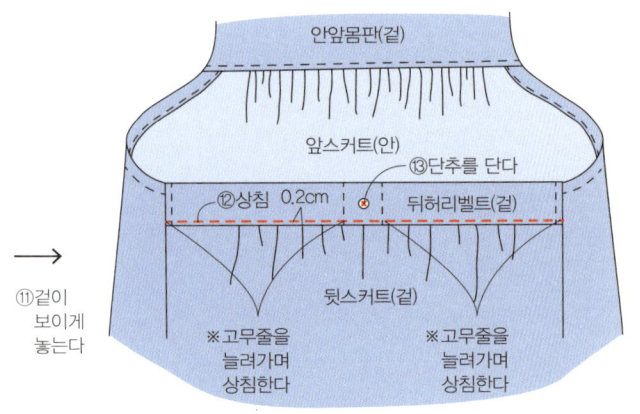

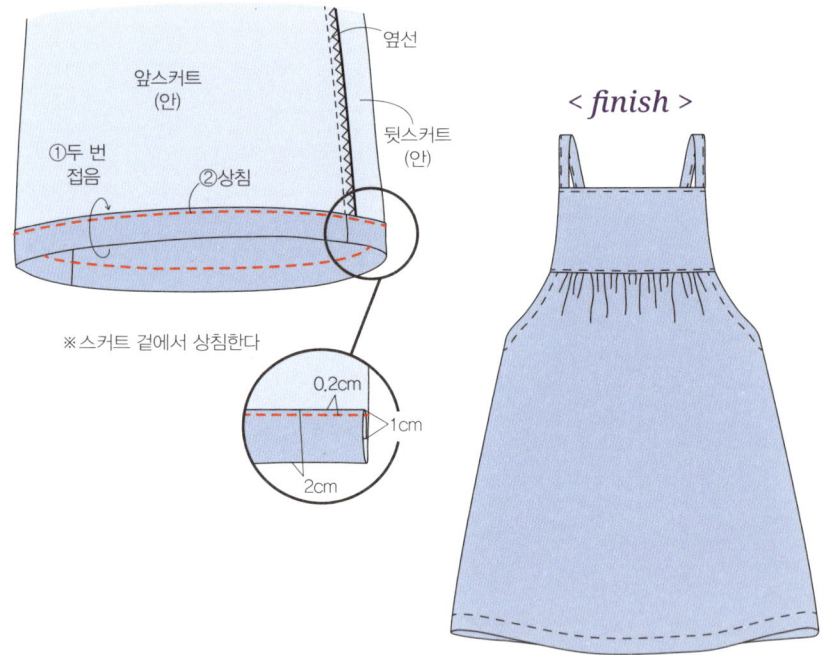

< finish >

a-5 와이드 밴딩 팬츠 *photo p.11*

[패턴에 대해서]

※패턴: A면
- 사용 패턴: 앞팬츠, 뒤팬츠, 옆선주머니, 뒷주머니, 허리벨트

[재료]
- 겉감 … 142cm폭 x 225cm
- 소잉심지 … 35cm폭 x 135cm
- 1.2cm폭 소잉테이프 심지 … 1팩
- 3cm폭 고무줄 … 1팩

[완성 사이즈]

사이즈 명칭	55·66	77·88
엉덩이둘레	120	128
옷길이	75.6	79.5

[재단 배치도]
- 지정 이외의 시접은 1cm.
- ▦ 부분에 소잉심지를 붙인다
- ▮ 부분에 소잉테이프 심지를 붙인다
- ∿ 표시된 부분은 지그재그봉제 또는 오버록 처리한다

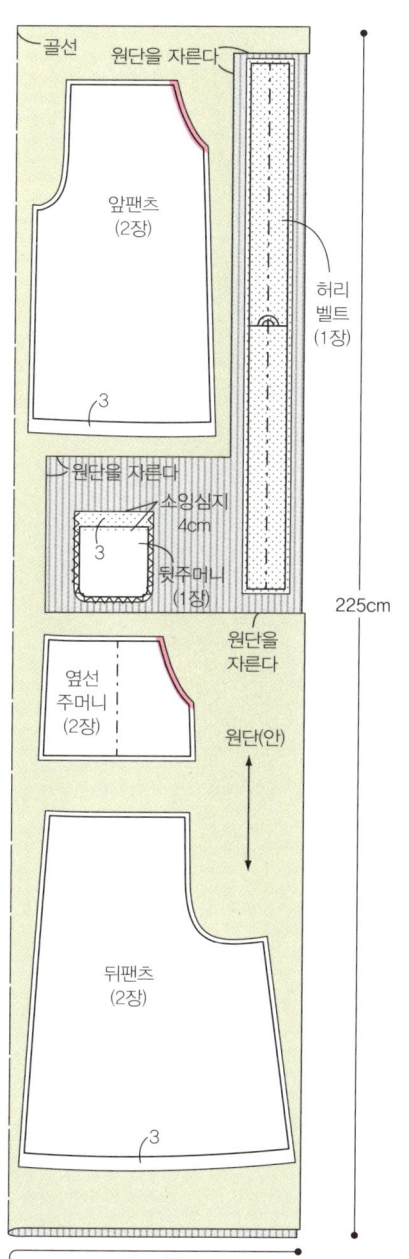

[만드는 순서]

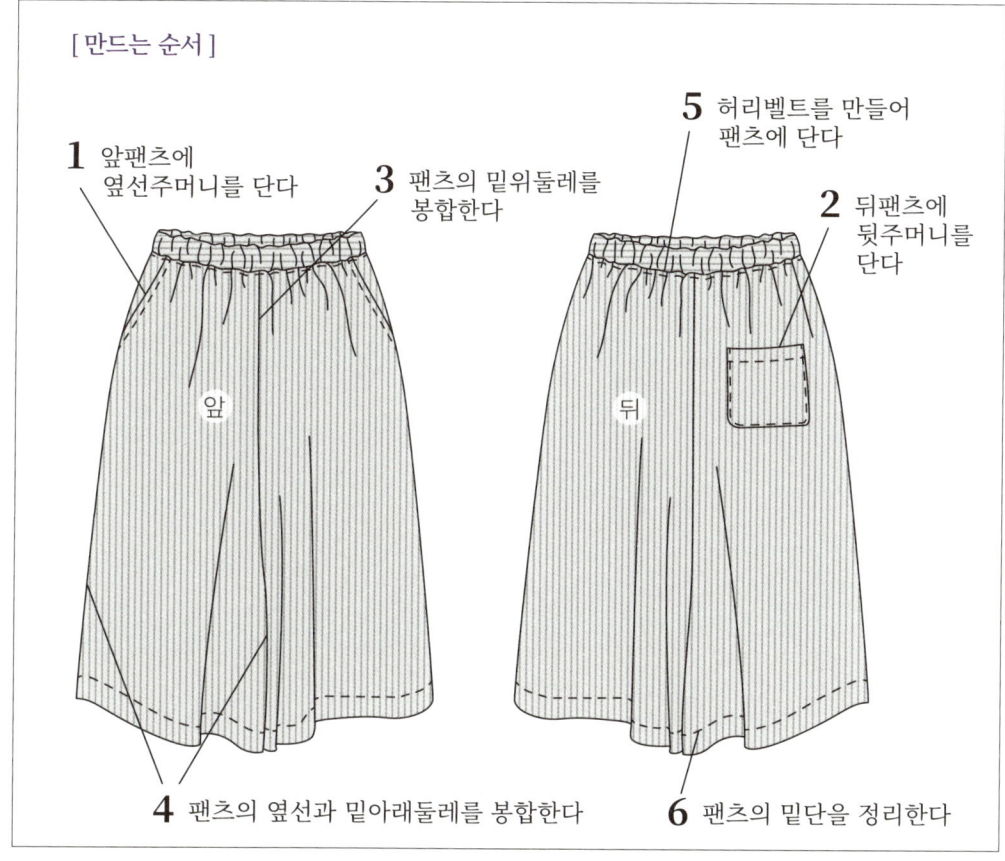

1. 앞팬츠에 옆선주머니를 단다
2. 뒤팬츠에 뒷주머니를 단다
3. 팬츠의 밑위둘레를 봉합한다
4. 팬츠의 옆선과 밑아래둘레를 봉합한다
5. 허리벨트를 만들어 팬츠에 단다
6. 팬츠의 밑단을 정리한다

[만드는 방법]

★치수가 기재되어 있지 않은 곳은 1cm로 봉합합니다.

1 앞팬츠에 옆선주머니를 단다

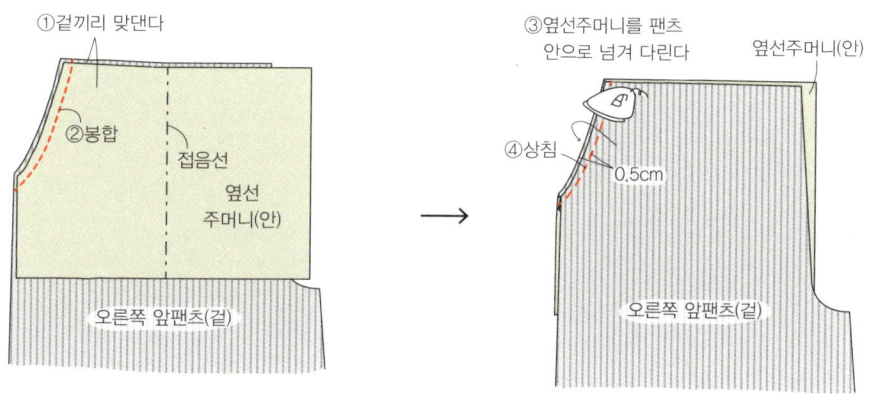

※ 왼쪽 앞팬츠도 ①~⑨과정과 같은 방법으로 만든다

2 뒤팬츠에 뒷주머니를 단다

3 팬츠의 밑위둘레를 봉합한다

※ 뒤팬츠도 ①~④과정과 같은 방법으로 만든다

4 팬츠의 옆선과 밑아래둘레를 봉합한다

5 허리벨트를 만들어 팬츠에 단다

※ 허리벨트의 고무줄 통로와 뒤팬츠의 뒷중심 위치를 맞춘다

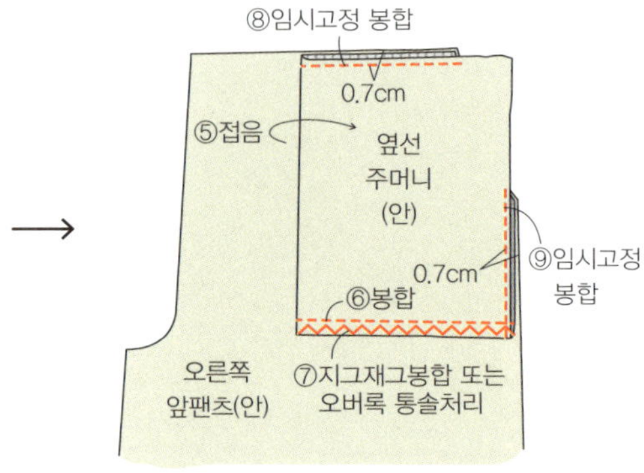

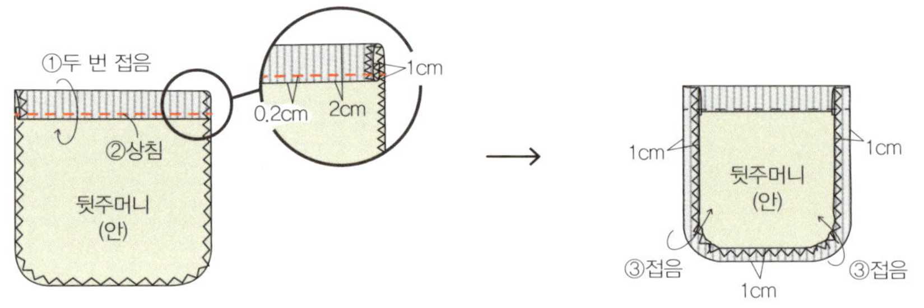

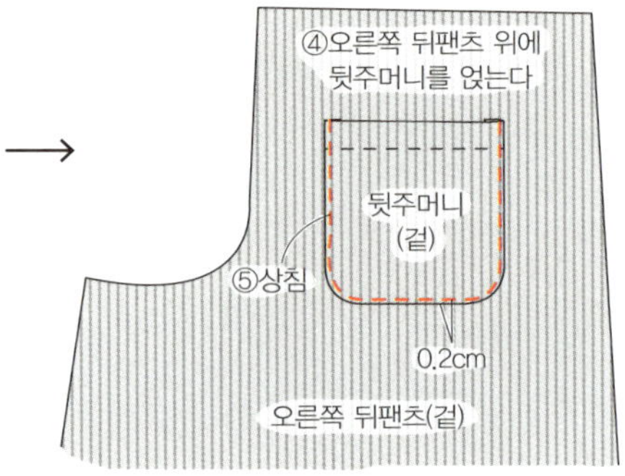

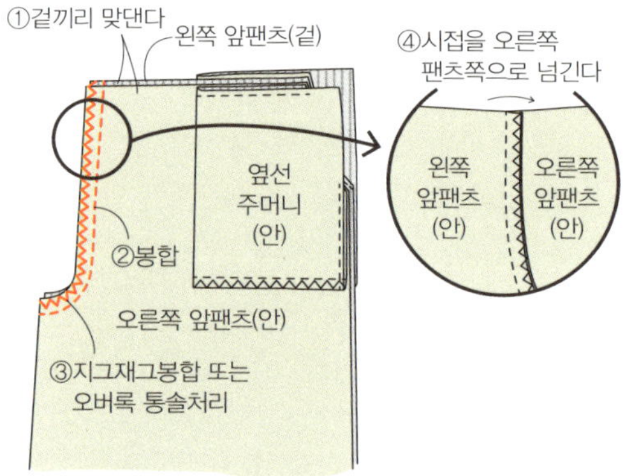

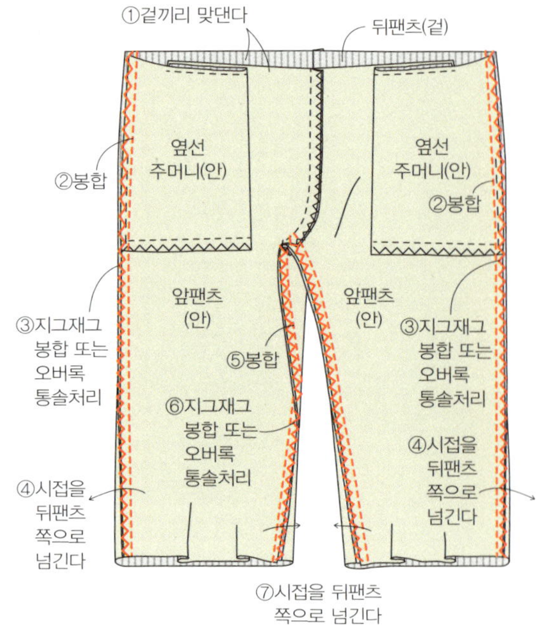

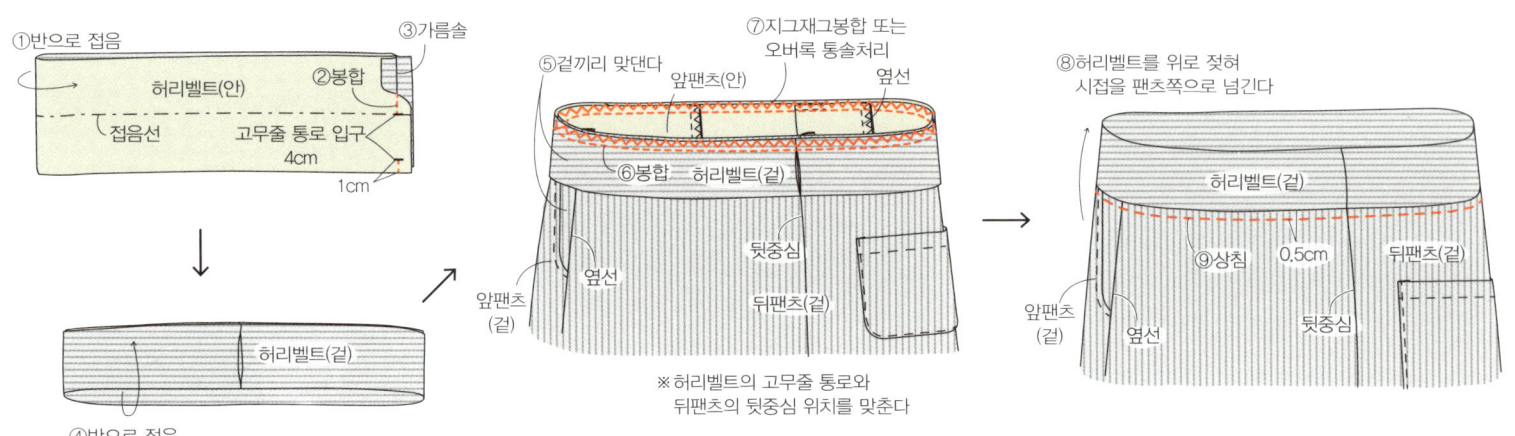

a-5 와이드 밴딩 팬츠

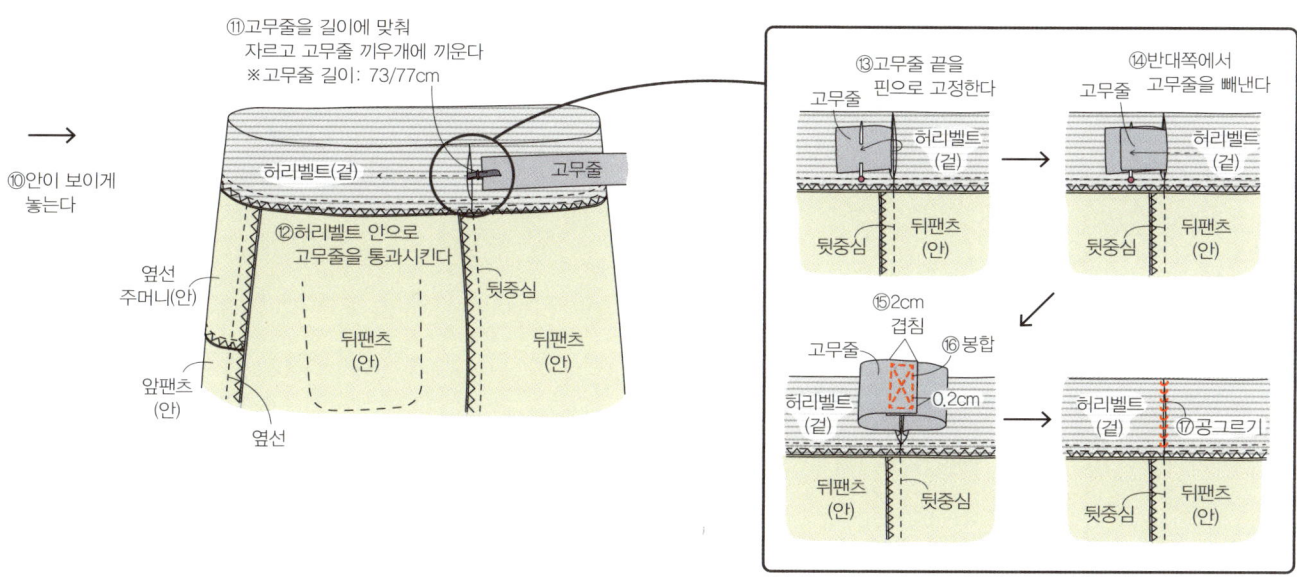

6 팬츠의 밑단을 정리한다

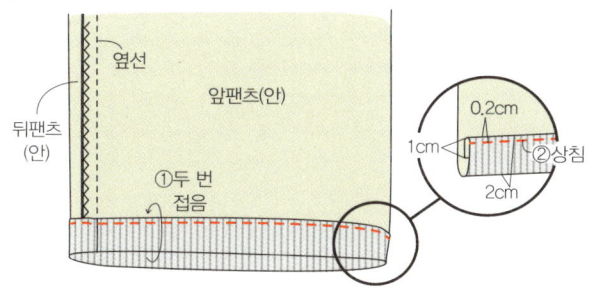

※팬츠 겉에서 상침한다
※반대쪽도 ①~②과정과 같은 방법으로 만든다

< *finish* >

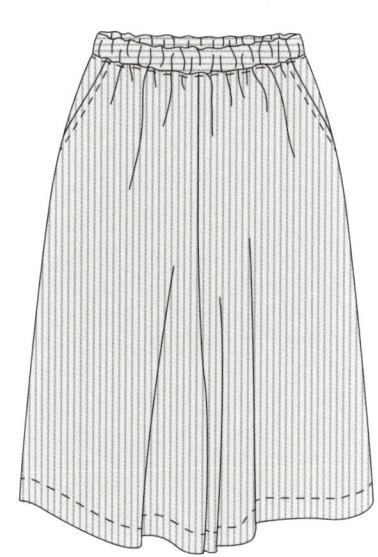

a-6 이중 스커트 *photo p.12*

[패턴에 대해서]

※ 패턴: A면
· 사용 패턴: 허리벨트

[재료]

· 겉감 … 110cm폭 x 270cm
· 안감 … 158cm폭 x 180cm
· 소잉심지 … 15cm폭 x 135cm
· 3cm폭 고무줄 … 1팩
· 1cm폭 면테이프 … 1팩

[완성 사이즈]

사이즈 명칭	55 · 66	77 · 88
허리둘레	106	108.5
옷길이	79	81.5

※ 허리둘레는 고무줄을 달기 전 사이즈입니다

[재단 배치도]

· 지정 이외의 시접은 1cm.
· ▨ 부분에 소잉심지를 붙인다
· 겉앞스커트, 겉뒷스커트, 안앞스커트, 안뒷스커트는 직접 제도하여 사용합니다
· 왼쪽에서부터 55 · 66/77 · 88 사이즈

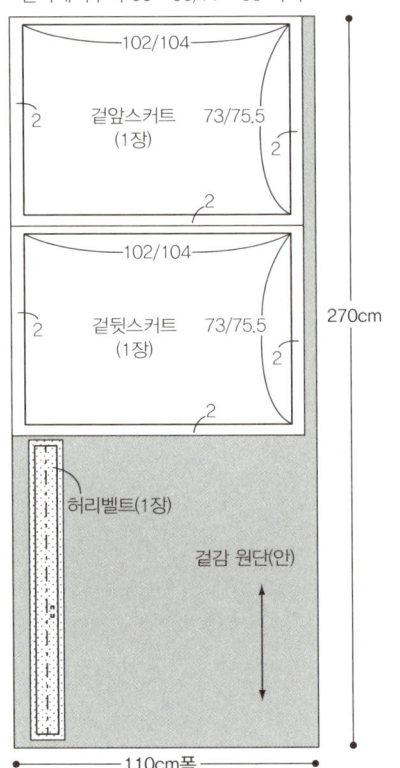

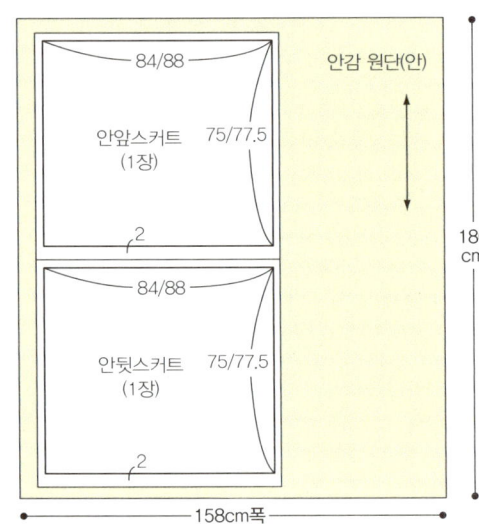

[만드는 순서]

1 허리벨트를 만든다
2 겉스커트를 만든다
3 안스커트를 만든다
4 스커트에 허리벨트를 단다
5 허리벨트에 면테이프를 단다

[만드는 방법]

★ 치수가 기재되어 있지 않은 곳은 1cm로 봉합합니다.

1 허리벨트를 만든다

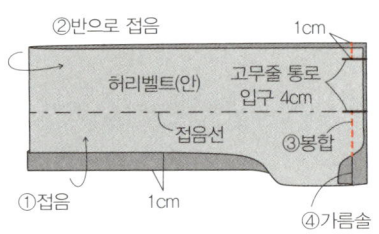

2 겉스커트를 만든다

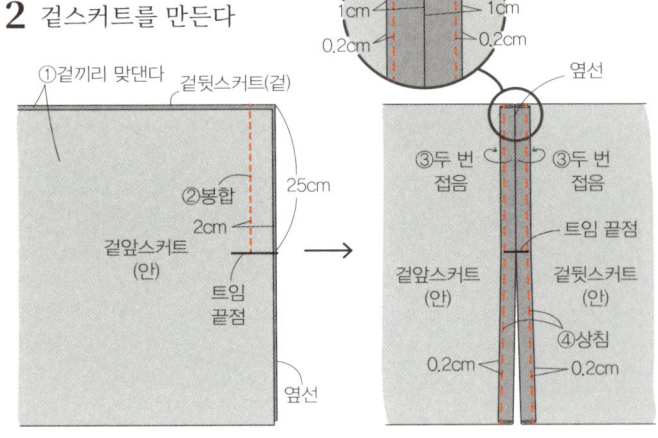

※ 반대쪽도 ①~④과정과 같은 방법으로 만든다

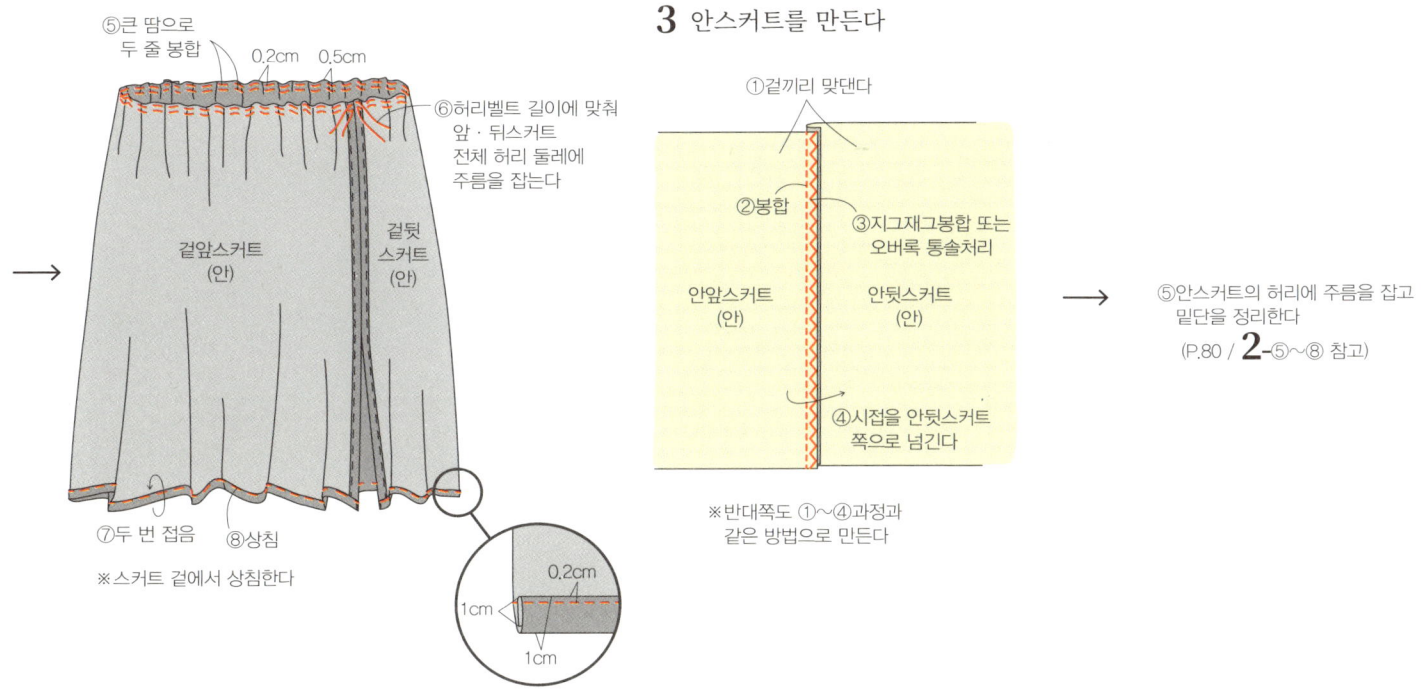

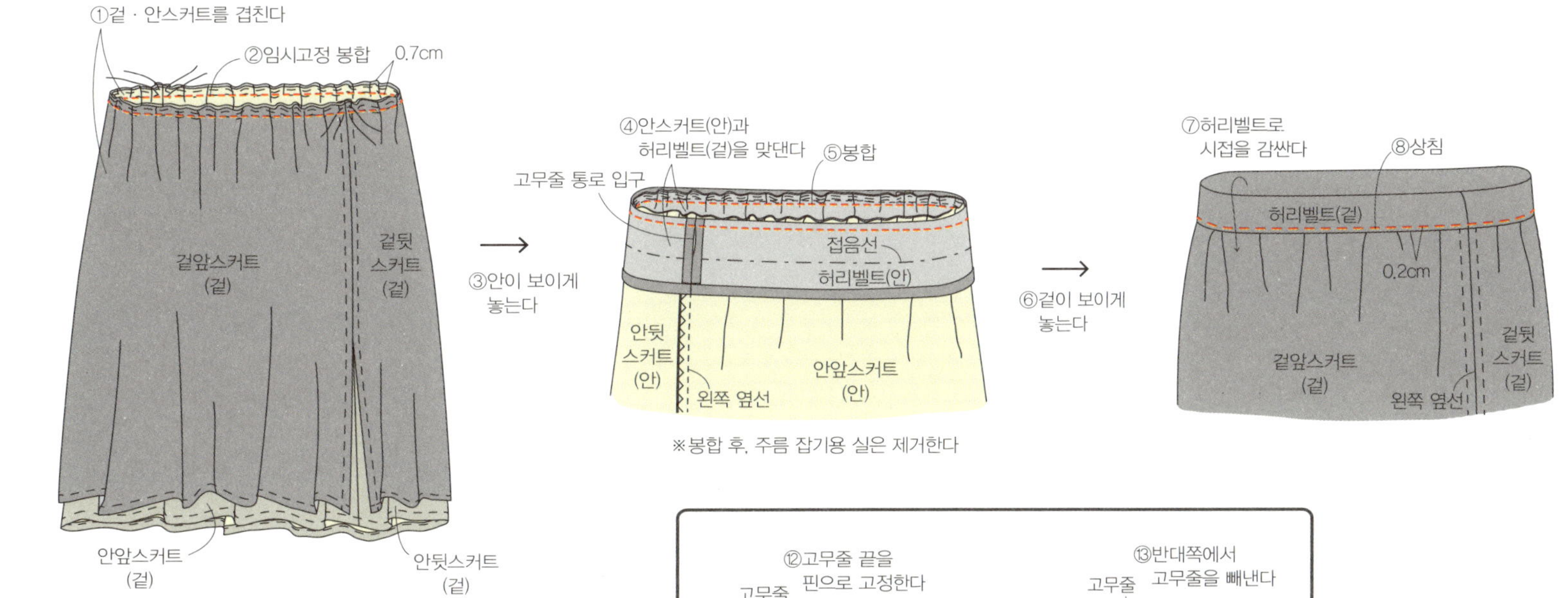

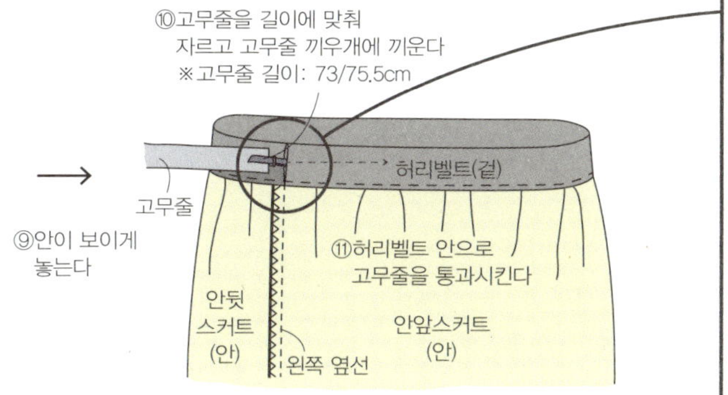

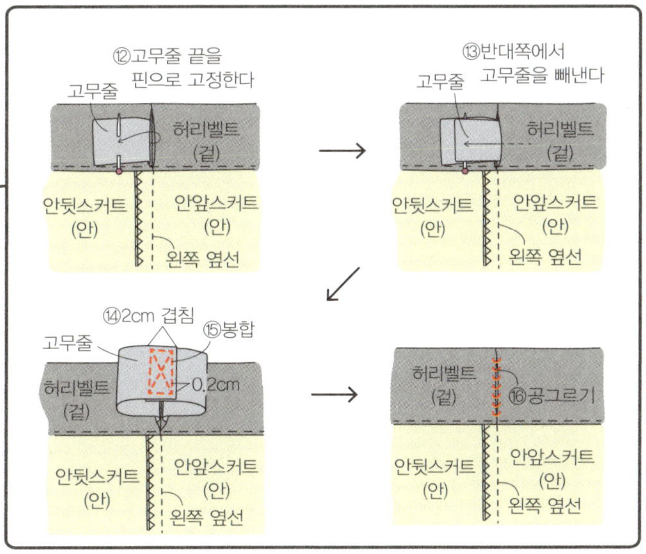

a-6 이중 스커트

5 허리벨트에 면테이프를 단다

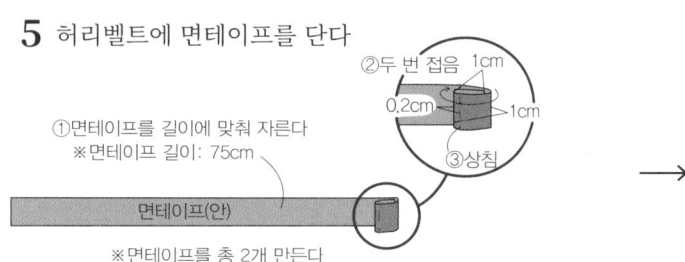

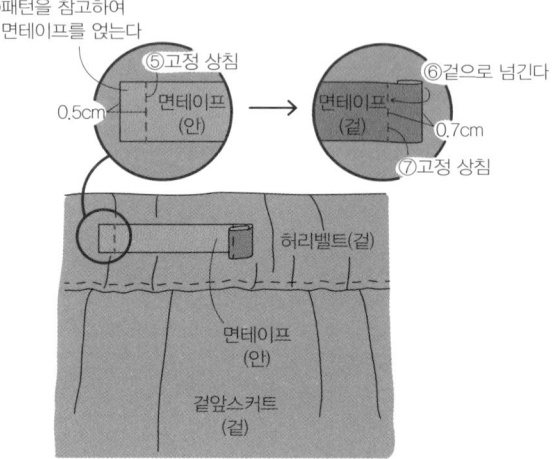

< *finish* >

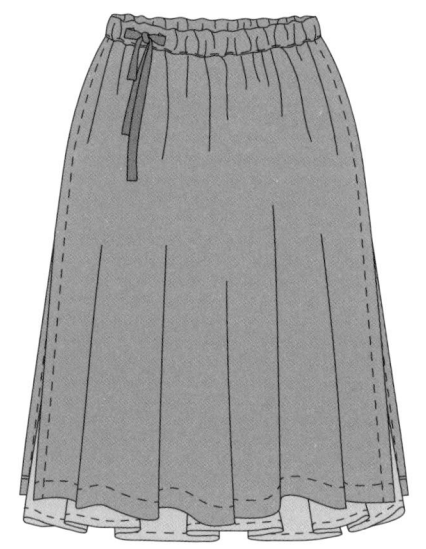

a-7 차이나 칼라 재킷 *photo p.13*

[재단 배치도]

- 지정 이외의 시접은 1cm.
- ▨ 부분에 소잉심지를 붙인다
- ⌇⌇ 표시된 부분은 지그재그봉제 또는 오버록 처리한다
- 끈감은 직접 제도하여 사용합니다

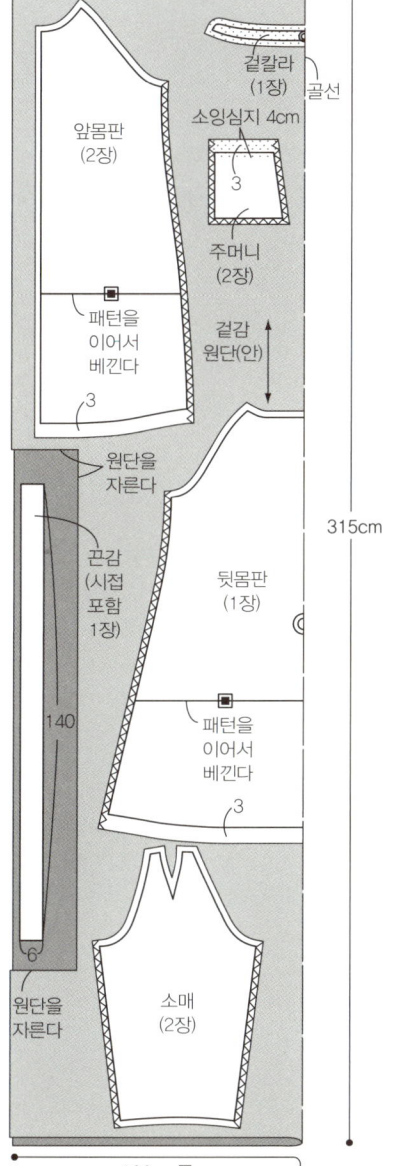

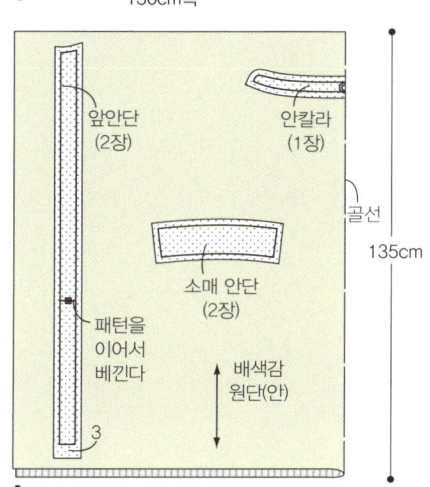

[패턴에 대해서]

※ 패턴: A면

- 사용 패턴: 앞몸판(위), 앞몸판(아래), 뒷몸판(위), 뒷몸판(아래), 앞안단(위), 앞안단(아래), 겉칼라, 안칼라, 주머니, 소매, 소매 안단
- 길이가 긴 패턴은 분리하여 수록하였습니다. 맞춤점에 맞춰 한 장으로 연결해주세요.
- 앞몸판 실물크기 패턴에서 앞안단을 각각 베껴 사용합니다. (P.51 참고)
- 소매 실물크기 패턴에서 소매 안단을 각각 베껴 사용합니다. (P.51 참고)

[재료]

- 겉감 … 130cm폭 x 315cm
- 배색감 … 142cm폭 x 135cm
- 소잉심지 … 110cm폭 x 135cm

[완성 사이즈]

사이즈 명칭	55	66	77	88
가슴둘레	129	134	139	144
옷길이	108	110	112.5	114.5
소매길이	70	71	72.5	74.5

[만드는 순서]

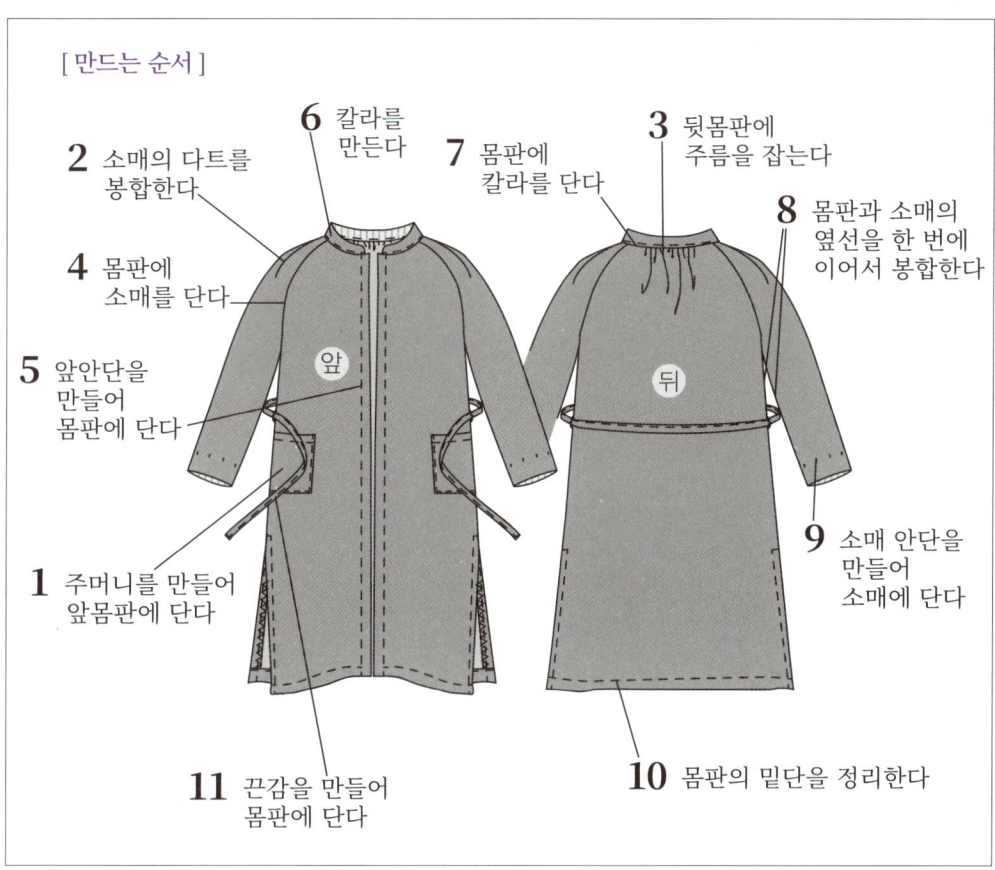

1. 주머니를 만들어 앞몸판에 단다
2. 소매의 다트를 봉합한다
3. 뒷몸판에 주름을 잡는다
4. 몸판에 소매를 단다
5. 앞안단을 만들어 몸판에 단다
6. 칼라를 만든다
7. 몸판에 칼라를 단다
8. 몸판과 소매의 옆선을 한 번에 이어서 봉합한다
9. 소매 안단을 만들어 소매에 단다
10. 몸판의 밑단을 정리한다
11. 끈감을 만들어 몸판에 단다

[만드는 방법]

★치수가 기재되어 있지 않은 곳은 1cm로 봉합합니다.

1 주머니를 만들어 앞몸판에 단다

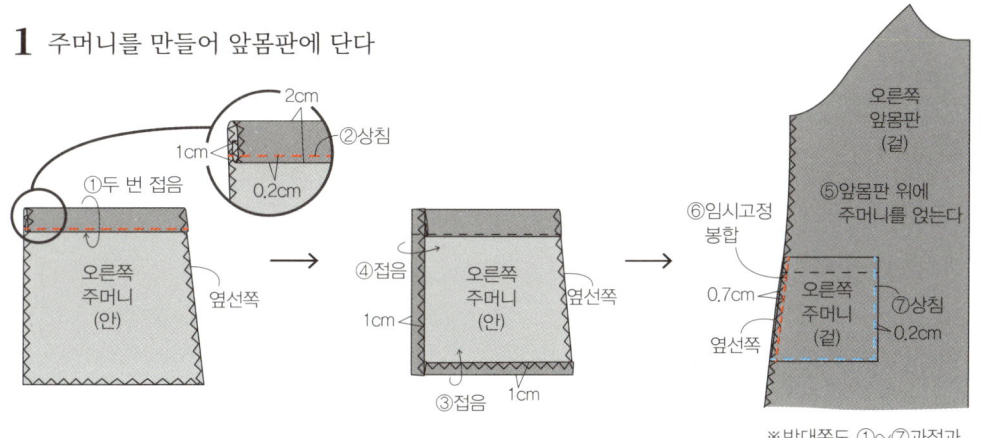

※ 반대쪽도 ①~⑦과정과 같은 방법으로 만든다

a-7 차이나 칼라 재킷

2 소매의 다트를 봉합한다

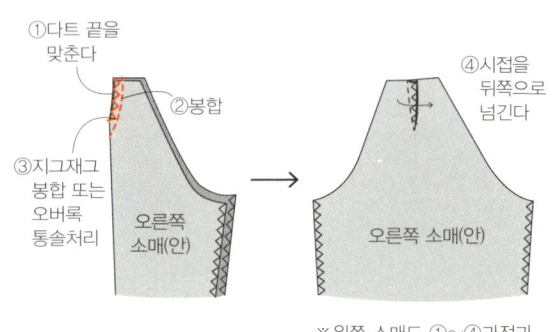

3 뒷몸판에 주름을 잡는다

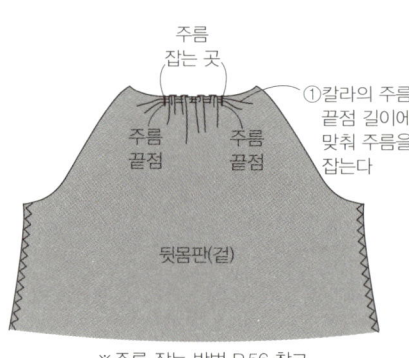

4 몸판에 소매를 단다

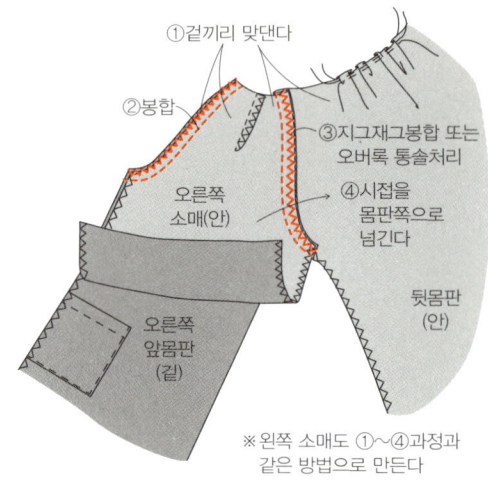

5 앞안단을 만들어 몸판에 단다

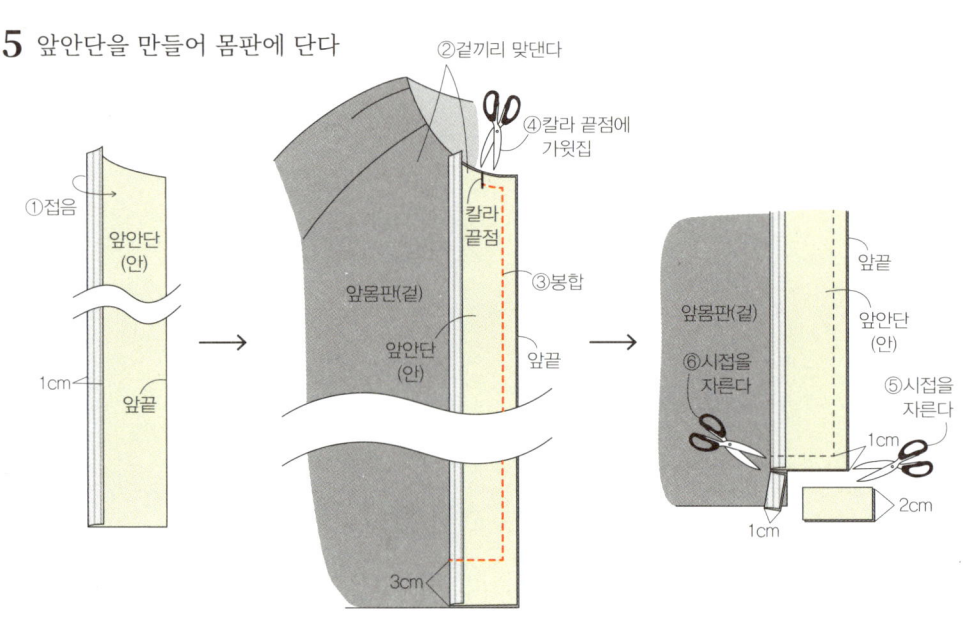

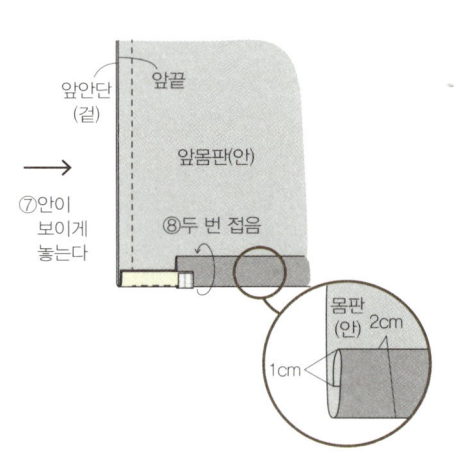

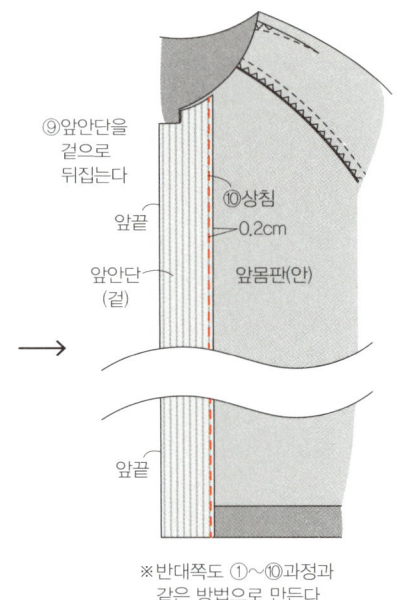

6 칼라를 만든다

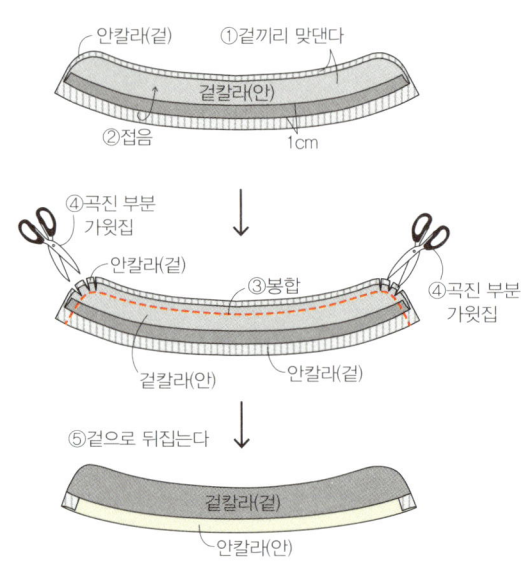

7 몸판에 칼라를 단다

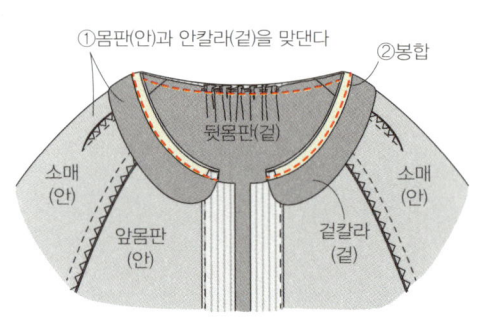

8 몸판과 소매의 옆선을 한 번에 이어서 봉합한다

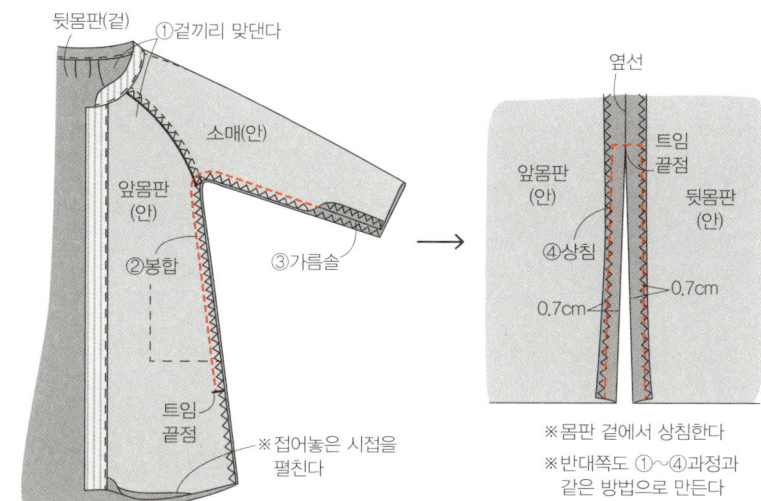

9 소매 안단을 만들어 소매에 단다

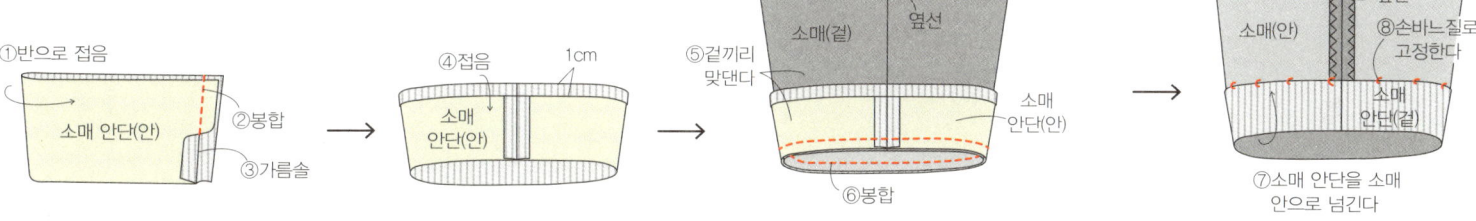

10 몸판의 밑단을 정리한다

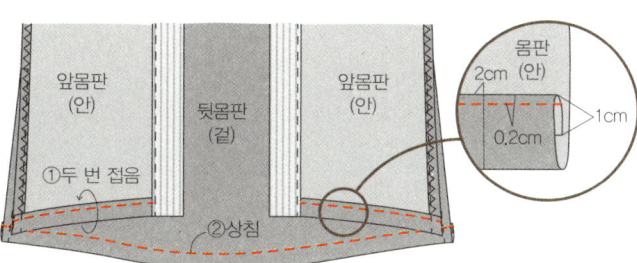

< *finish* >

11 끈감을 만들어 몸판에 단다

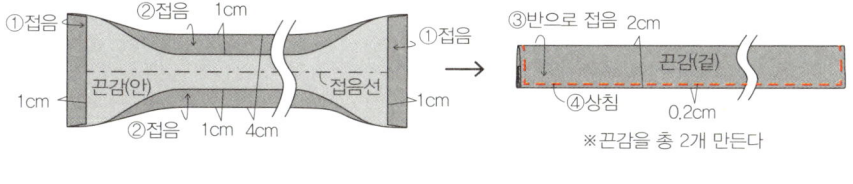

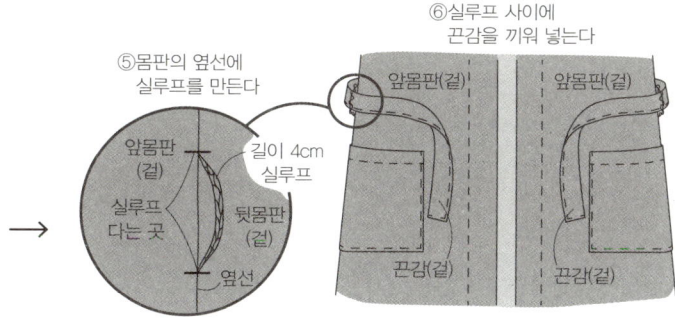

※ 실루프 만드는 방법 P.56 참고

a-8 클러치백 *photo p.14*

[패턴에 대해서]
※ 패턴: A면
- 사용 패턴: 겉앞몸판, 겉뒷몸판, 겉뚜껑감, 안앞몸판, 안뒷몸판, 안뚜껑감, 지퍼 주머니
- A면에서 a-8/c-8 지퍼 주머니는 공통으로 사용합니다.

[재료]
- 겉감 … 140cm폭 × 45cm
- 안감 … 110cm폭 × 45cm
- 소잉심지 … 30cm폭 × 30cm
- 가방심지 … 110cm폭 × 45cm
- 소프트 보강심지 … 110cm폭 × 45cm
- 양면 멜트심지 … 110cm폭 × 45cm
- 2.5cm폭 솜고정용 접착테이프 심지 … 1팩
- 벨트장식 사시꼬미 … 1쌍
- 15cm길이 지퍼 … 1개
- 가죽 숄더 … 1팩

[완성 사이즈]
- One size 26cm × 17cm

[재단 배치도]
- 지정 이외의 시접은 1cm.
- 소품은 원단의 식서 방향에 상관없이 재단이 가능합니다.

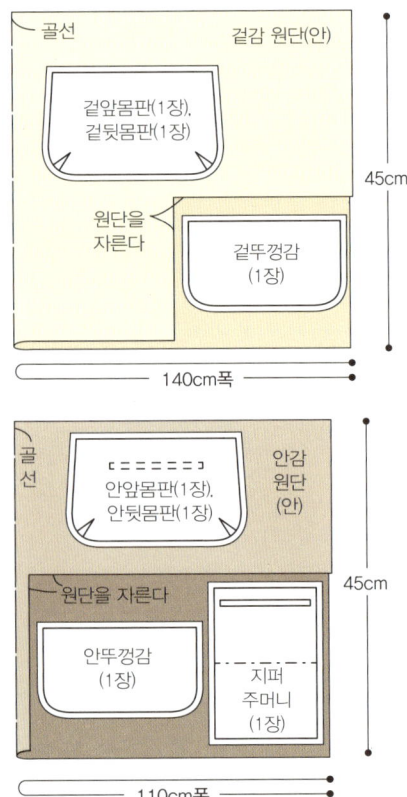

[심지 재단·부착]
※ P.60을 참고하여 심지 작업을 한다

①소잉심지
- 지퍼 주머니(1장)을 재단하여 붙인다

②가방심지
- 겉앞몸판(1장), 겉뒷몸판(1장), 겉뚜껑감(1장), 안앞몸판(1장), 안뒷몸판(1장), 안뚜껑감(1장)을 재단하여 붙인다

③양면 멜트심지·소프트 보강심지
- 겉앞몸판(1장), 겉뒷몸판(1장), 겉뚜껑감(1장)을 재단하여 붙인다

[만드는 순서]

1 뚜껑감을 만들어 몸판에 단다
2 겉몸판을 만든다
3 안뒷몸판에 지퍼 주머니를 단다
4 안몸판을 만든다
5 겉·안몸판을 연결한다
6 뚜껑감에 벨트장식 사시꼬미를 단다
7 몸판에 가죽 숄더를 단다

[만드는 방법]
★치수가 기재되어 있지 않은 곳은 1cm로 봉합합니다.

1 뚜껑감을 만들어 몸판에 단다

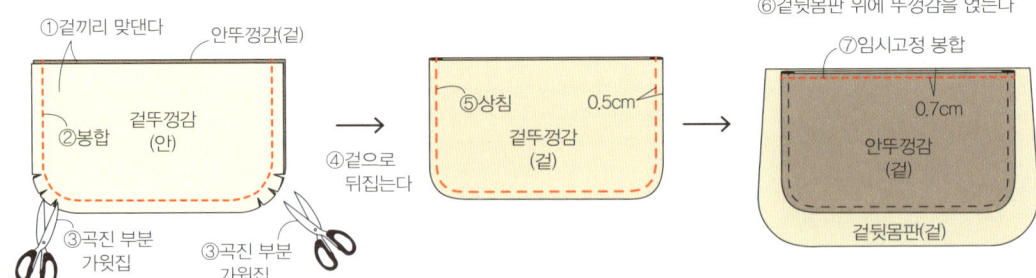

2 겉몸판을 만든다

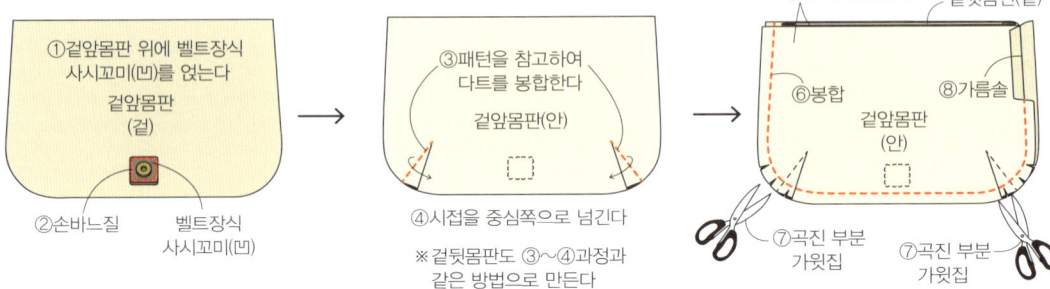

b-1 소매 페플럼 블라우스 *photo p.17*

[패턴에 대해서]

※패턴: B면
- 사용 패턴: 앞몸판, 뒷몸판, 옆몸판, 몸판 프릴감, 앞안단, 뒤안단, 소매, 소매 페플럼감
- 앞몸판, 뒷몸판 실물크기 패턴에서 앞안단, 뒤안단을 각각 베껴 사용합니다. (P.51 참고)

[재료]
- 겉감 … 112cm폭 x 225cm
- 소잉심지 … 70cm폭 x 25cm

[완성 사이즈]

사이즈 명칭	55	66	77	88
가슴둘레	90.5	95	101	104
옷길이	57	59.5	61.5	64
소매길이	32	33	34	35

[재단 배치도]

- 지정 이외의 시접은 1cm.
- ▨ 부분에 소잉심지를 붙인다
- ∿ 표시된 부분은 지그재그봉제 또는 오버록 처리한다

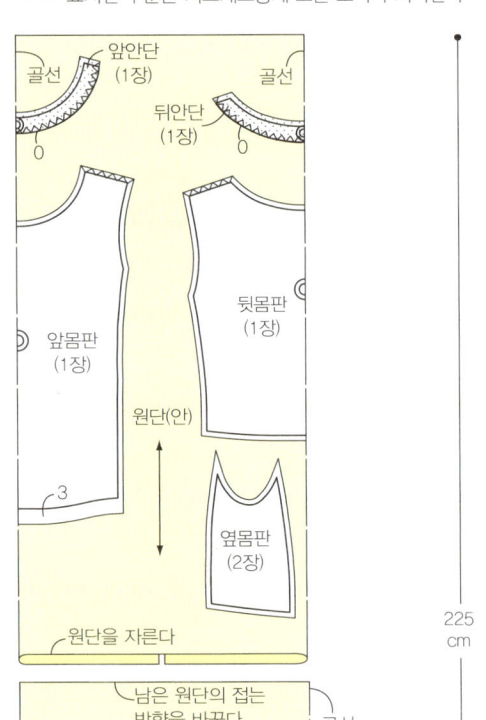

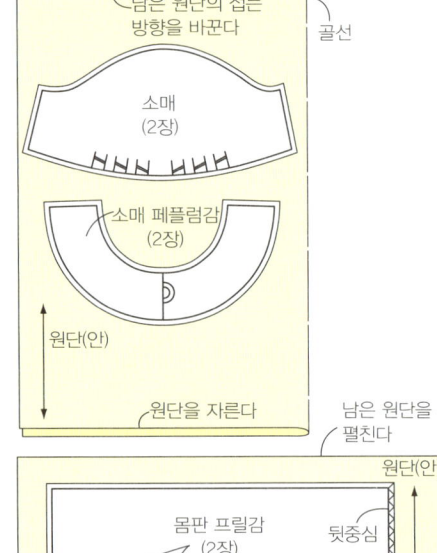

[만드는 순서]

1. 뒷몸판과 옆몸판의 연결선을 봉합한다
2. 옆몸판과 뒷몸판에 몸판 프릴감을 단다
3. 몸판과 안단의 어깨를 봉합한다
4. 몸판에 안단을 단다
5. 앞몸판과 옆몸판의 연결선을 봉합한다
6. 앞몸판의 밑단을 정리한다
7. 소매를 만든다
8. 몸판에 소매를 단다

[만드는 방법]

★치수가 기재되어 있지 않은 곳은 1cm로 봉합합니다.

1 뒷몸판과 옆몸판의 연결선을 봉합한다

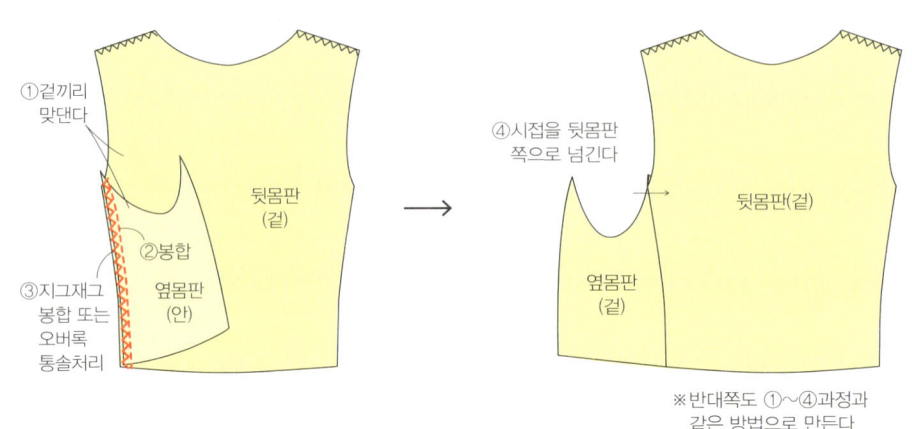

①겉끼리 맞댄다
②봉합
③지그재그 봉합 또는 오버록 통솔처리
④시접을 뒷몸판 쪽으로 넘긴다

※반대쪽도 ①~④과정과 같은 방법으로 만든다

b-1 소매 페플럼 블라우스

2 옆몸판과 뒷몸판에 몸판 프릴감을 단다

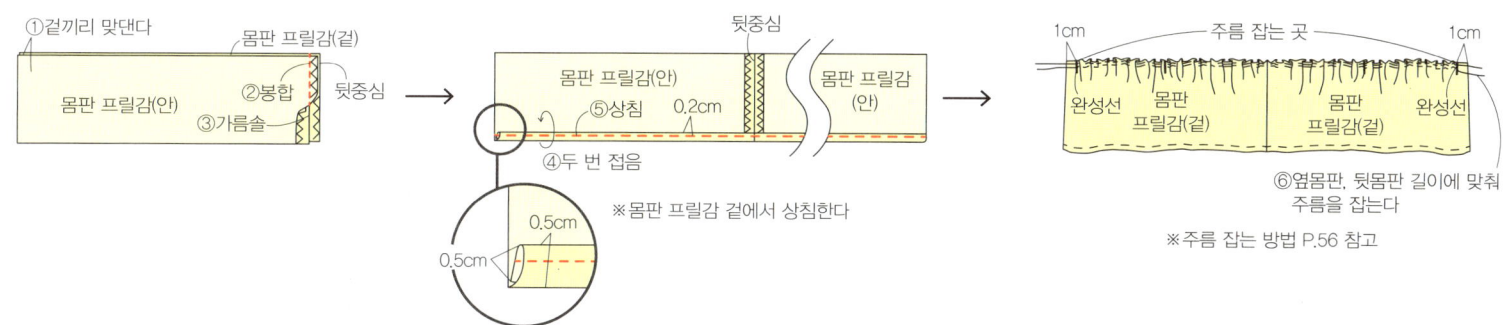

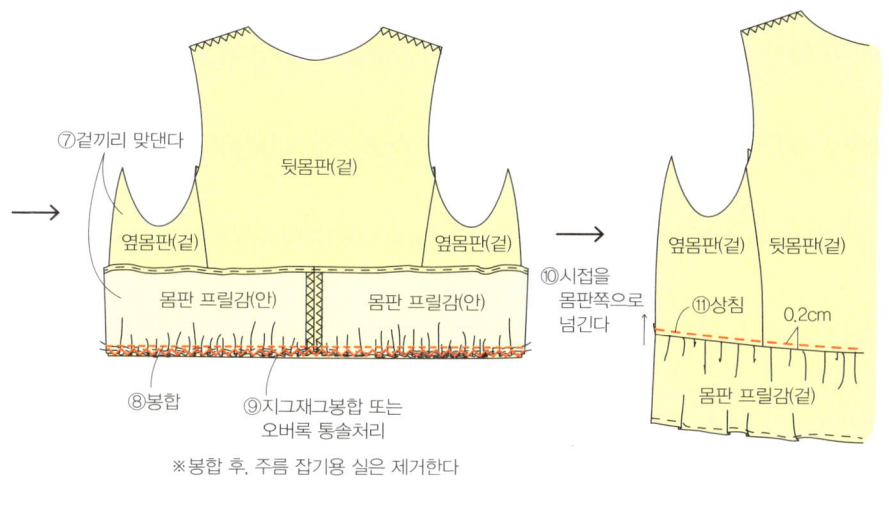

3 몸판과 안단의 어깨를 봉합한다

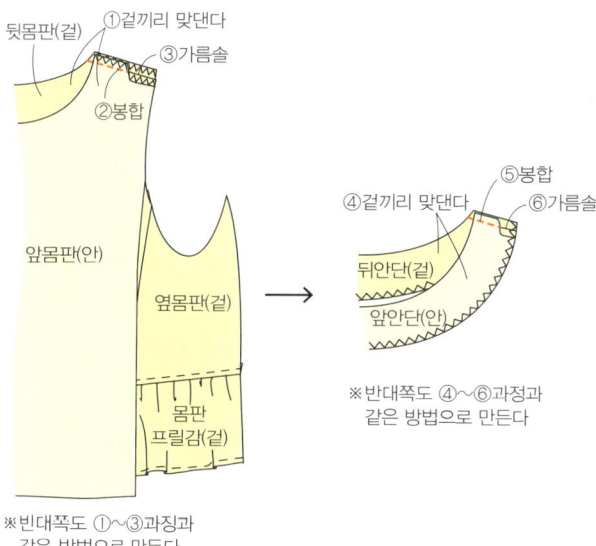

4 몸판에 안단을 단다

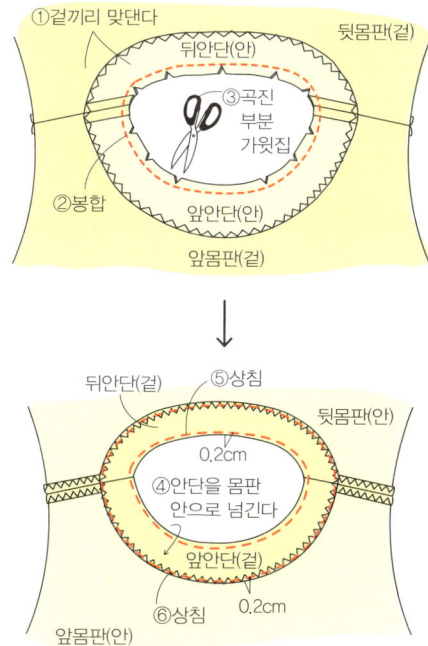

5 앞몸판과 옆몸판의 연결선을 봉합한다

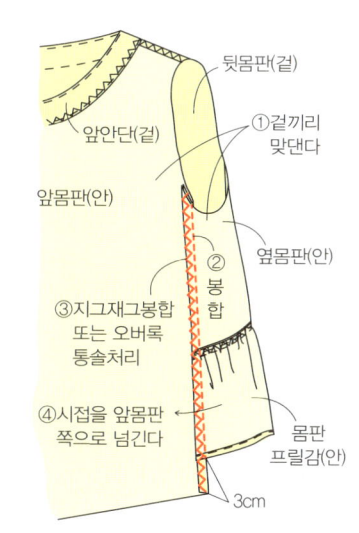

6 앞몸판의 밑단을 정리한다

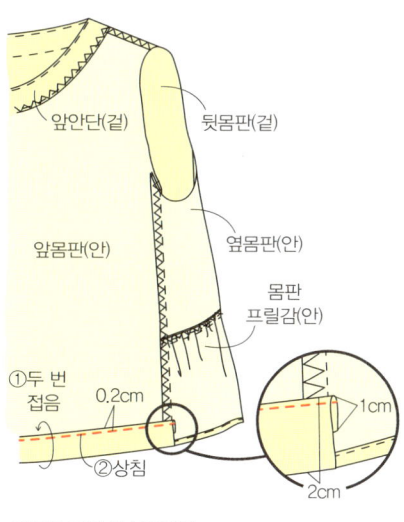

7 소매를 만든다

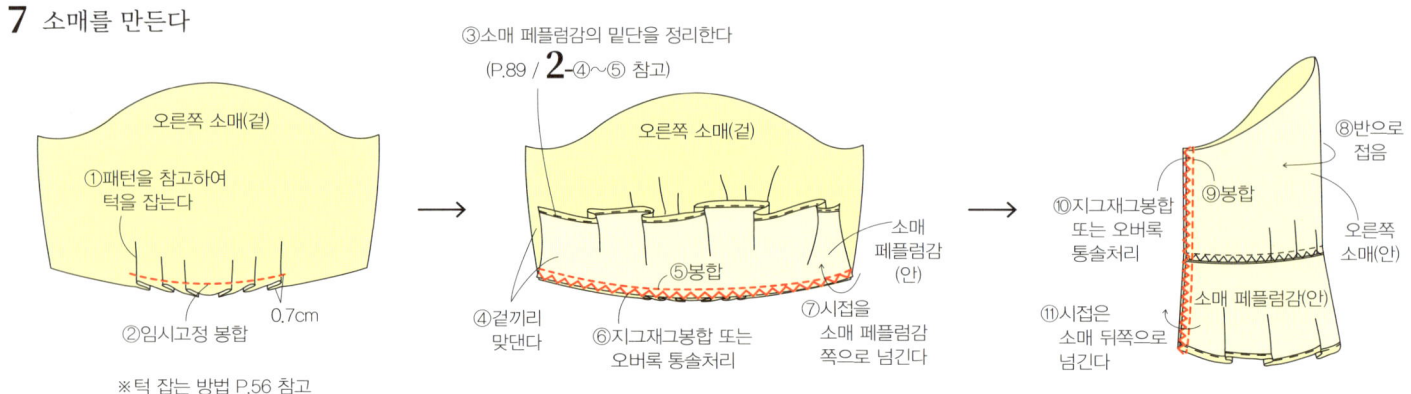

8 몸판에 소매를 단다

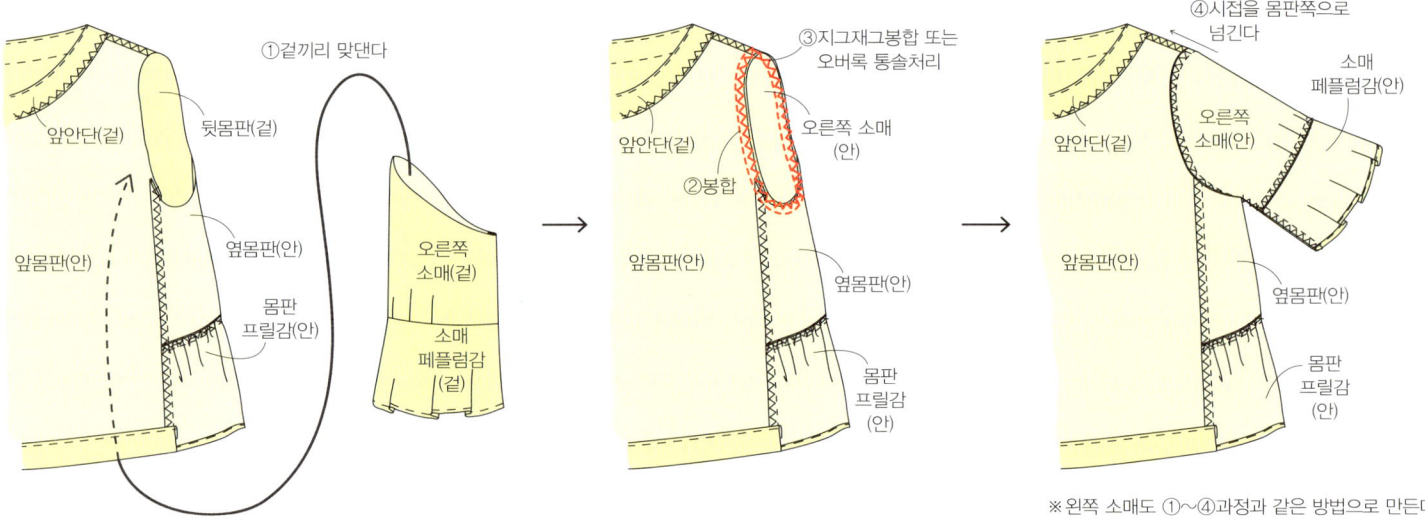

< finish >

b-2 빅 칼라 블라우스 *photo p.18*

[패턴에 대해서]

※ 패턴: B면

- 사용 패턴: 앞몸판, 뒷몸판, 칼라, 소매
- 앞몸판, 뒷몸판, 소매 실물크기 패턴에서 b-2 밑단으로 베껴 사용합니다.

[재료]

- 겉감 … 112cm폭 x 225cm
- 1.2cm폭 바이어스 메이커 … 1개

[완성 사이즈]

사이즈 명칭	55	66	77	88
가슴둘레	95	99.5	104	108.5
옷길이	58.5	61	63.5	65.5
소매길이	21	21.5	22.5	23

[재단 배치도]

- 지정 이외의 시접은 1cm.
- 목둘레 안바이어스천은 직접 제도하여 사용합니다
- 왼쪽에서부터 55/66/77/88 사이즈

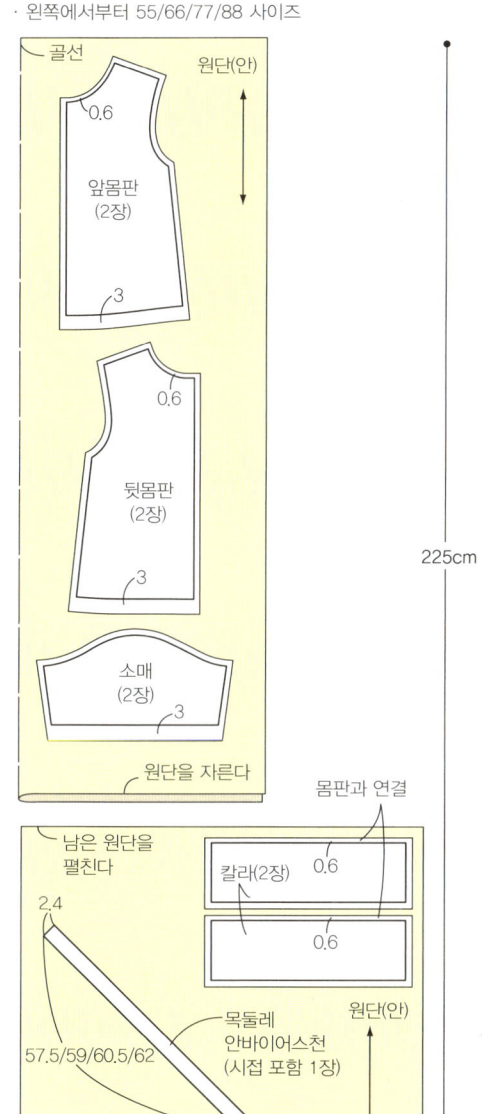

[만드는 방법]

★치수가 기재되어 있지 않은 곳은 1cm로 봉합합니다.

1 몸판을 만든다

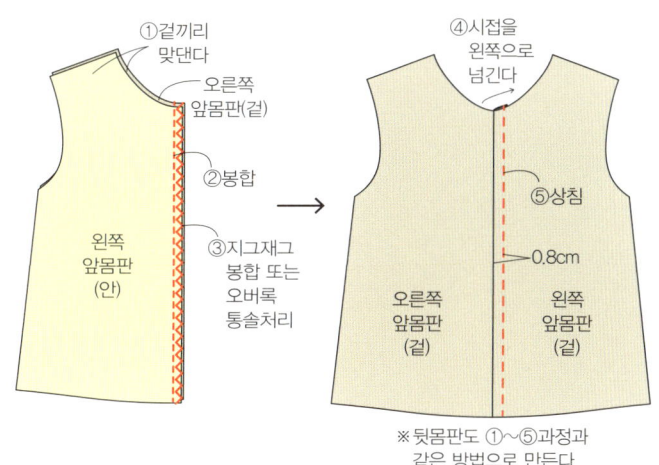

2 몸판의 어깨를 봉합한다

(P.69 / 1-①~④ 참고)

3 칼라를 만든다

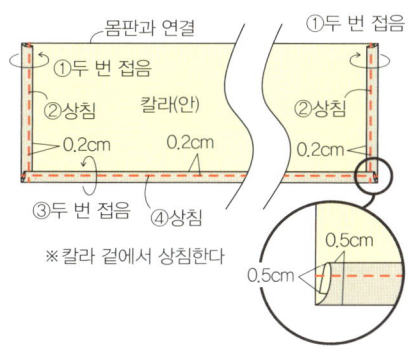

4 몸판에 칼라를 단다

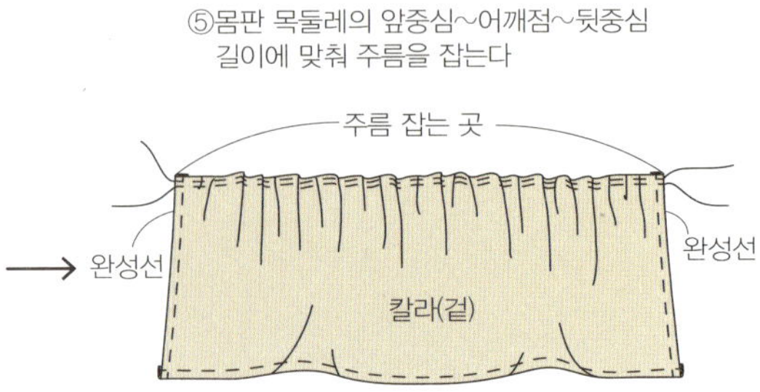

⑤몸판 목둘레의 앞중심~어깨점~뒷중심
길이에 맞춰 주름을 잡는다
주름 잡는 곳
완성선
완성선
칼라(겉)

※주름 잡는 방법 P.56 참고
※칼라를 총 2개 만든다

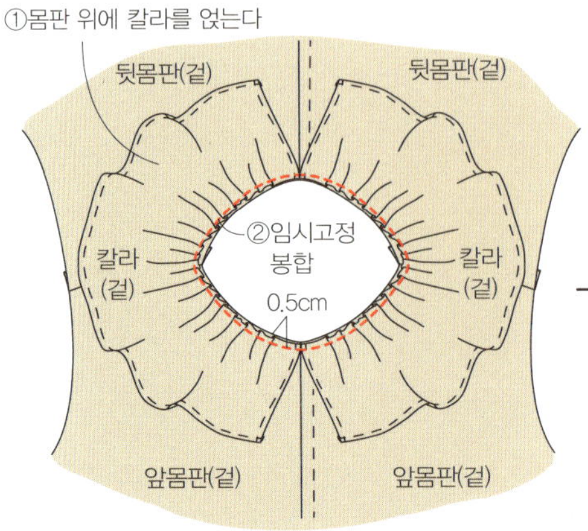

①몸판 위에 칼라를 얹는다
뒷몸판(겉)
뒷몸판(겉)
②임시고정
봉합
칼라
(겉)
칼라
(겉)
0.5cm
앞몸판(겉)
앞몸판(겉)

※봉합 후, 주름 잡기용 실은 제거한다

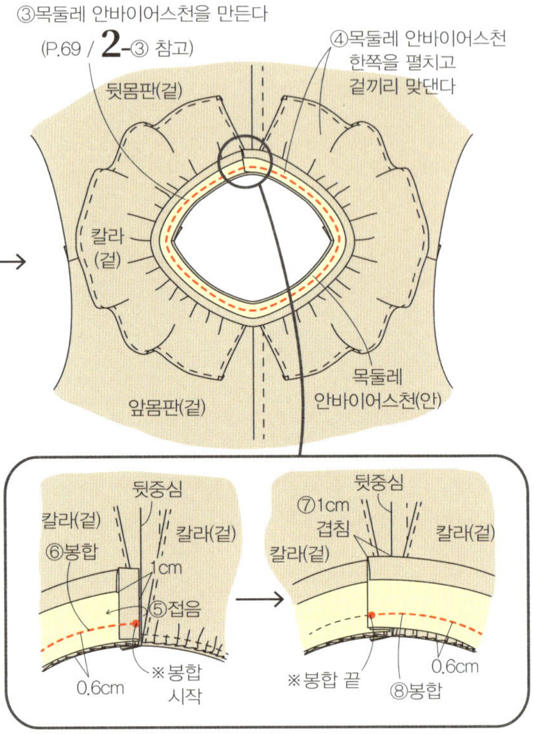

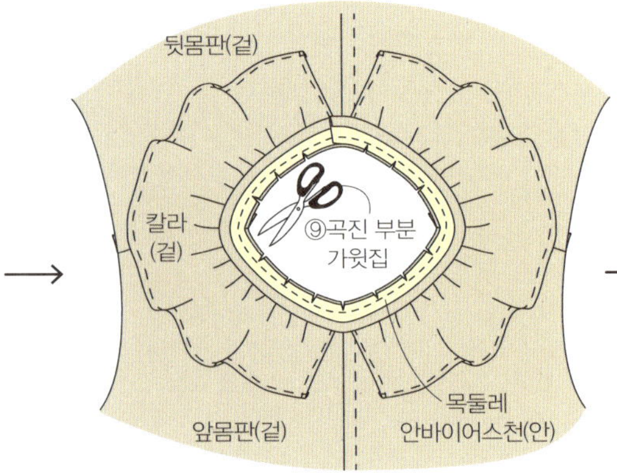

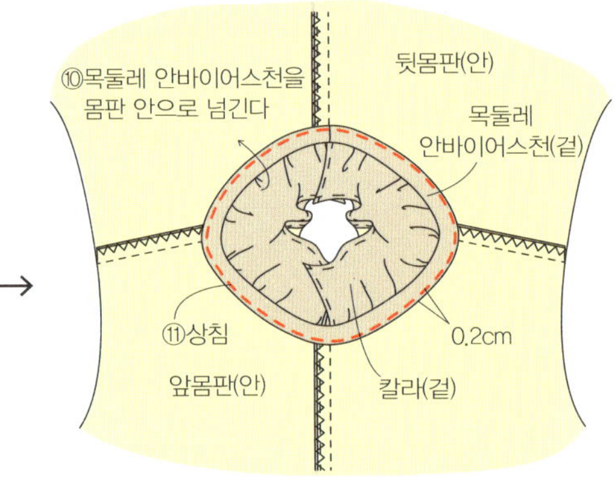

③목둘레 안바이어스천을 만든다
(P.69 / 2-③ 참고)
④목둘레 안바이어스천
한쪽을 펼치고
겉끼리 맞댄다
뒷몸판(겉)
칼라
(겉)
목둘레
안바이어스천(안)
앞몸판(겉)
뒷중심
칼라(겉)
칼라(겉)
⑥봉합
1cm
⑤접음
0.6cm
※봉합
시작
뒷중심
⑦1cm
겹침
칼라(겉)
칼라(겉)
※봉합 끝
0.6cm
⑧봉합

뒷몸판(겉)
칼라
(겉)
⑨곡진 부분
가윗집
목둘레
안바이어스천(안)
앞몸판(겉)

⑩목둘레 안바이어스천을
몸판 안으로 넘긴다
뒷몸판(안)
목둘레
안바이어스천(겉)
⑪상침
0.2cm
앞몸판(안)
칼라(겉)

※칼라를 젖혀 같이 봉합되지 않도록 주의한다

5 몸판에 소매를 단다 (P.67 / 5-①~④ 참고)

6 몸판과 소매의 옆선을 한 번에 이어서 봉합한다 (P.68 / 7-①~④ 참고)

7 몸판과 소매의 밑단을 정리한다

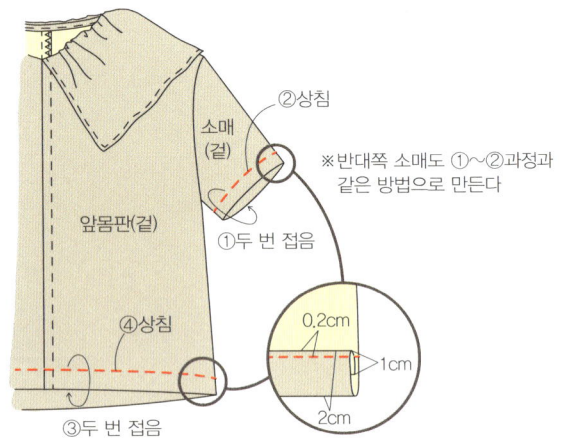

②상침
소매
(겉)
※반대쪽 소매도 ①~②과정과
같은 방법으로 만든다
앞몸판(겉)
①두 번 접음
④상침
0.2cm
1cm
2cm
③두 번 접음

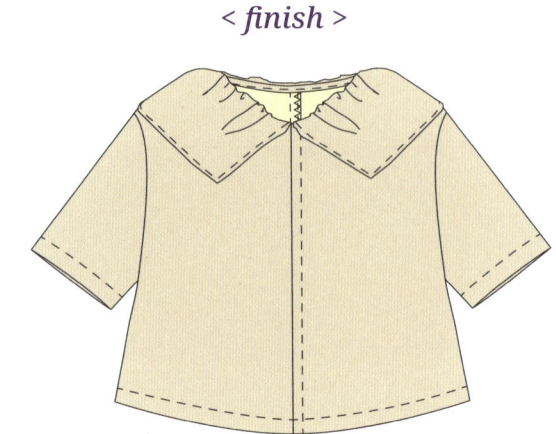

< *finish* >

b-3 빅 칼라 원피스 *photo p.19*

[패턴에 대해서]

※ 패턴: B면

- 사용 패턴: 앞몸판(위), 앞몸판(아래), 뒷몸판(위), 뒷몸판(아래), 칼라, 소매, 주머니
- B면에서 b-3/b-5 주머니는 공통으로 사용합니다.
- 길이가 긴 패턴은 분리하여 수록하였습니다. 맞춤점에 맞춰 한 장으로 연결해주세요.
- 앞몸판, 뒷몸판, 소매 실물크기 패턴에서 b-3 밑단으로 베껴 사용합니다.

[재료]

- 겉감 … 110cm폭 x 360cm
- 1.2cm폭 소잉테이프 심지 … 1팩
- 1.2cm폭 바이어스 메이커 … 1개

[완성 사이즈]

사이즈 명칭	55	66	77	88
가슴둘레	95	99.5	104	108.5
옷길이	113	115	118	120
소매길이	56	57	58.5	59.5

[재단 배치도]

- 지정 이외의 시접은 1cm.
- ▨ 부분에 소잉테이프 심지를 붙인다
- ⋙ 표시된 부분은 지그재그봉제 또는 오버록 처리한다
- 목둘레 안바이어스천은 직접 제도하여 사용합니다
- 왼쪽에서부터 55/66/77/88 사이즈

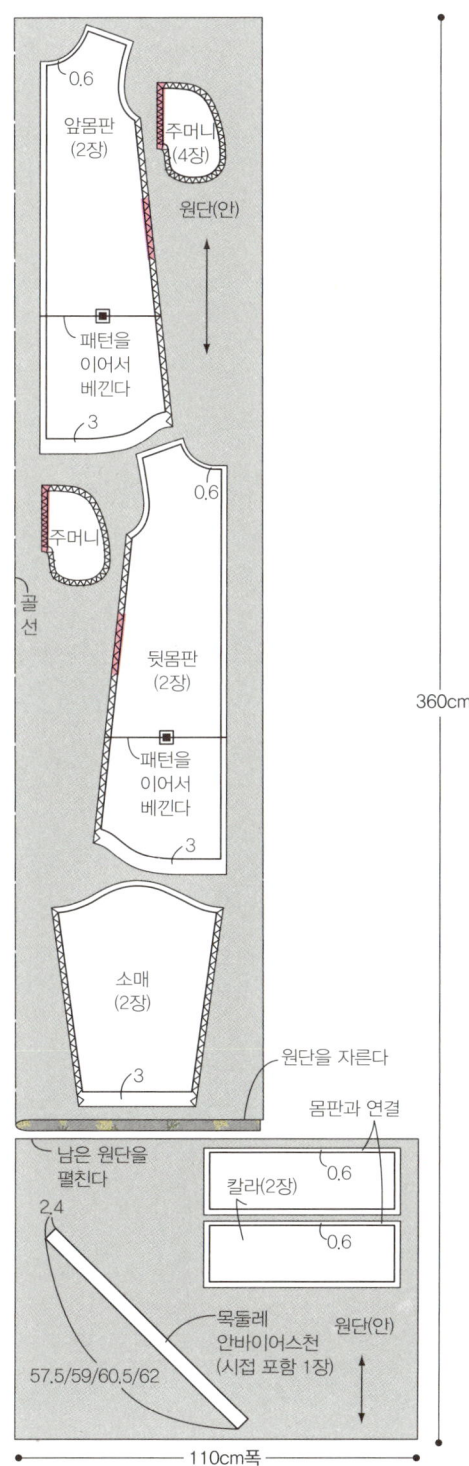

[만드는 방법]

★치수가 기재되어 있지 않은 곳은 1cm로 봉합합니다.

1 몸판을 만든다 (P.91 / 1-①~⑤ 참고)

2 몸판에 주머니를 단다

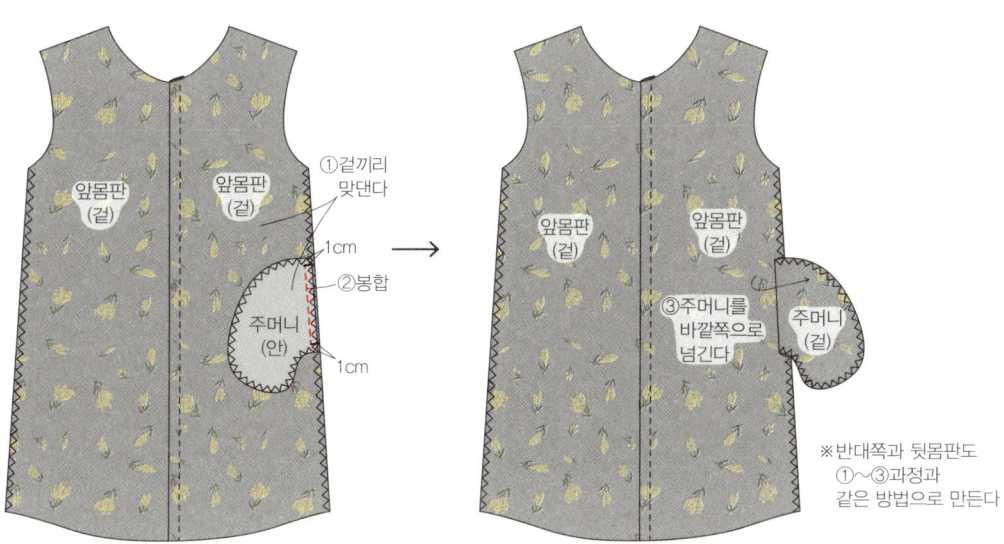

b-3 빅 칼라 원피스

3 몸판의 어깨를 봉합한다 (P.69 / **1**-①~④ 참고)

4 칼라를 만든다 (P.91 / **3**-①~⑤ 참고)

5 몸판에 칼라를 단다 (P.92 / **4**-①~⑪ 참고)

6 몸판에 소매를 단다 (P.67 / **5**-①~④ 참고)

7 몸판과 소매의 옆선을 한 번에 이어서 봉합하고, 주머니를 정리한다

※앞몸판과 앞몸판쪽 주머니만 상침한다
※반대쪽도 ①~⑤과정과 같은 방법으로 만든다

8 몸판과 소매의 밑단을 정리한다 (P.92 / **7**-①~④ 참고)

< *finish* >

b-4 스퀘어 넥 단추 블라우스 *photo p.20*

[패턴에 대해서]

※ 패턴: B면

- 사용 패턴: 앞몸판1, 뒷몸판1, 앞몸판2, 뒷몸판2, 앞안단, 뒤안단, 소매
- 뒷몸판 실물크기 패턴에서 뒤안단을 각각 베껴 사용합니다. (P.51 참고)
- 앞몸판2, 뒷몸판2, 앞안단 실물크기 패턴에서 b-4 밑단으로 베껴 사용합니다.

[재료]

- 겉감 … 112cm폭 x 270cm
- 소잉심지 … 110cm폭 x 90cm
- 1.3cm폭 단추 … 5개

[완성 사이즈]

사이즈 명칭	55	66	77	88
가슴둘레	91.5	96	101	106
옷길이	58.5	61	62.5	65
소매길이	39.5	40.5	41.5	42.5

[재단 배치도]

- 지정 이외의 시접은 1cm.
- ▨ 부분에 소잉심지를 붙인다
- ∿ 표시된 부분은 지그재그봉제 또는 오버록 처리한다
- 소매 밑단 바이어스천은 직접 제도하여 사용합니다
- 위에서부터 55/66/77/88 사이즈

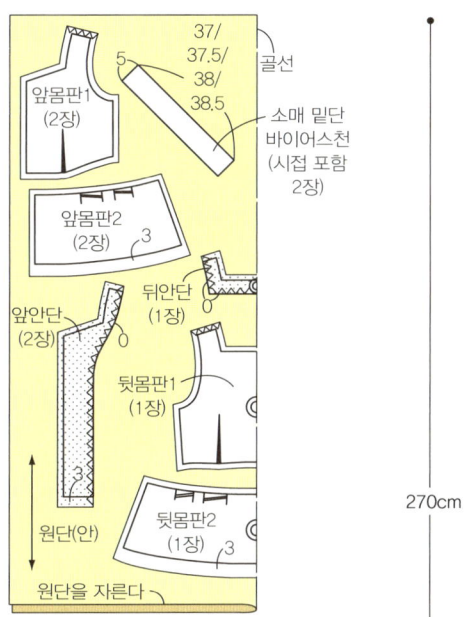

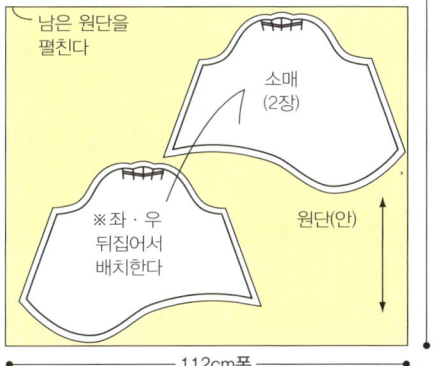

[만드는 순서]

1. 앞몸판을 만든다
2. 뒷몸판을 만든다
3. 몸판과 안단의 어깨를 봉합한다
4. 몸판에 안단을 단다
5. 소매에 맞주름을 잡는다
6. 몸판에 소매를 단다
7. 소매의 밑단에 주름을 잡는다
8. 몸판과 소매의 옆선을 한 번에 이어서 봉합한다
9. 소매의 밑단을 바이어스 처리한다
10. 몸판의 밑단을 정리한다

[만드는 방법]

★ 치수가 기재되어 있지 않은 곳은 1cm로 봉합합니다.

1 앞몸판을 만든다

① 패턴을 참고하여 다트를 봉합한다
② 시접을 앞중심쪽으로 넘긴다
③ 패턴을 참고하여 턱을 잡는다 0.7cm
④ 임시고정 봉합
⑤ 겉끼리 맞댄다
⑥ 봉합
⑦ 지그재그봉합 또는 오버록 통솔처리
⑧ 시접을 앞몸판1 쪽으로 넘긴다

※ 턱 잡는 방법 P.56 참고

※ 반대쪽도 ①~⑧과정과 같은 방법으로 만든다

b-4 스퀘어 넥 단추 블라우스

2 뒷몸판을 만든다

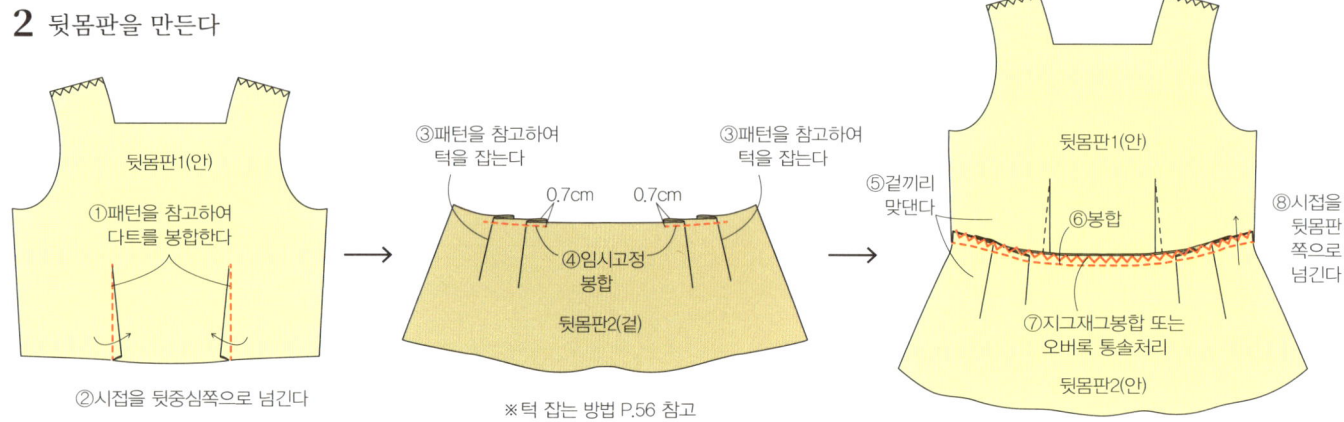

3 몸판과 안단의 어깨를 봉합한다 (P.89 / 3-①~⑥ 참고)

4 몸판에 안단을 단다

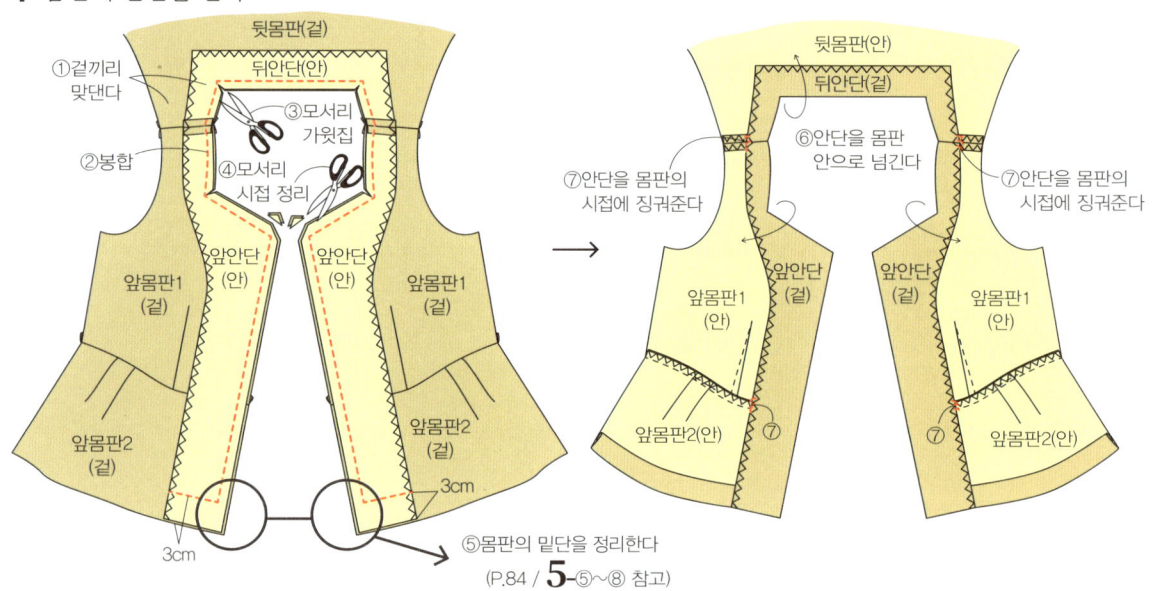

5 소매에 맞주름을 잡는다

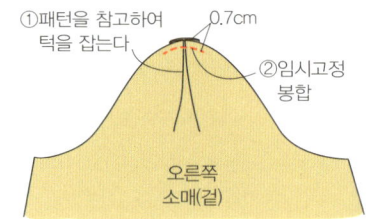

6 몸판에 소매를 단다 (P.67 / 5-①~④ 참고)

7 소매의 밑단에 주름을 잡는다

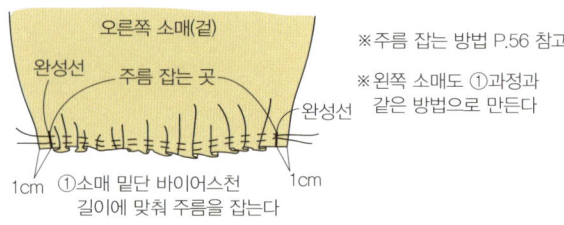

8 몸판과 소매의 옆선을 한 번에 이어서 봉합한다 (P.68 / 7-①~④ 참고)

※접어놓은 몸판 옆선쪽 밑단 시접을 펼친 상태에서 봉합한다

9 소매의 밑단을 바이어스 처리한다

10 몸판의 밑단을 정리한다 (P.73 / 9-①~② 참고)

< finish >

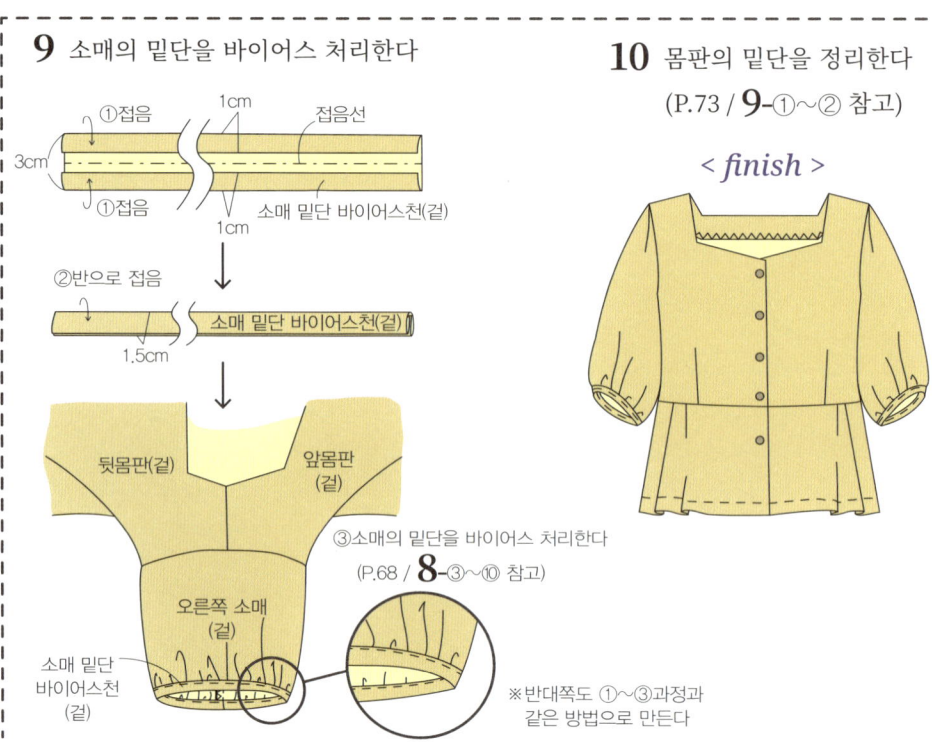

b-5 스퀘어 넥 단추 원피스 photo p.21

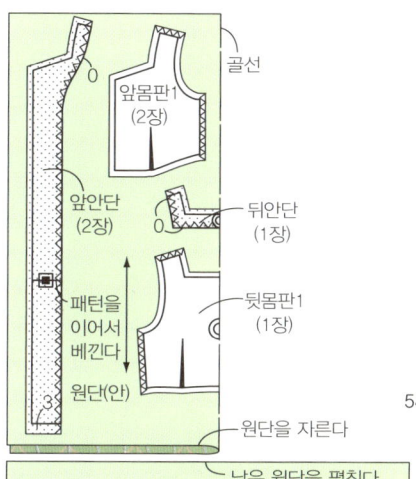

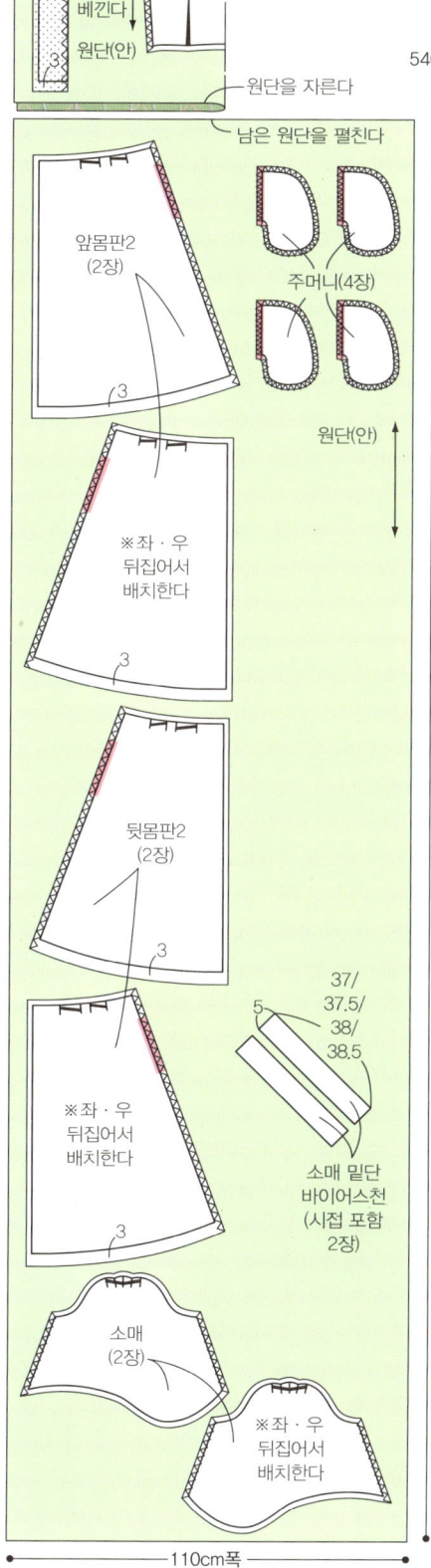

[패턴에 대해서]

※ 패턴: B면

- 사용 패턴: 앞몸판1, 앞몸판2, 뒷몸판1, 뒷몸판2, 앞안단(위), 앞안단(아래), 뒤안단, 소매, 주머니
- B면에서 b-3/b-5 주머니는 공통으로 사용합니다.
- 길이가 긴 패턴은 분리하여 수록하였습니다. 맞춤점에 맞춰 한 장으로 연결해주세요.
- 뒷몸판 실물크기 패턴에서 뒤안단을 각각 베껴 사용합니다. (P.51 참고)
- 앞몸판2, 뒷몸판2, 앞안단 실물크기 패턴에서 b-5 밑단으로 베껴 사용합니다.

[재단 배치도]

- 지정 이외의 시접은 1cm.
- ▨ 부분에 소잉심지를 붙인다
- ▨ 부분에 소잉테이프 심지를 붙인다
- ∿ 표시된 부분은 지그재그봉제 또는 오버록 처리한다
- 소매 밑단 바이어스천은 직접 제도하여 사용합니다
- 위에서부터 55/66/77/88 사이즈

[완성 사이즈]

사이즈 명칭	55	66	77	88
가슴둘레	91.5	96	101	106
옷길이	118	120	122	124
소매길이	39.5	40.5	41.5	42.5

[재료]

- 겉감 … 110cm폭 x 540cm
- 소잉심지 … 110cm폭 x 135cm
- 1.3cm폭 단추 … 11개

[만드는 순서]

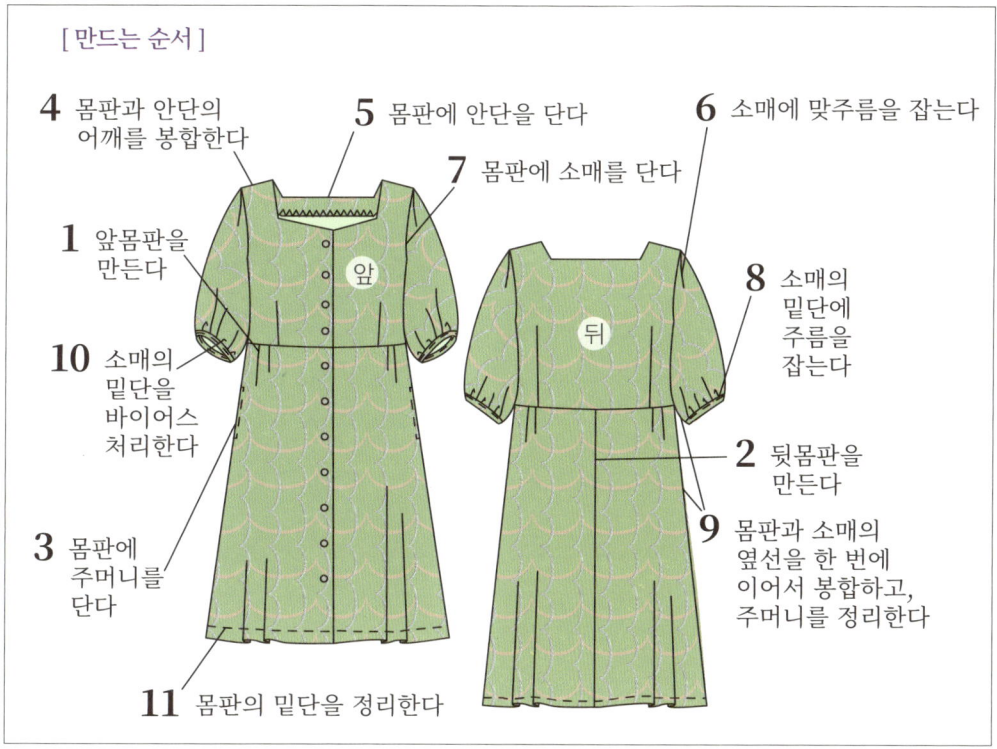

[만드는 방법] ★치수가 기재되어 있지 않은 곳은 1cm로 봉합합니다.

1 앞몸판을 만든다 (P.95 / 1-①~⑧ 참고)

2 뒷몸판을 만든다

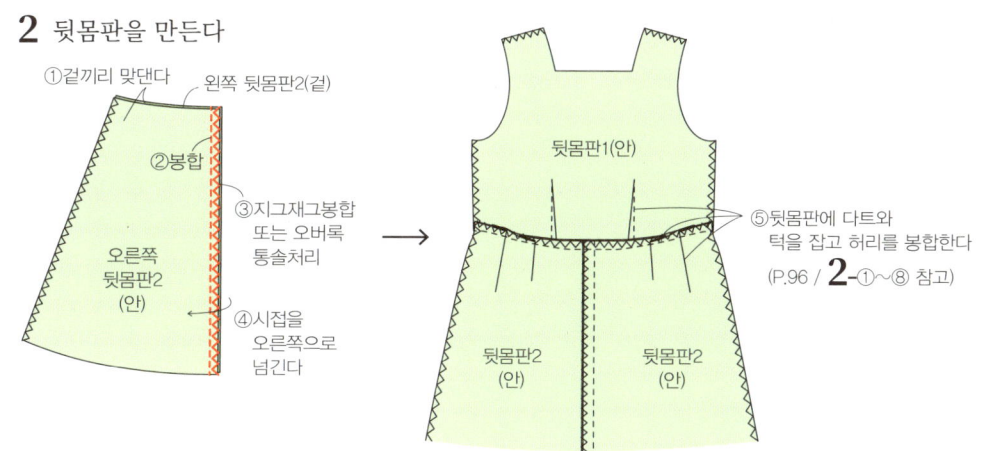

b-5 스퀘어 넥 단추 원피스

3 몸판에 주머니를 단다 (P.93 / **2**-①~③ 참고)

4 몸판과 안단의 어깨를 봉합한다 (P.89 / **3**-①~⑥ 참고)

5 몸판에 안단을 단다 (P.96 / **4**-①~⑦ 참고)

6 소매에 맞주름을 잡는다 (P.96 / **5**-①~② 참고)

7 몸판에 소매를 단다 (P.67 / **5**-①~④ 참고)

8 소매의 밑단에 주름을 잡는다 (P.96 / **7**-① 참고)

9 몸판과 소매의 옆선을 한 번에 이어서 봉합하고, 주머니를 정리한다 (P.94 / **7**-①~⑤ 참고)
※접어놓은 몸판 옆선쪽 밑단 시접을 펼친 상태에서 봉합한다

10 소매의 밑단을 바이어스 처리한다 (P.96 / **9**-①~③ 참고)

11 몸판의 밑단을 정리한다 (P.73 / **9**-①~② 참고)

< *finish* >

b-6 스퀘어 넥 블라우스 _photo p.22_

[패턴에 대해서]

※ 패턴: B면

- 사용 패턴: 앞몸판, 뒷몸판, 겉어깨감, 안어깨감, 앞안단, 소매, 커프스
- 앞몸판 실물크기 패턴에서 앞안단을 각각 베껴 사용합니다. (P.51 참고)

[재료]

- 겉감 … 110cm폭 x 180cm
- 소잉심지 … 40cm폭 x 50cm
- 1cm폭 고무줄 … 1팩

[완성 사이즈]

사이즈 명칭	55	66	77	88
가슴둘레	99.5	104	108.5	113.5
옷길이	60.5	63	65	67.5
소매길이	42	43	44	45

[재단 배치도]

- 지정 이외의 시접은 1cm.
- ▨ 부분에 소잉심지를 붙인다
- 목둘레 고무줄 통로감, 몸판 고무줄 통로감은 직접 제도하여 사용합니다
- 위에서부터 55/66/77/88 사이즈

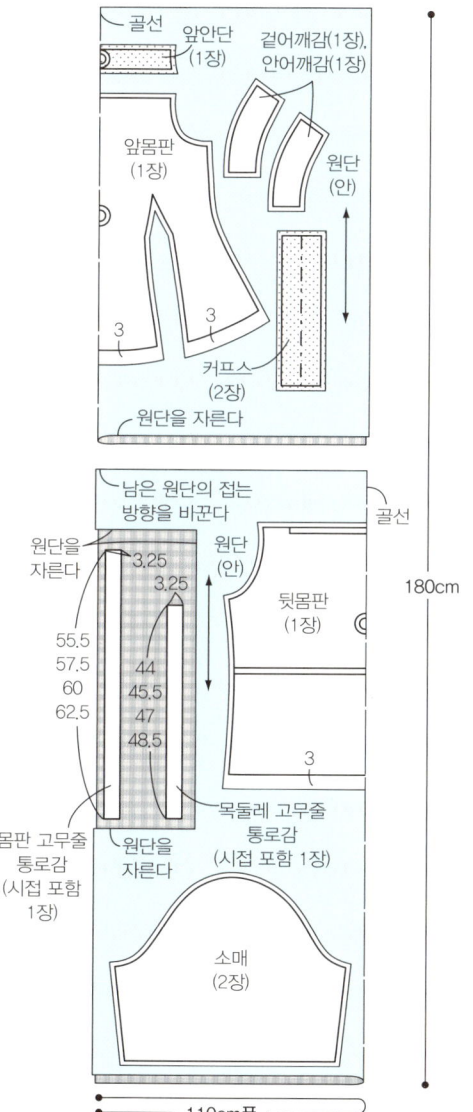

[만드는 순서]

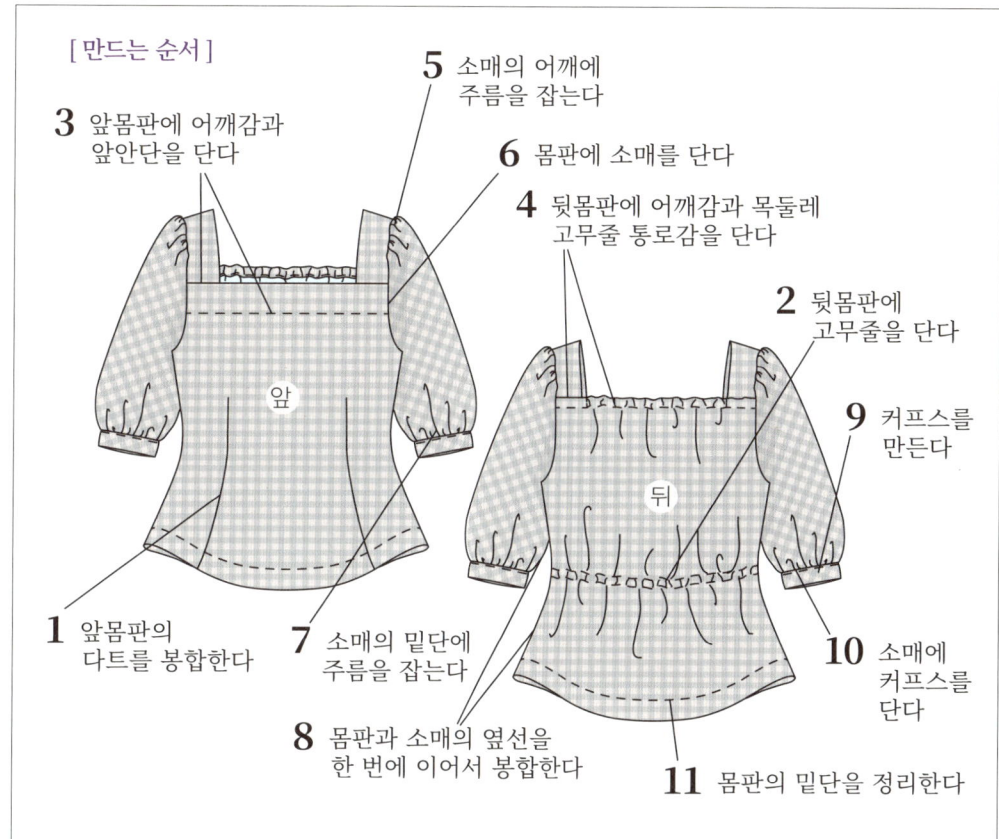

1. 앞몸판의 다트를 봉합한다
2. 뒷몸판에 고무줄을 단다
3. 앞몸판에 어깨감과 앞안단을 단다
4. 뒷몸판에 어깨감과 목둘레 고무줄 통로감을 단다
5. 소매의 어깨에 주름을 잡는다
6. 몸판에 소매를 단다
7. 소매의 밑단에 주름을 잡는다
8. 몸판과 소매의 옆선을 한 번에 이어서 봉합한다
9. 커프스를 만든다
10. 소매에 커프스를 단다
11. 몸판의 밑단을 정리한다

[만드는 방법]

★ 치수가 기재되어 있지 않은 곳은 1cm로 봉합합니다.

1 앞몸판의 다트를 봉합한다

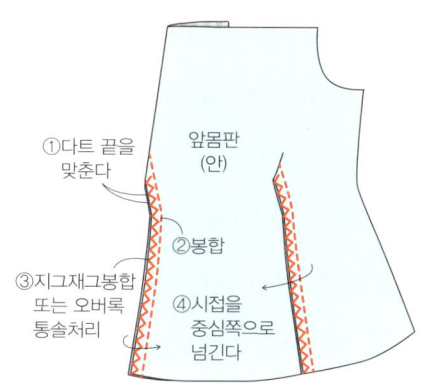

2 뒷몸판에 고무줄을 단다

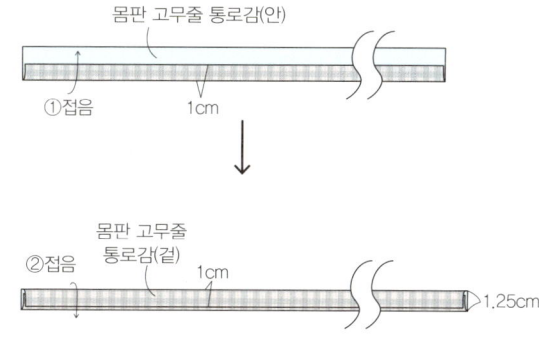

b-6 스퀘어 넥 블라우스

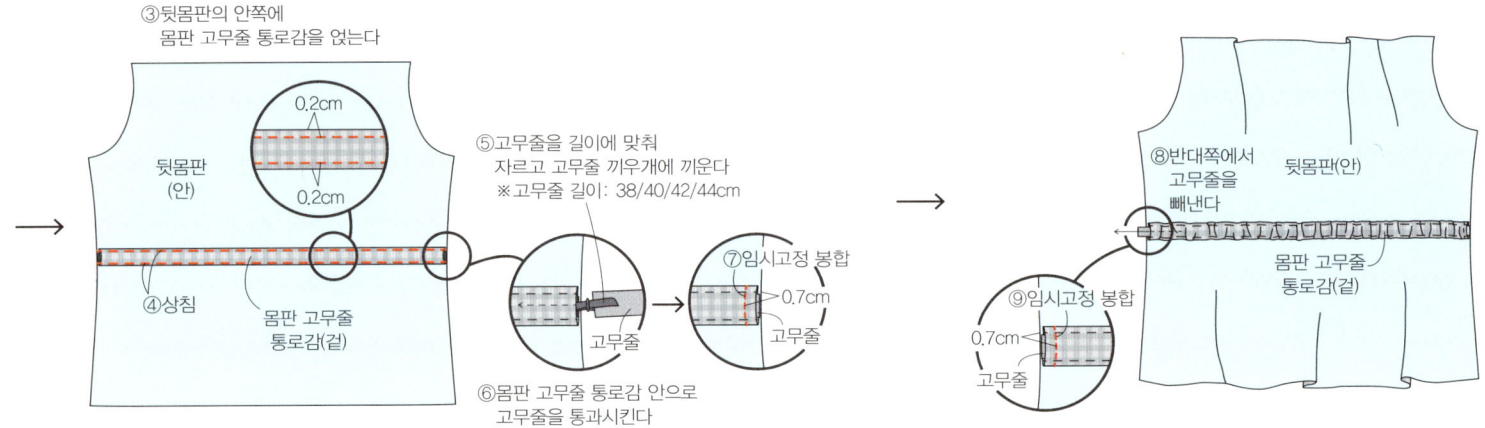

3 앞몸판에 어깨감과 앞안단을 단다

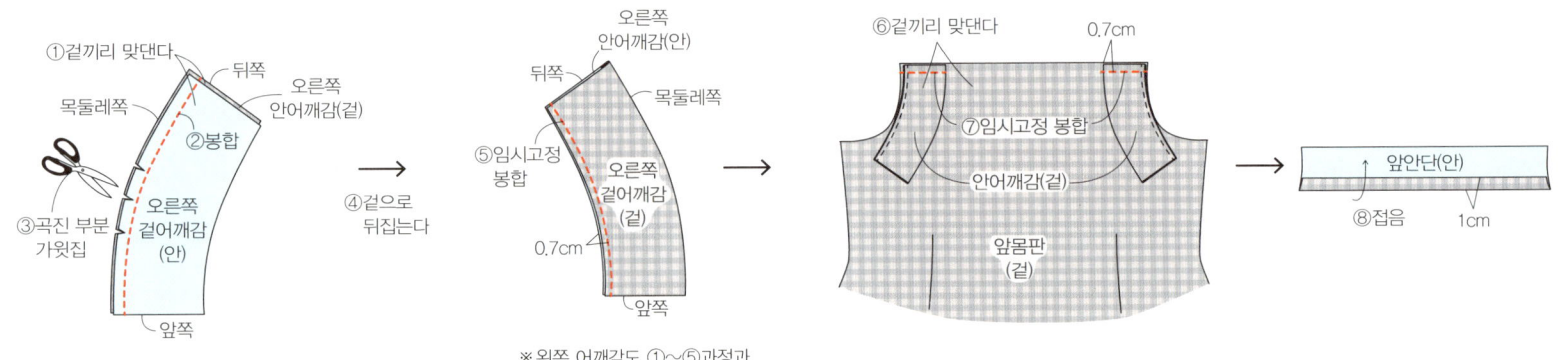

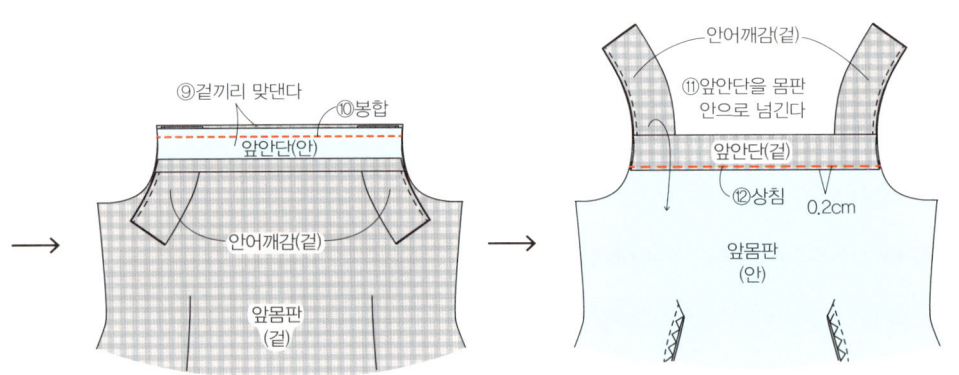

4 뒷몸판에 어깨감과 목둘레 고무줄 통로감을 단다

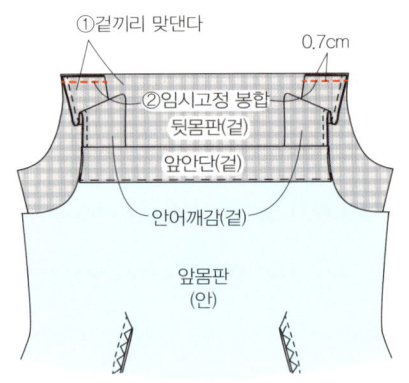

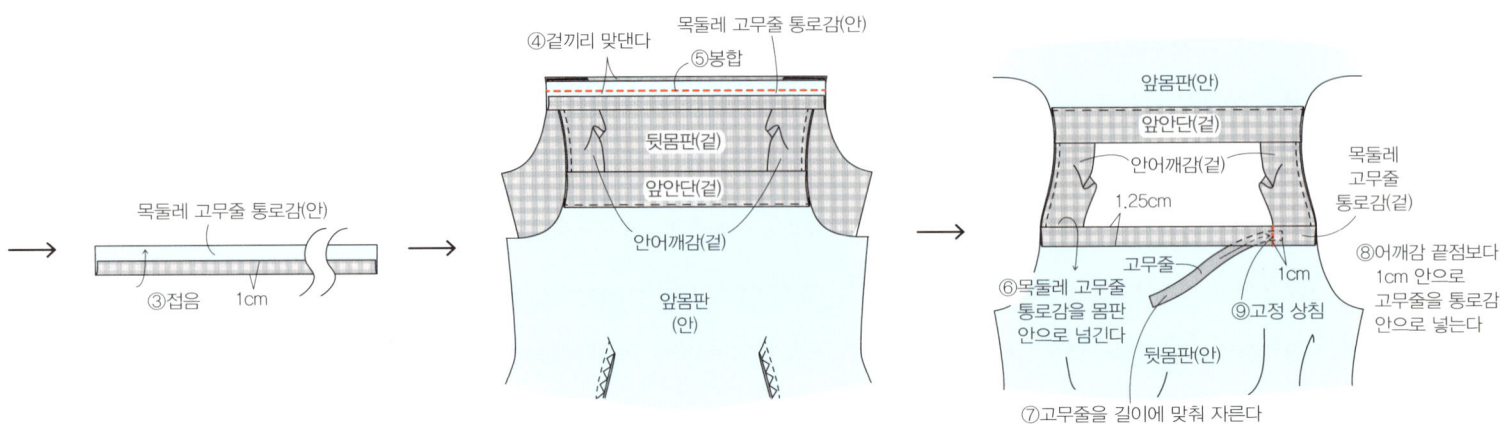

b-6 스퀘어 넥 블라우스

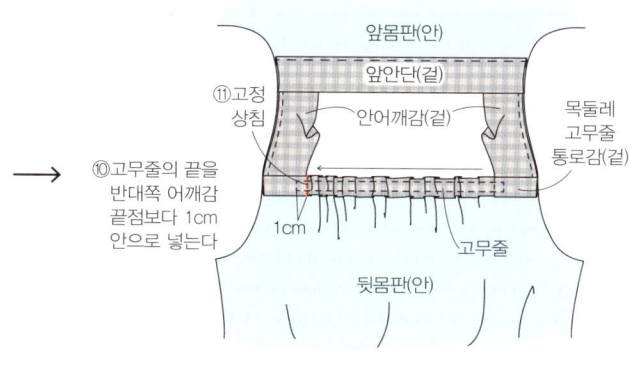

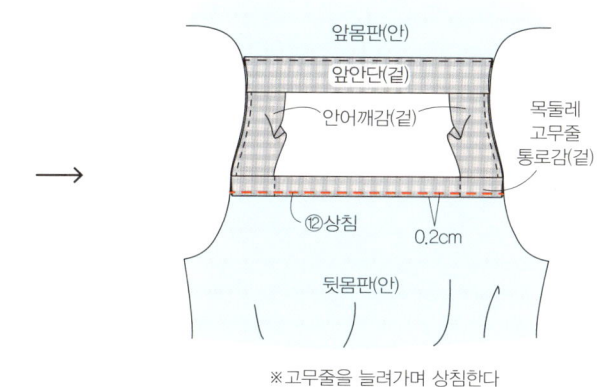

5 소매의 어깨에 주름을 잡는다

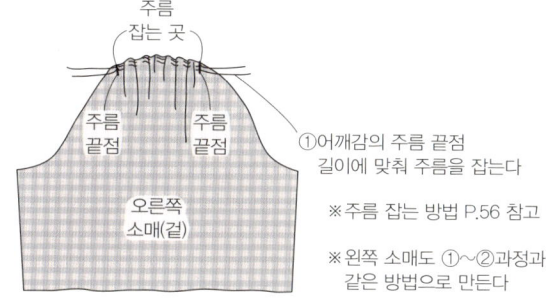

6 몸판에 소매를 단다 (P.67 / 5-①~④ 참고)
※봉합 후, 주름 잡기용 실은 제거한다

7 소매의 밑단에 주름을 잡는다

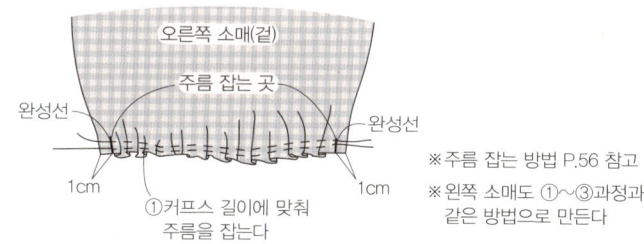

8 몸판과 소매의 옆선을 한 번에 이어서 봉합한다 (P.68 / 7-①~④ 참고)

9 커프스를 만든다 (P.70 / 7-①~⑤ 참고)

10 소매에 커프스를 단다 (P.71 / 8-①~⑤ 참고)

11 몸판의 밑단을 정리한다 (P.73 / 9-①~② 참고)

< *finish* >

b-7　플랫 칼라 원피스　photo p.23

[패턴에 대해서]

※패턴: B면

- 사용 패턴: 앞몸판, 뒷몸판, 앞스커트, 뒷스커트, 겉칼라, 안칼라, 앞안단, 뒤안단, 앞소매, 뒷소매
- 앞몸판, 뒷몸판 실물크기 패턴에서 앞안단, 뒤안단을 각각 베껴 사용합니다. (P.51 참고)
- 소매 실물크기 패턴에서 연결선 기준으로 앞소매, 뒷소매를 각각 베껴 사용합니다.

[재료]

- 겉감 … 130cm폭 x 315cm
- 배색감 … 142cm폭 x 45cm
- 소잉심지 … 110cm폭 x 45cm
- 1.8cm폭 지퍼전용 접착테이프 심지 … 1팩
- 60cm길이 콘실지퍼 … 1개
- 3cm폭 싸개단추 … 2개

[완성 사이즈]

사이즈 명칭	55	66	77	88
가슴둘레	91.5	96.5	101	106
옷길이	116	116.5	120	121.5
소매길이	48.5	49.5	50.5	51.5

[재단 배치도]

- 지정 이외의 시접은 1cm.
- ▨ 부분에 소잉심지를 붙인다
- ▨ 부분에 지퍼테이프 심지를 붙인다
- ∿ 표시된 부분은 지그재그봉제 또는 오버록 처리한다

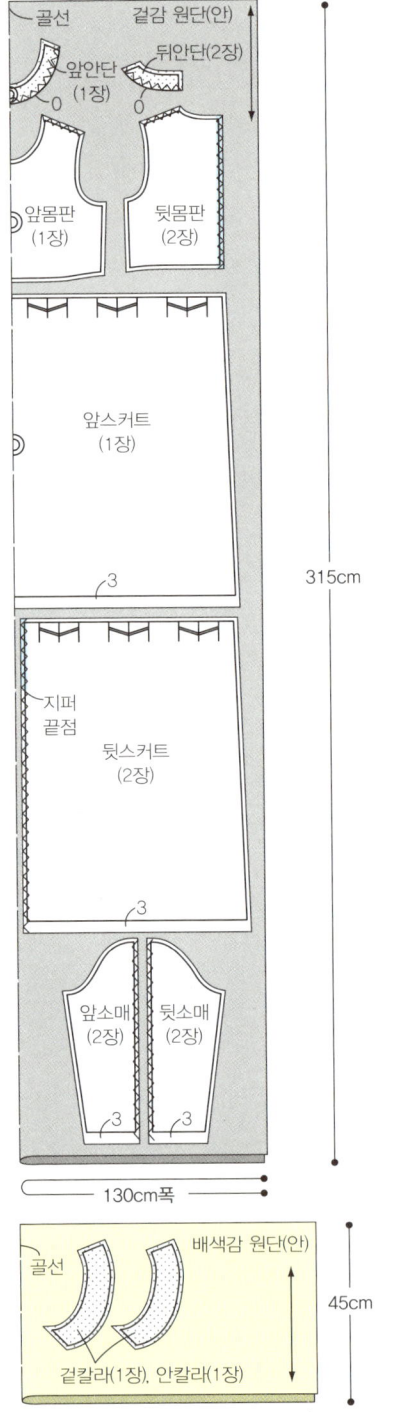

[만드는 순서]

1 스커트를 만들어 몸판에 단다
2 뒷중심에 지퍼를 단다
3 몸판과 안단의 어깨를 봉합한다
4 칼라를 만들어 몸판에 단다
5 몸판에 안단을 단다
6 소매를 만든다
7 몸판에 소매를 단다
8 몸판과 소매의 옆선을 한 번에 이어서 봉합한다
9 소매와 스커트의 밑단을 정리한다
10 싸개단추를 만들어 소매에 단다

[만드는 방법]

★치수가 기재되어 있지 않은 곳은 1cm로 봉합합니다.

1 스커트를 만들어 몸판에 단다

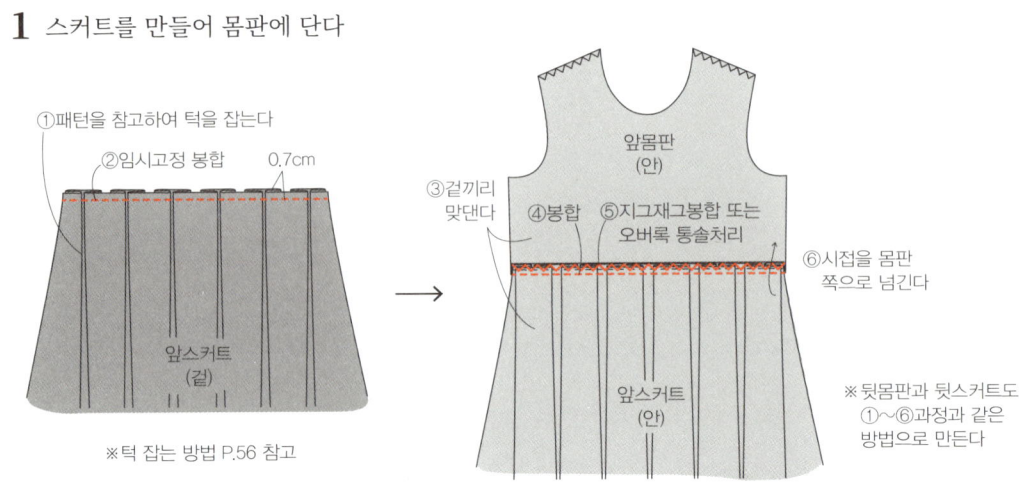

①패턴을 참고하여 턱을 잡는다
②임시고정 봉합 0.7cm
③겉끼리 맞댄다
④봉합
⑤지그재그봉합 또는 오버록 통솔처리
⑥시접을 몸판 쪽으로 넘긴다

※턱 잡는 방법 P.56 참고

※뒷몸판과 뒷스커트도 ①~⑥과정과 같은 방법으로 만든다

2 뒷중심에 지퍼를 단다

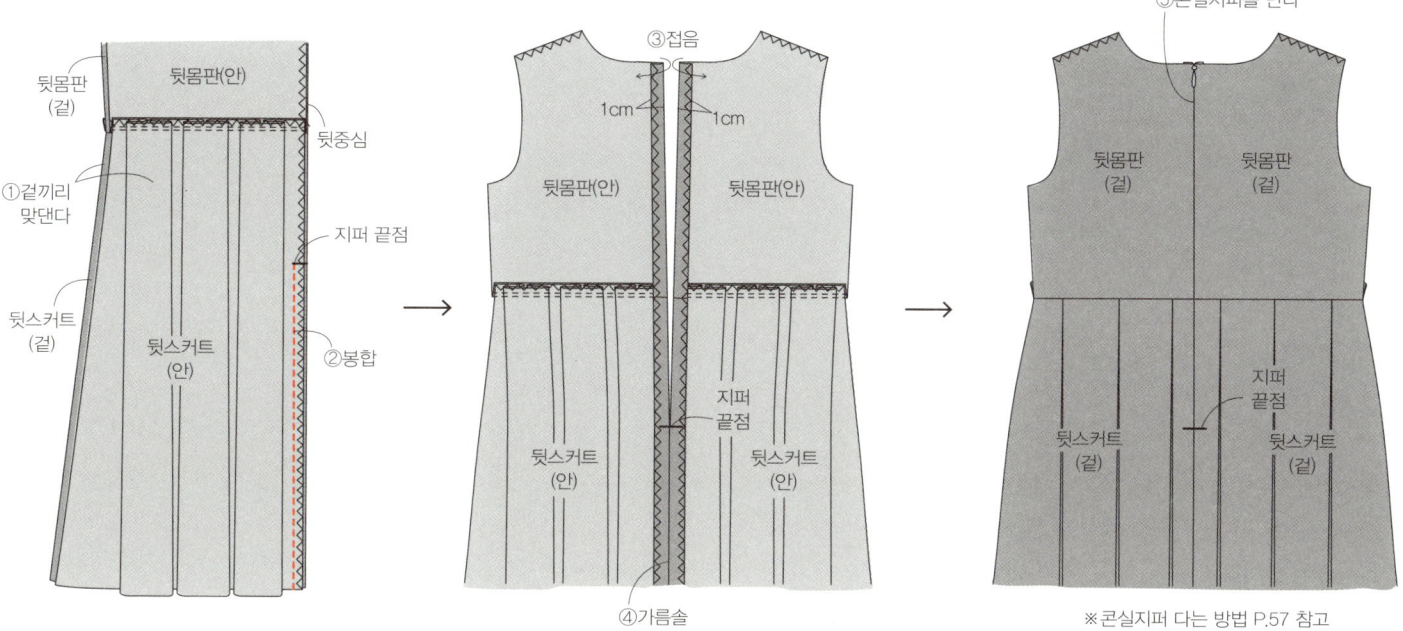

3 몸판과 안단의 어깨를 봉합한다 (P.89 / 3-①~⑥ 참고)

4 칼라를 만들어 몸판에 단다

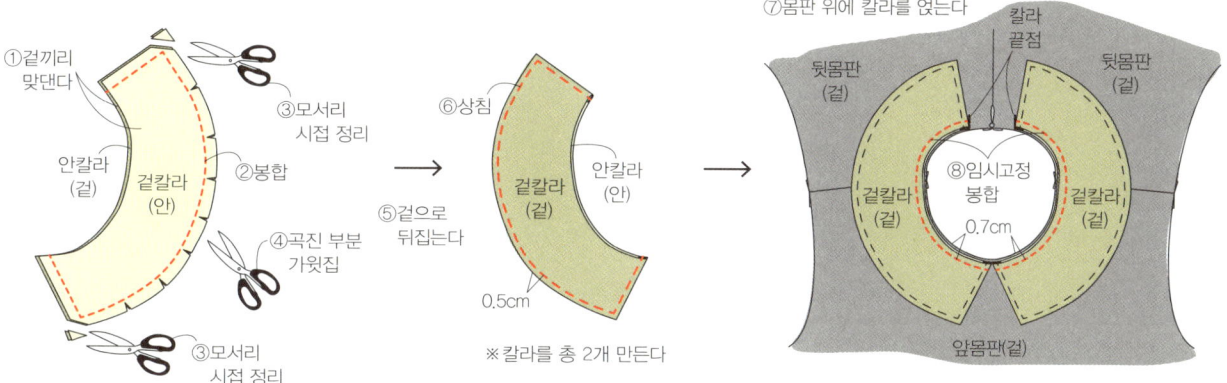

5 몸판에 안단을 단다

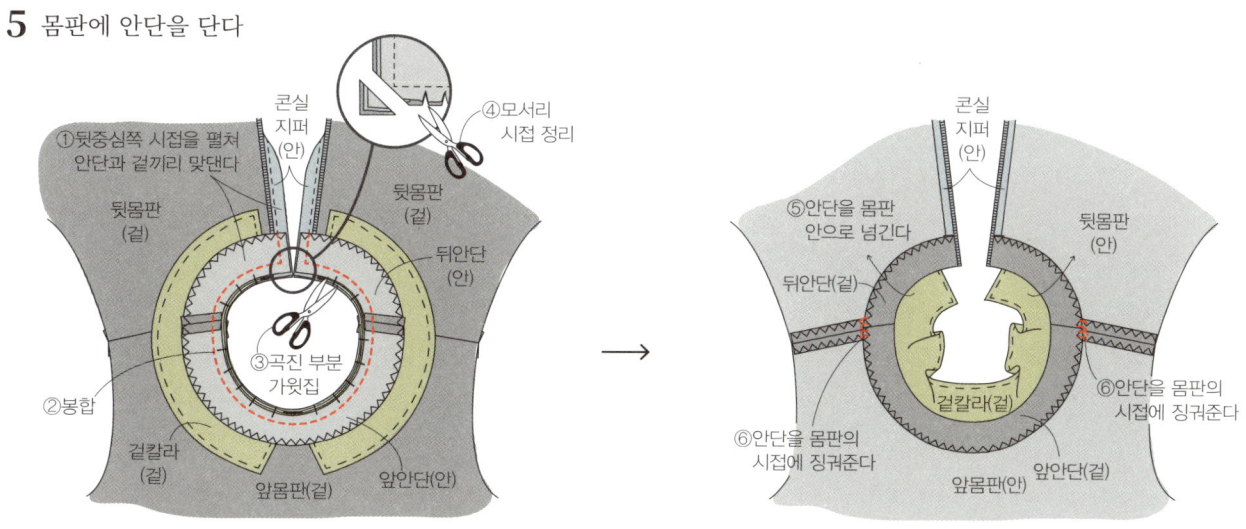

b-7 플랫 칼라 원피스

6 소매를 만든다

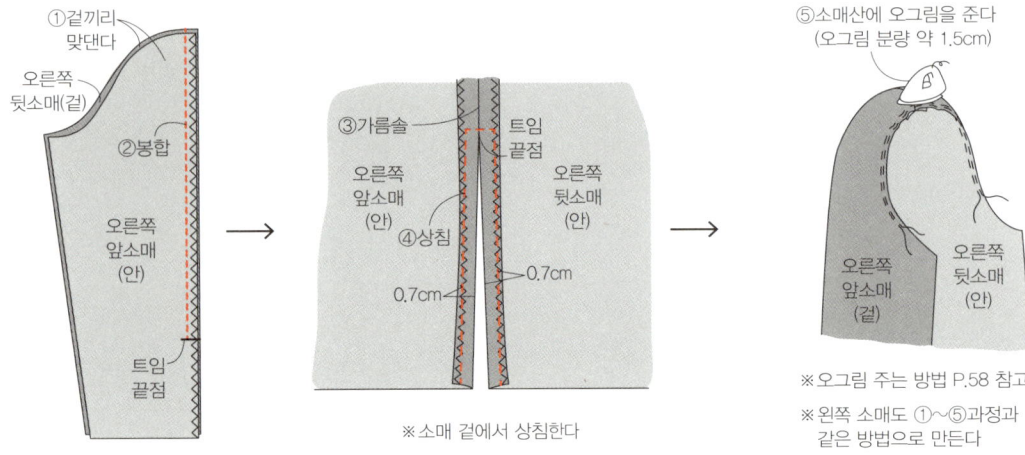

7 몸판에 소매를 단다 (P.67 / 5-①~④ 참고)

※봉합 후, 오그림 집기용 실은 제거한다

8 몸판과 소매의 옆선을 한 번에 이어서 봉합한다 (P.68 / 7-①~④ 참고)

9 소매와 스커트의 밑단을 정리한다 (P.92 / 7-①~④ 참고)

10 싸개단추를 만들어 소매에 단다

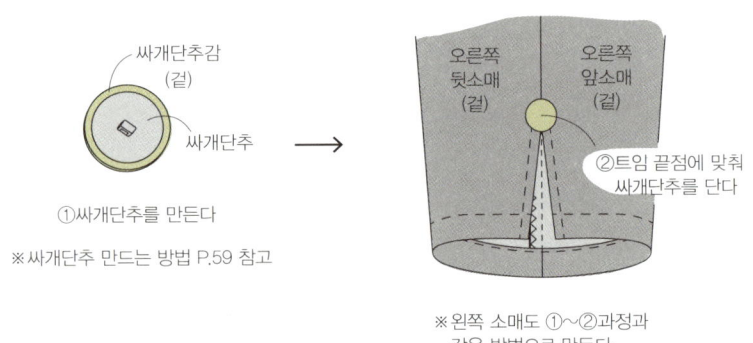

< finish >

b-8 캔버스 백 *photo p.24*

[패턴에 대해서]

※ **패턴**: B면
· 사용 패턴: 몸판, 바닥감

[재료]

· 겉감 … 110cm폭 x 45cm
· 3cm폭 웨이빙끈 … 1팩
· 3.2cm폭 웨이빙 마감장식 … 2개
· 2cm폭 연결 고리 … 2개
· 2cm폭 가죽 D링 … 2개
· 0.9cm폭 토트 가죽 핸들 … 1쌍
· 1.2cm폭 가죽 여밈고리 … 1쌍

[완성 사이즈]

· One size 28cm×23cm

[재단 배치도]

· 지정 이외의 시접은 1cm.
· 소품은 원단의 식서 방향에 상관없이 재단이 가능합니다

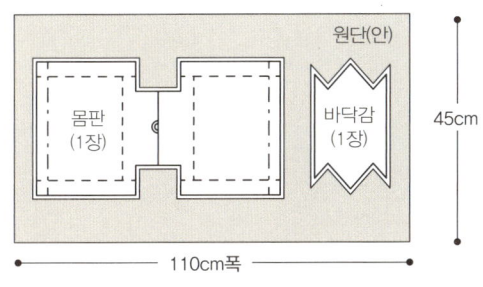

[만드는 순서]

5 몸판에 가죽 핸들과 여밈고리를 단다
3 몸판의 입구를 정리한다
2 몸판의 옆선과 밑단을 봉합한다
1 몸판과 바닥감을 연결한다
4 웨이빙끈을 만들어 몸판에 단다

[만드는 방법]

★치수가 기재되어 있지 않은 곳은 1cm로 봉합합니다.

1 몸판과 바닥감을 연결한다

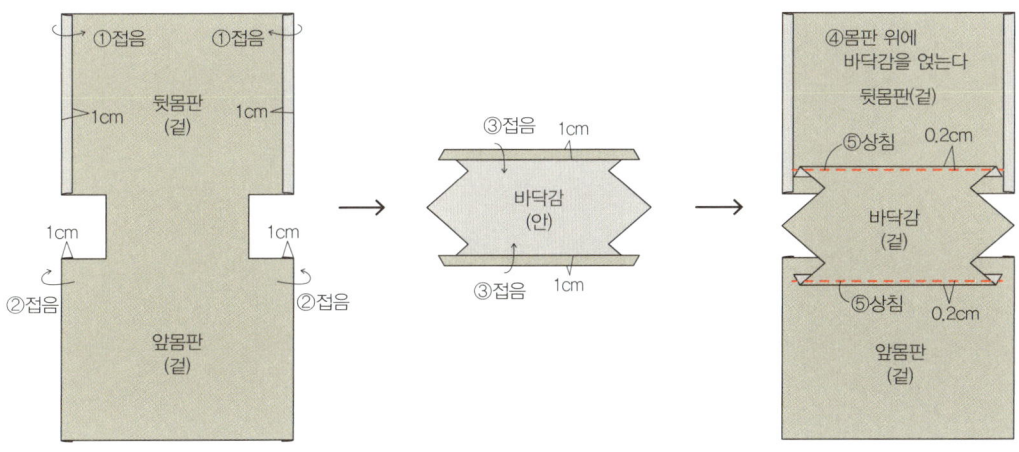

2 몸판의 옆선과 밑단을 봉합한다

3 몸판의 입구를 정리한다

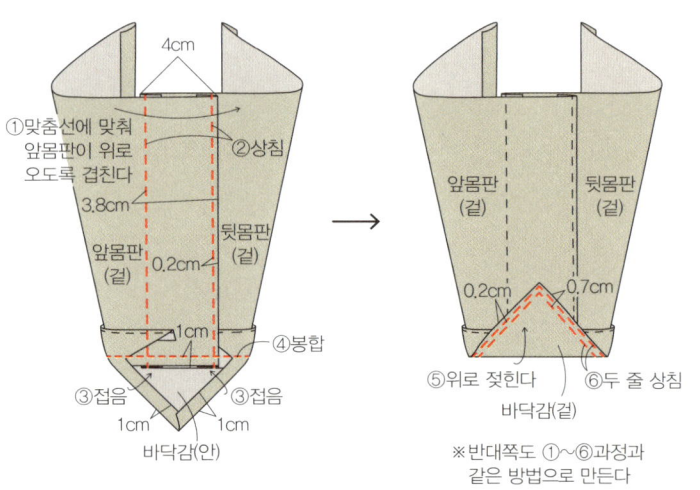
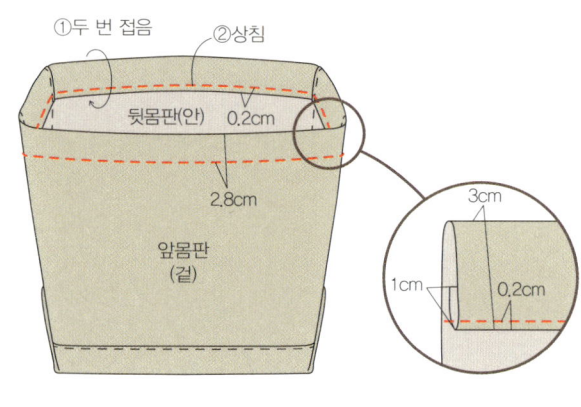

4 웨이빙끈을 만들어 몸판에 단다

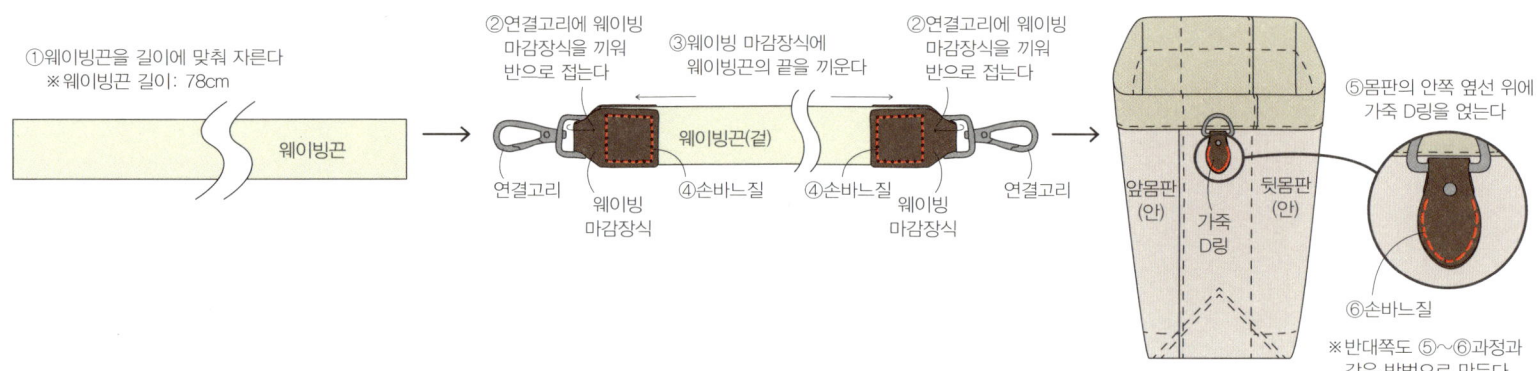

5 몸판에 가죽 핸들과 여밈고리를 단다

finish

c-1 브이넥 블라우스 *photo p.27*

[패턴에 대해서]

※ 패턴: C면

- 사용 패턴: 앞몸판, 뒷몸판, 앞안단, 뒤안단, 소매
- 앞몸판, 뒷몸판 실물크기 패턴에서 앞안단, 뒤안단을 각각 베껴 사용합니다. (P.51 참고)

[재단 배치도]

- 지정 이외의 시접은 1cm.
- 부분에 소잉심지를 붙인다
- 표시된 부분은 지그재그봉제 또는 오버록 처리한다

[재료]

- 겉감 … 112cm폭 x 270cm
- 소잉심지 … 45cm폭 x 45cm

[완성 사이즈]

사이즈 명칭	55	66	77	88
가슴둘레	100.5	105.5	110.5	115.5
옷길이	63	64.5	66.5	68.5
소매길이	27	28	29	30

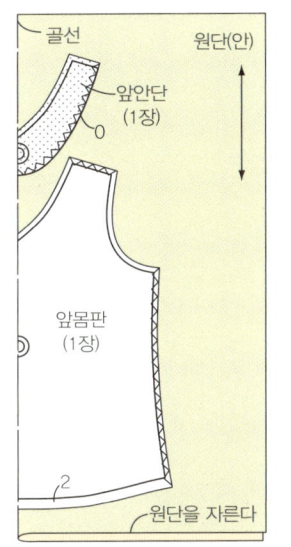
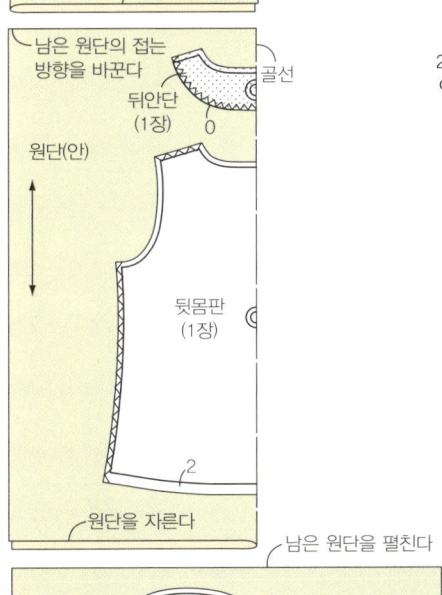
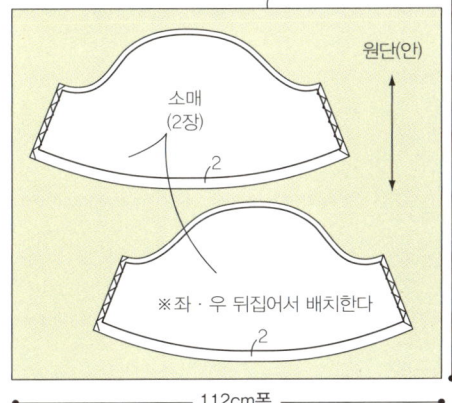

[만드는 순서]

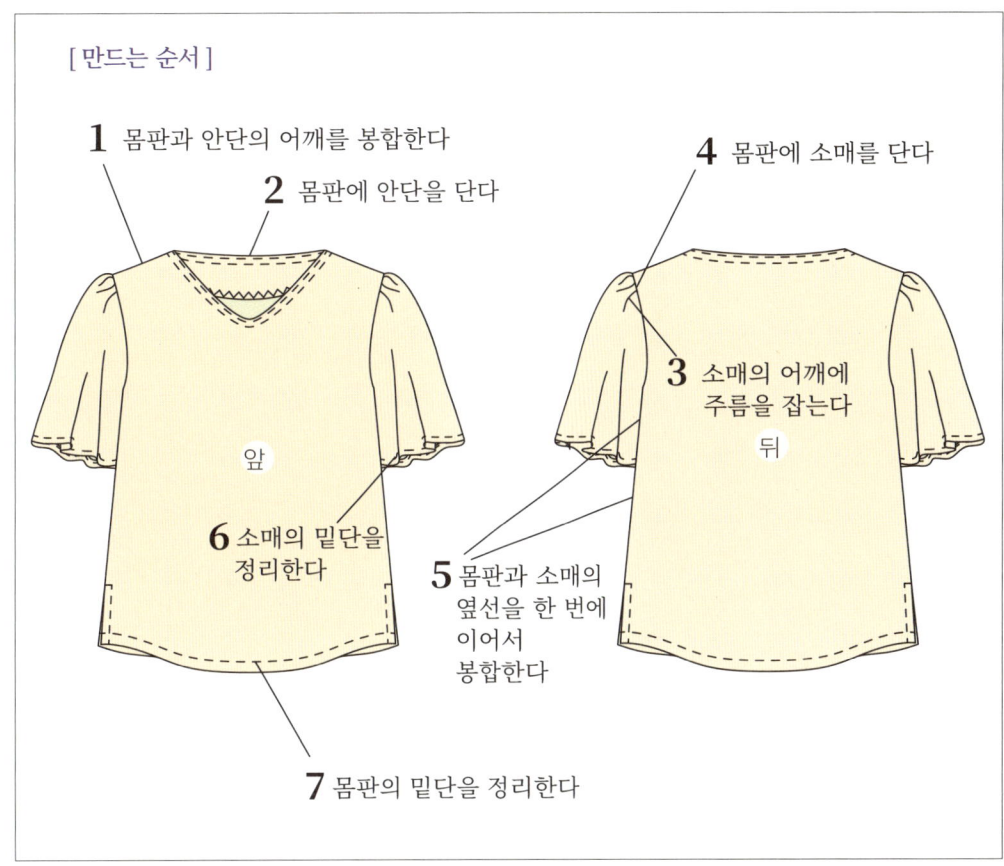

1. 몸판과 안단의 어깨를 봉합한다
2. 몸판에 안단을 단다
3. 소매의 어깨에 주름을 잡는다
4. 몸판에 소매를 단다
5. 몸판과 소매의 옆선을 한 번에 이어서 봉합한다
6. 소매의 밑단을 정리한다
7. 몸판의 밑단을 정리한다

[만드는 방법]

★치수가 기재되어 있지 않은 곳은 1cm로 봉합합니다.

1. 몸판과 안단의 어깨를 봉합한다 (P.89 / 3-①~⑥ 참고)
2. 몸판에 안단을 단다

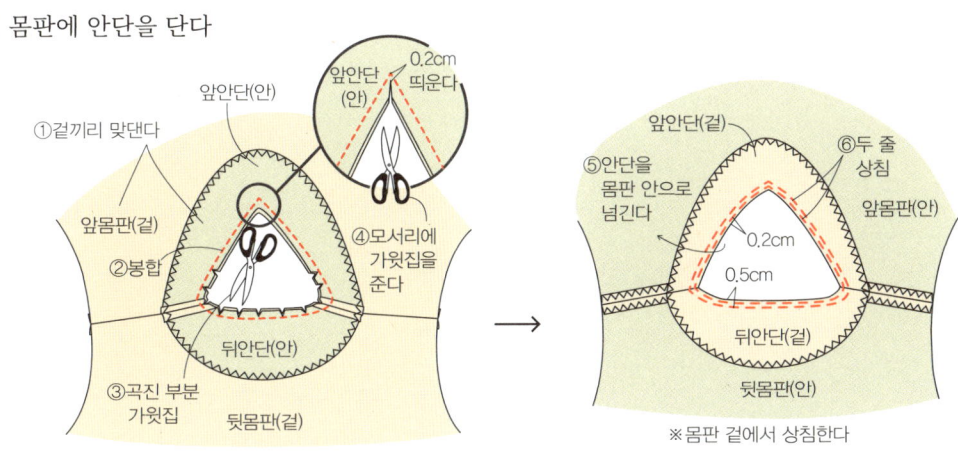

3 소매의 어깨에 주름을 잡는다

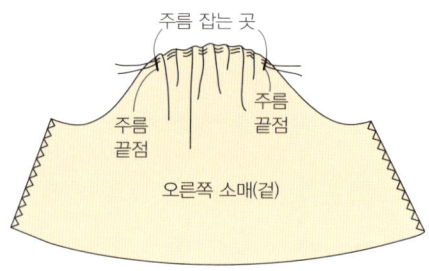

①몸판의 암홀 둘레 길이에 맞춰 주름을 잡는다

※주름 잡는 방법 P.56 참고
※왼쪽 소매도 ①과정과 같은 방법으로 만든다

4 몸판에 소매를 단다 (P.67 / **5**-①~④ 참고)

※봉합 후, 주름 잡기용 실은 제거한다

5 몸판과 소매의 옆선을 한 번에 이어서 봉합한다 (P.85 / **8**-①~④ 참고)

6 소매의 밑단을 정리한다

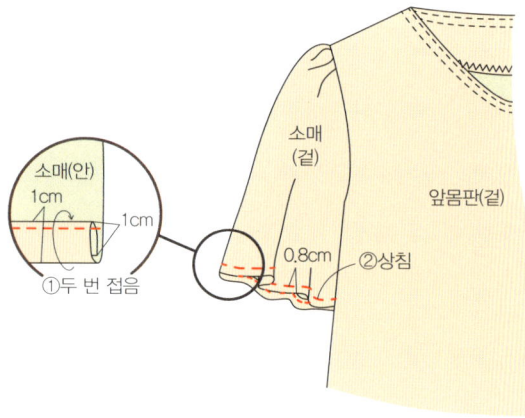

7 몸판의 밑단을 정리한다 (P.71 / **9**-①~② 참고)

< *finish* >

c-2 버클 장식 블라우스 *photo p.28*

[패턴에 대해서]

※ 패턴: C면

- 사용 패턴: 앞몸판, 뒷몸판, 앞안단, 뒤안단, 커프스, 끈감
- 앞몸판, 뒷몸판 실물크기 패턴에서 앞안단, 뒤안단을 각각 베껴 사용합니다. (P.51 참고)
- 앞몸판, 뒷몸판 실물크기 패턴에서 c-2 밑단으로 베껴 사용합니다.

[재료]

- 겉감 … 110cm폭 x 225cm
- 소잉심지 … 110cm폭 x 75cm
- 4cm폭 버클 장식 … 1개

[완성 사이즈]

사이즈 명칭	55	66	77	88
가슴둘레	112.5	116.5	121	125.5
옷길이	66.5	68.5	71	73
소매길이	4	4	4	4

[재단 배치도]

- 지정 이외의 시접은 1cm.
- ▨ 부분에 소잉심지를 붙인다
- ∿ 표시된 부분은 지그재그봉제 또는 오버록 처리한다

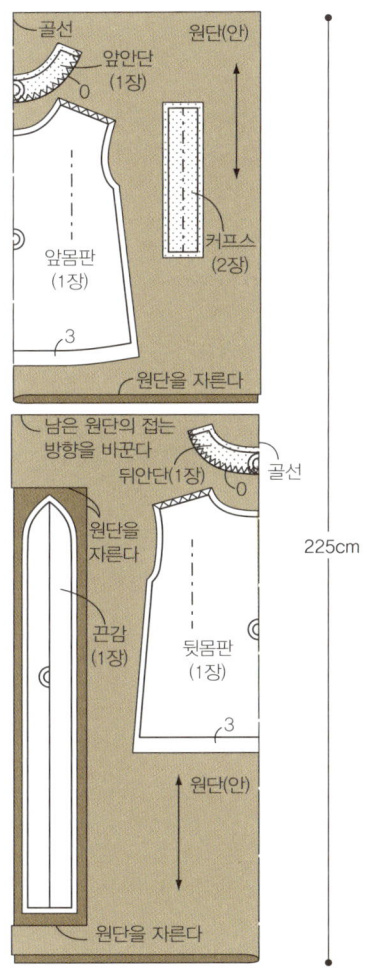

[만드는 방법]

★치수가 기재되어 있지 않은 곳은 1cm로 봉합합니다.

1 몸판에 핀턱을 잡는다

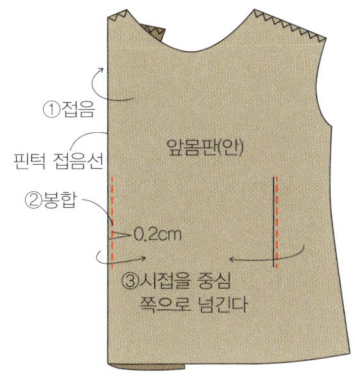

※뒷몸판도 ①~③과정과 같은 방법으로 만든다

2 몸판과 안단의 어깨를 봉합한다

(P.89 / 3-①~⑥ 참고)

3 몸판에 안단을 단다

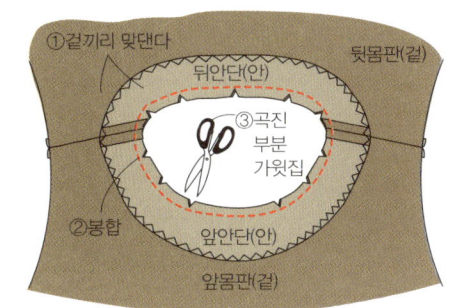

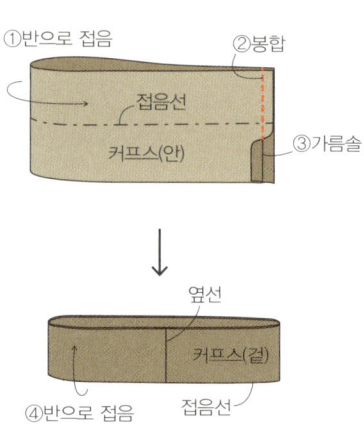
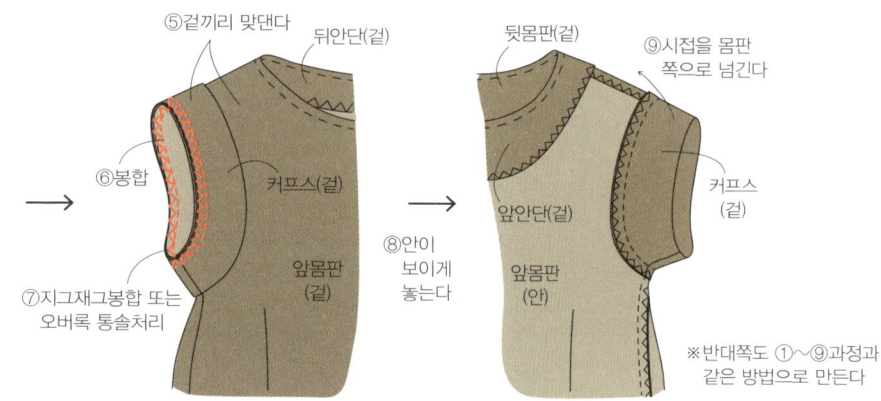
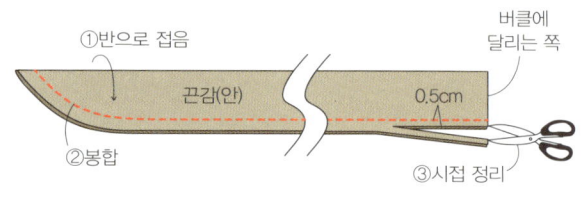
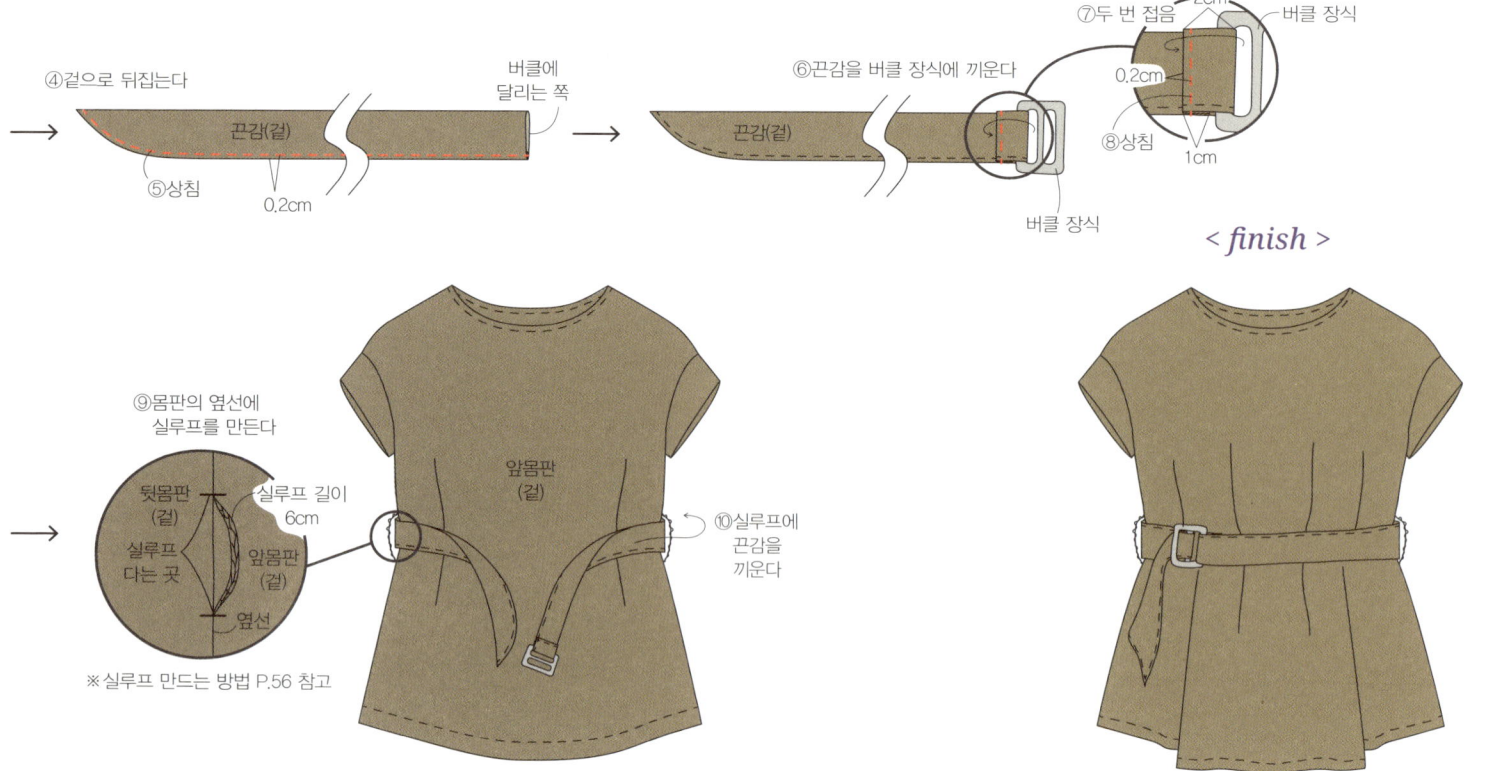

c-3 허리 끈 원피스 *photo p.29*

[패턴에 대해서]

※ 패턴: C면
- 사용 패턴: 앞몸판, 뒷몸판, 앞안단, 뒤안단, 커프스
- 앞몸판, 뒷몸판 실물크기 패턴에서 앞안단, 뒤안단을 각각 베껴 사용합니다. (P.51 참고)
- 앞몸판, 뒷몸판 실물크기 패턴에서 c-3 밑단으로 베껴 사용합니다.

[재료]
- 겉감 ⋯ 110cm폭 × 270cm
- 소잉심지 ⋯ 110cm폭 × 75cm

[완성 사이즈]

사이즈 명칭	55	66	77	88
가슴둘레	112.5	116.5	121	125.5
옷길이	94.5	96.5	99	101
소매길이	4	4	4	4

[재단 배치도]
- 지정 이외의 시접은 1cm.
- ▨ 부분에 소잉심지를 붙인다
- ∿ 표시된 부분은 지그재그봉제 또는 오버록 처리한다
- 끈감은 직접 제도하여 사용합니다

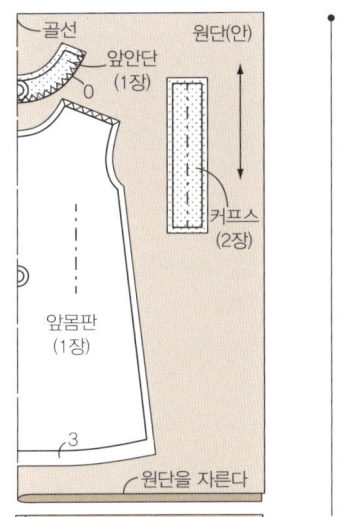

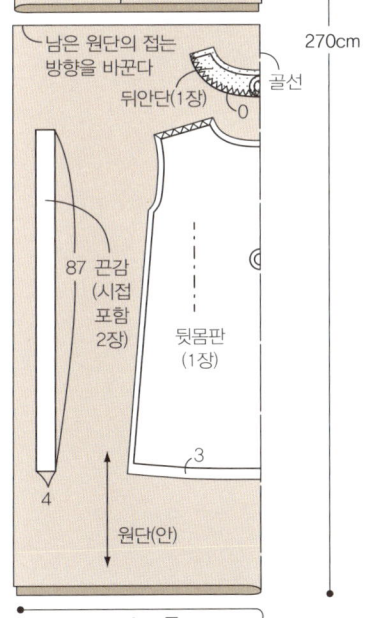

[만드는 순서]
1 몸판에 핀턱을 잡는다
2 몸판과 안단의 어깨를 봉합한다
3 몸판에 안단을 단다
4 몸판의 옆선을 봉합한다
5 커프스를 만들어 몸판에 단다
6 몸판의 밑단을 정리한다
7 끈감을 만들어 몸판에 단다

[만드는 방법]

★ 치수가 기재되어 있지 않은 곳은 1cm로 봉합합니다.

1 몸판에 핀턱을 잡는다 (P.109 / 1-①~③ 참고)
2 몸판과 안단의 어깨를 봉합한다 (P.89 / 3-①~⑥ 참고)
3 몸판에 안단을 단다 (P.109 / 3-①~⑤ 참고)
4 몸판의 옆선을 봉합한다 (P.110 / 4-①~④ 참고)
5 커프스를 만들어 몸판에 단다 (P.110 / 5-①~⑨ 참고)
6 몸판의 밑단을 정리한다 (P.92 / 7-③~④ 참고)
7 끈감을 만들어 몸판에 단다

< *finish* >

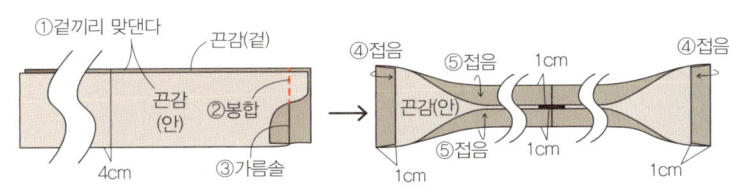

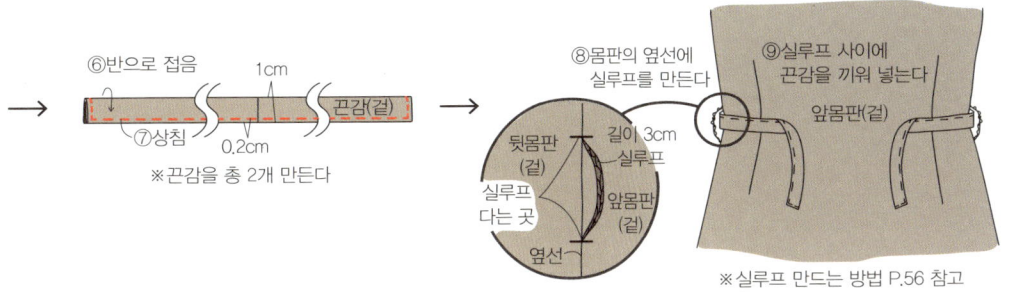

※ 실루프 만드는 방법 P.56 참고

c-4 옆지퍼 팬츠 *photo p.30*

[패턴에 대해서]

※ 패턴: C면

- 사용 패턴: 앞팬츠, 뒤팬츠, 겉허리벨트, 안허리벨트, 뒷주머니
- c-4는 옆선주머니가 없는 디자인이므로, 앞팬츠 실물크기 패턴에서 옆선의 c-4선을 따라 베껴 사용합니다. (P.51 참고)

[재료]

- 겉감 … 145cm폭 x 225cm
- 소잉심지 … 55cm폭 x 135cm
- 1.8cm폭 지퍼전용 접착테이프 심지 … 1팩
- 60cm길이 콘실지퍼 … 1개

[완성 사이즈]

사이즈 명칭	55	66	77	88
허리둘레	75	80	85	90
옷길이	101	103	105	107

[재단 배치도]

- 지정 이외의 시접은 1cm.
- ▨ 부분에 소잉심지를 붙인다
- ▨ 부분에 지퍼테이프 심지를 붙인다
- ⌇ 표시된 부분은 지그재그봉제 또는 오버록 처리한다

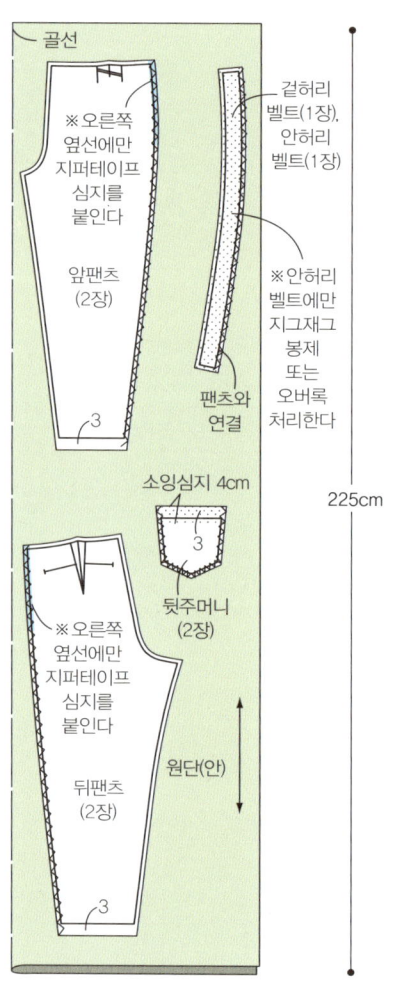

[만드는 순서]

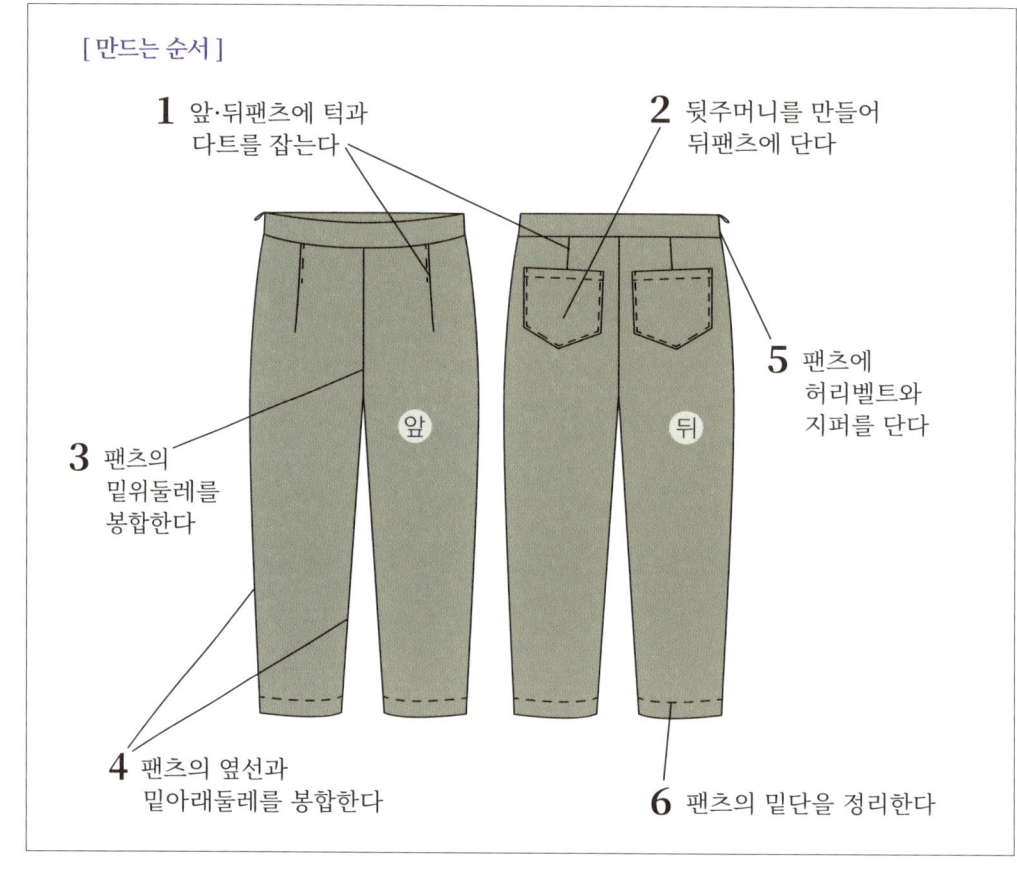

1. 앞·뒤팬츠에 턱과 다트를 잡는다
2. 뒷주머니를 만들어 뒤팬츠에 단다
3. 팬츠의 밑위둘레를 봉합한다
4. 팬츠의 옆선과 밑아래둘레를 봉합한다
5. 팬츠에 허리벨트와 지퍼를 단다
6. 팬츠의 밑단을 정리한다

[만드는 방법]

★치수가 기재되어 있지 않은 곳은 1cm로 봉합합니다.

1 앞·뒤팬츠에 턱과 다트를 잡는다

①패턴을 참고하여 턱을 잡는다
②상침
0.2cm
오른쪽 앞팬츠(겉)

→

③패턴을 참고하여 다트를 봉합한다
④시접을 중심쪽으로 넘긴다
오른쪽 뒤팬츠(안)

※턱 잡는 방법 P.56 참고
※왼쪽 앞팬츠도 ①~②과정과 같은 방법으로 만든다
※왼쪽 뒤팬츠도 ③~④과정과 같은 방법으로 만든다

2 뒷주머니를 만들어 뒤팬츠에 단다

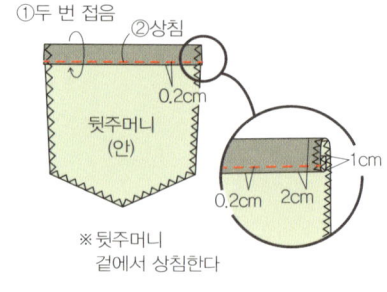

①두 번 접음
②상침
0.2cm
뒷주머니(안)
1cm
0.2cm
2cm

※뒷주머니 겉에서 상침한다

c-4 옆지퍼 팬츠

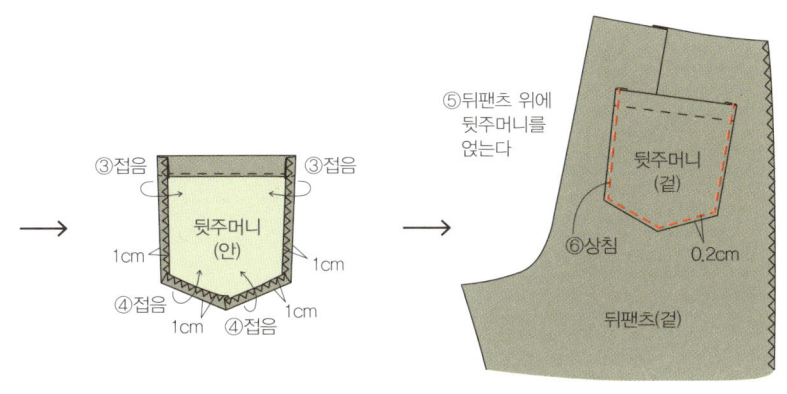

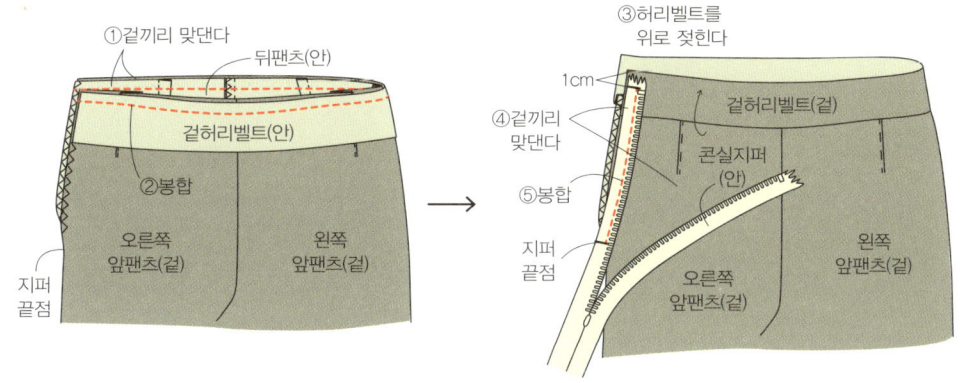

3 팬츠의 밑위둘레를 봉합한다
(P.78 / 3-①~④ 참고)

4 팬츠의 옆선과 밑아래둘레를 봉합한다

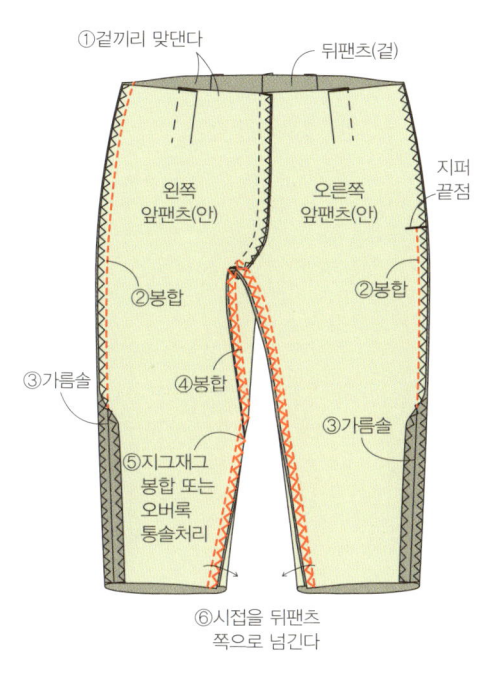

5 팬츠에 허리벨트와 지퍼를 단다

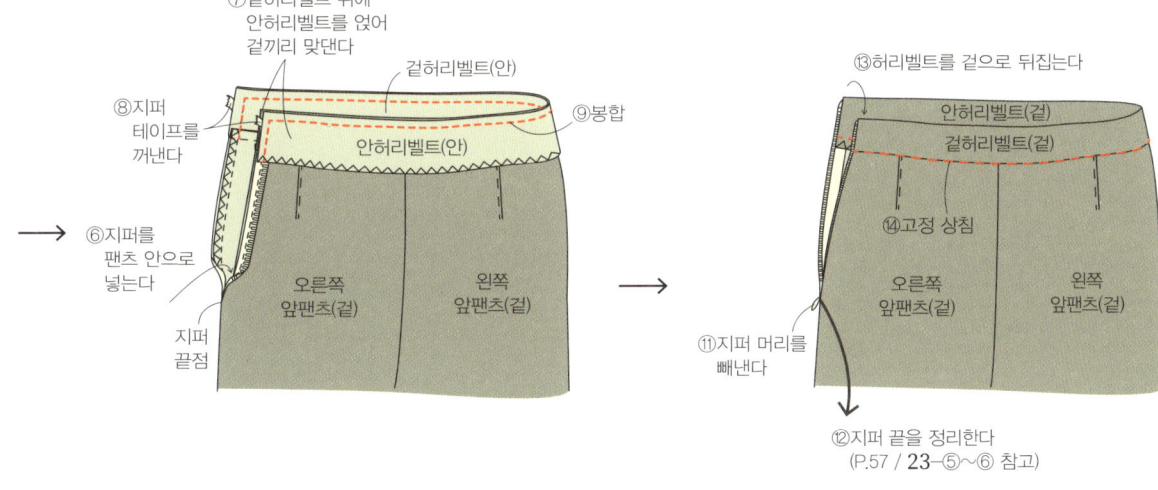

< finish >

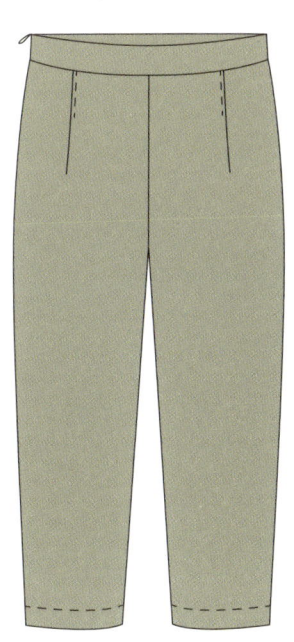

6 팬츠의 밑단을 정리한다 (P.79 / 6-①~② 참고)

c-5 앞단추 팬츠 *photo p.31*

[패턴에 대해서]

※ 패턴: C면

- 사용 패턴: 왼쪽 앞팬츠, 오른쪽 앞팬츠, 뒤팬츠, 오른쪽 플라이, 겉허리벨트, 안허리벨트, 손등감, 손바닥감, 뒷주머니
- 앞팬츠 실물크기 패턴에서 c-5 왼쪽 앞팬츠, 오른쪽 앞팬츠를 각각 베껴 사용합니다. (P.51 참고)
- c-5는 옆선주머니가 있는 디자인이므로, 앞팬츠 실물크기 패턴에서 주머니 입구의 c-5선을 따라 베껴 사용합니다. (P.51 참고)

[재료]

- 겉감 … 140cm폭 × 225cm
- 소잉심지 … 55cm폭 × 135cm
- 1.2cm폭 소잉테이프 심지 … 1팩
- 1.8cm폭 단추 … 1개
- 23cm길이 바지 지퍼 … 1개

[완성 사이즈]

사이즈 명칭	55	66	77	88
허리둘레	75	80	85	90
옷길이	101	103	105	107

[재단 배치도]

- 지정 이외의 시접은 1cm.
- ▓ 부분에 소잉심지를 붙인다
- ▧ 부분에 소잉테이프 심지를 붙인다
- ⌇ 표시된 부분은 지그재그봉제 또는 오버록 처리한다
- 벨트고리감은 직접 제도하여 사용합니다

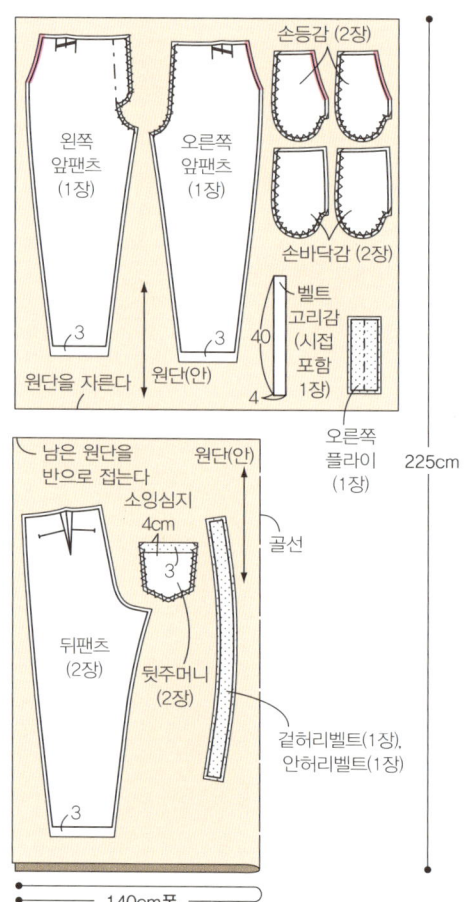

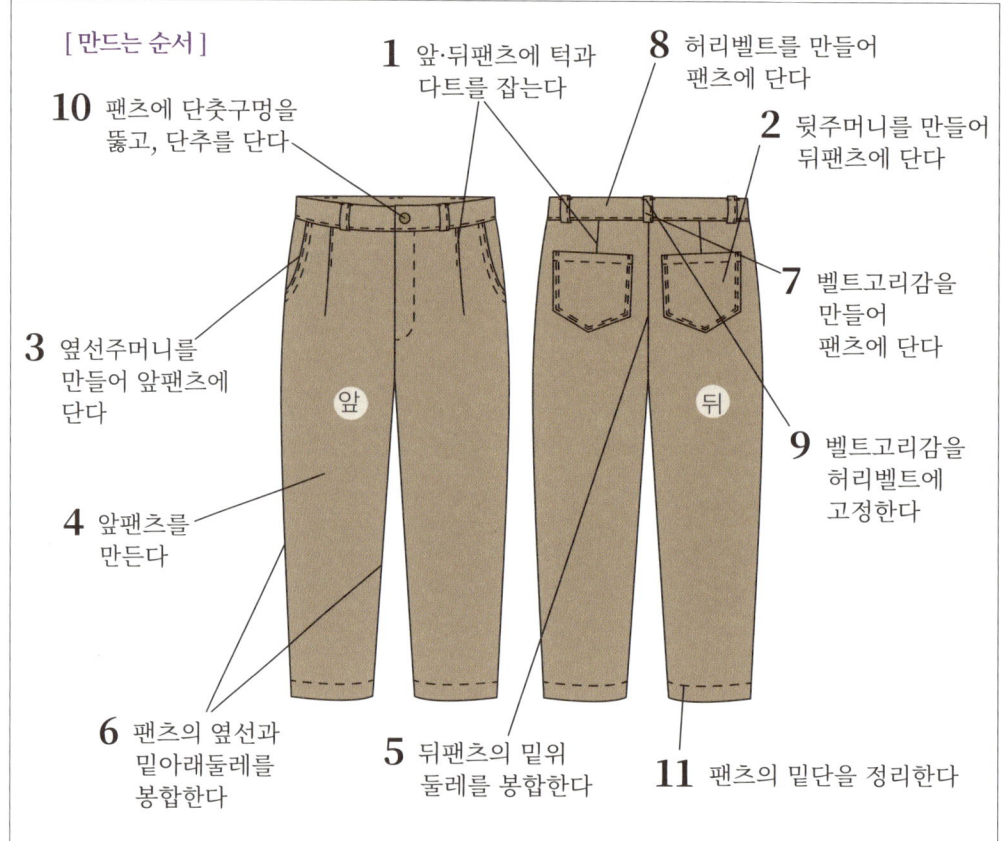

[만드는 방법]

★치수가 기재되어 있지 않은 곳은 1cm로 봉합합니다.

1 앞·뒤팬츠에 턱과 다트를 잡는다 (P.112 / 1-①~④ 참고)

2 뒷주머니를 만들어 뒤팬츠에 단다

3 옆선주머니를 만들어 앞팬츠에 단다

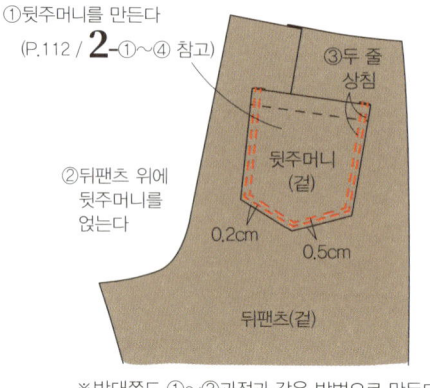

※ 반대쪽도 ①~③과정과 같은 방법으로 만든다

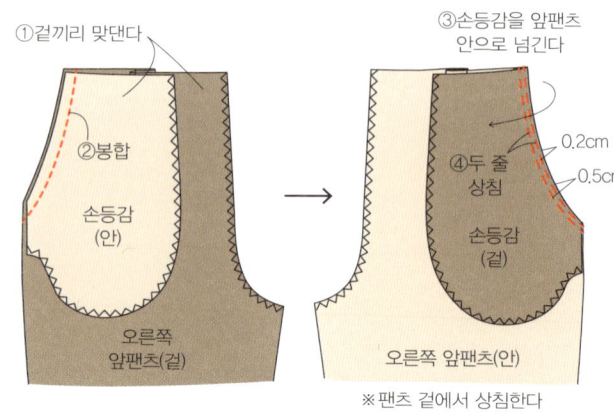

※ 팬츠 겉에서 상침한다

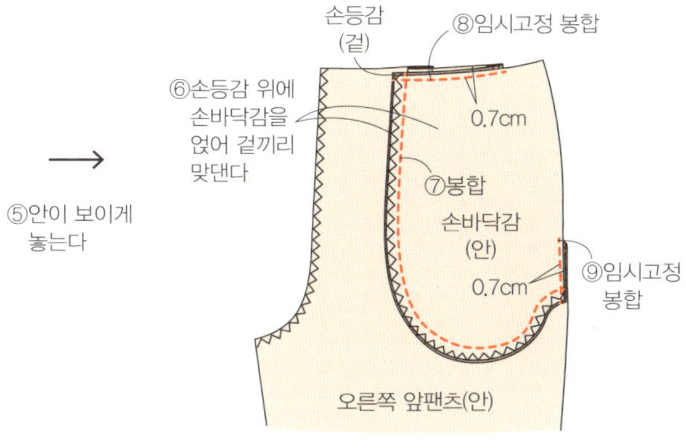

※ 왼쪽 앞팬츠도 ①~⑨과정과
같은 방법으로 만든다

4 앞팬츠를 만든다

※지퍼를 잠근 상태에서 상침한다

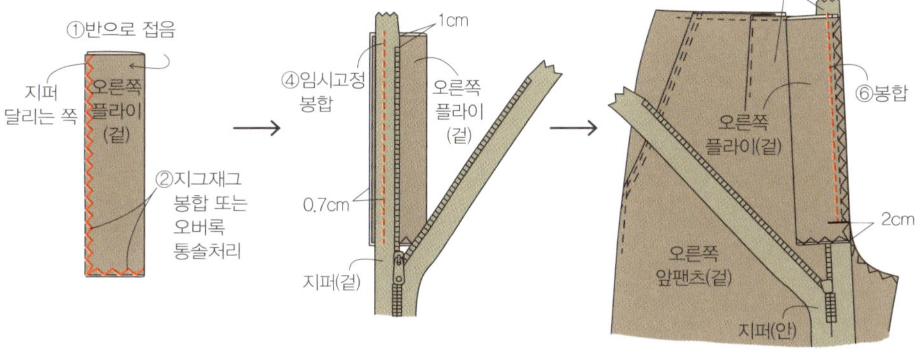

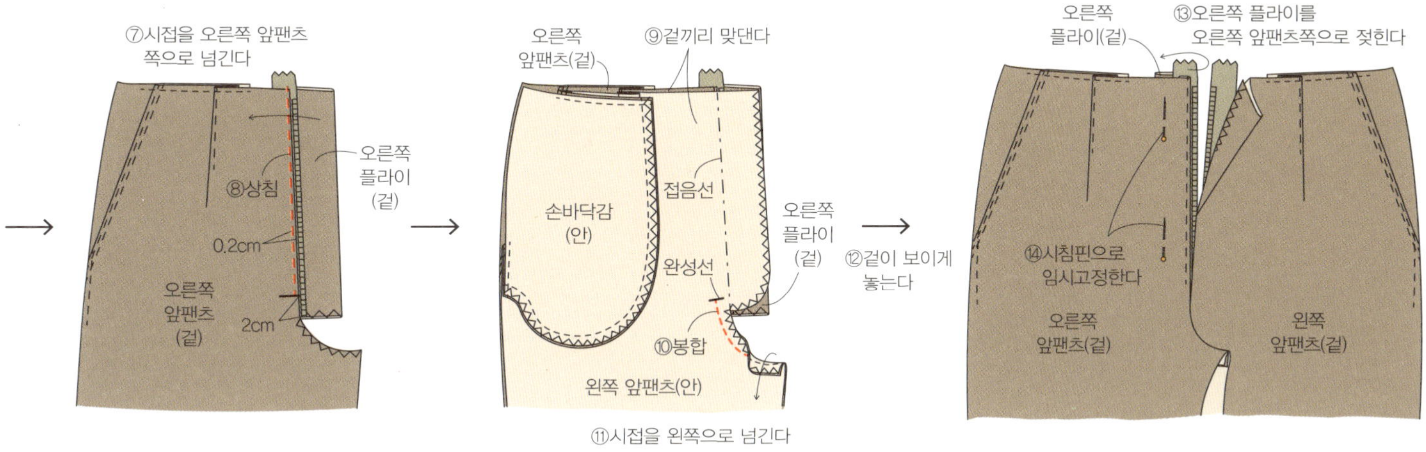

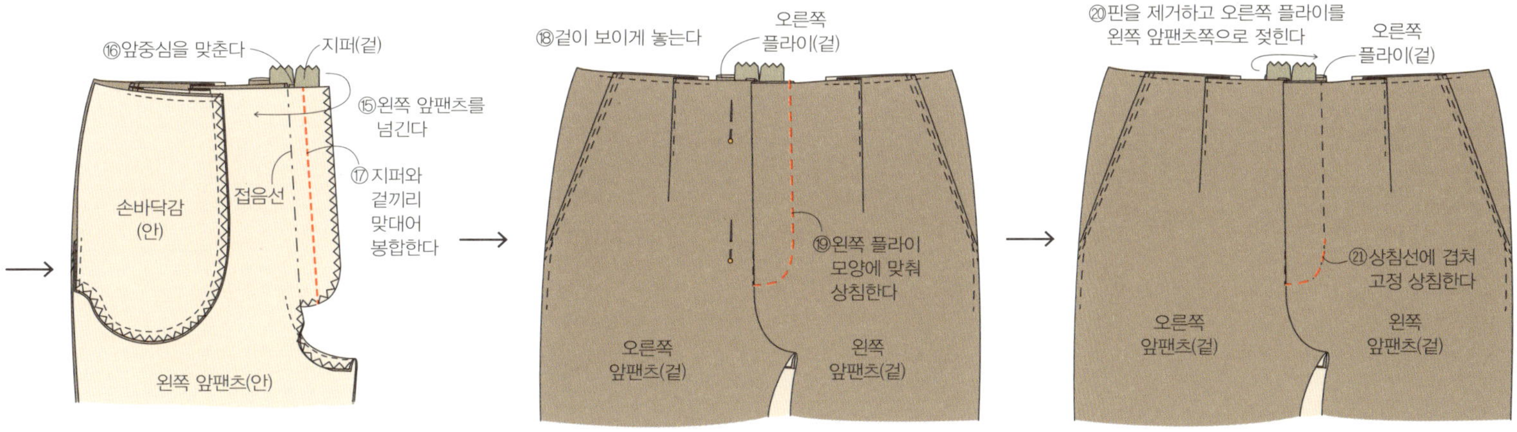

5 뒤팬츠의 밑위둘레를 봉합한다

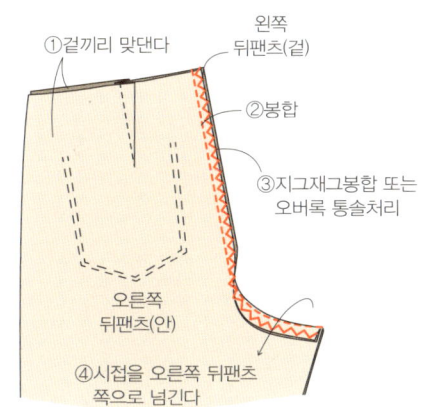

6 팬츠의 옆선과 밑아래둘레를 봉합한다 (P.78 / 4-①~⑦ 참고)

7 벨트고리감을 만들어 팬츠에 단다

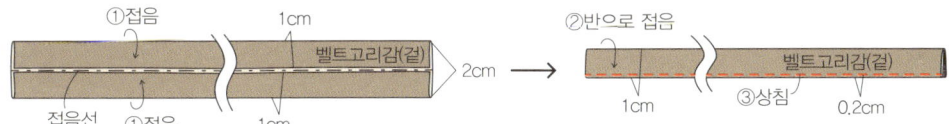

c-5 앞단추 팬츠

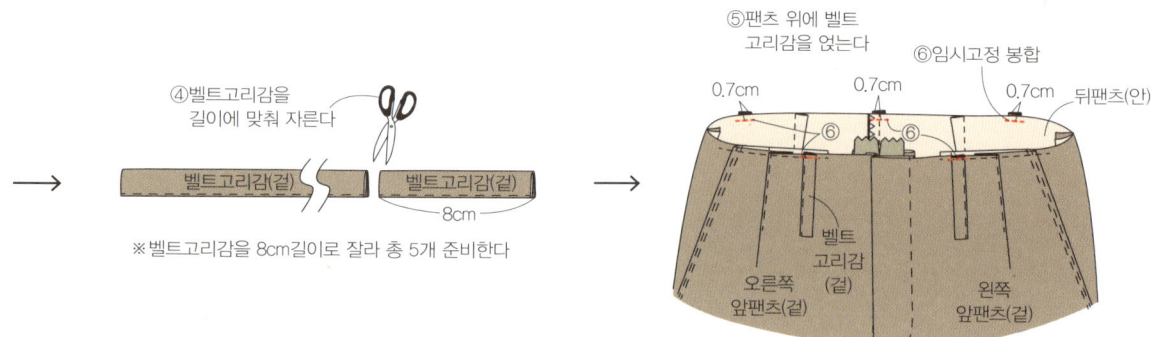

8 허리벨트를 만들어 팬츠에 단다

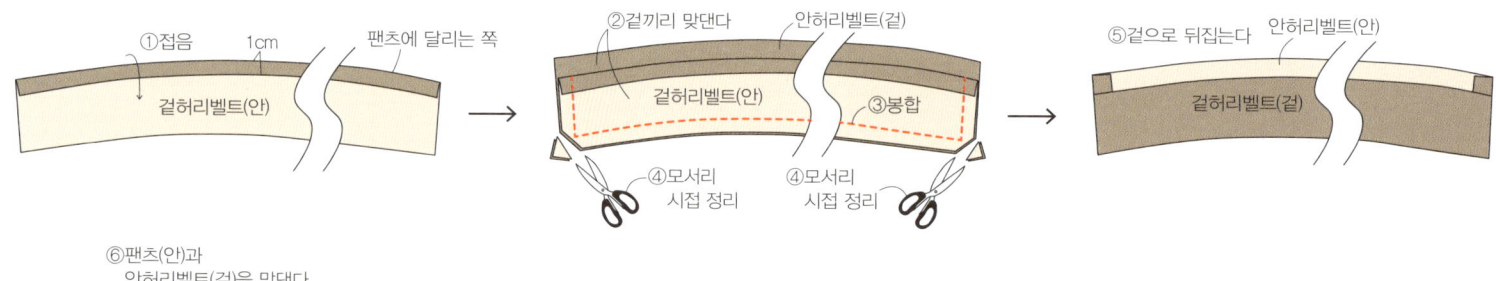

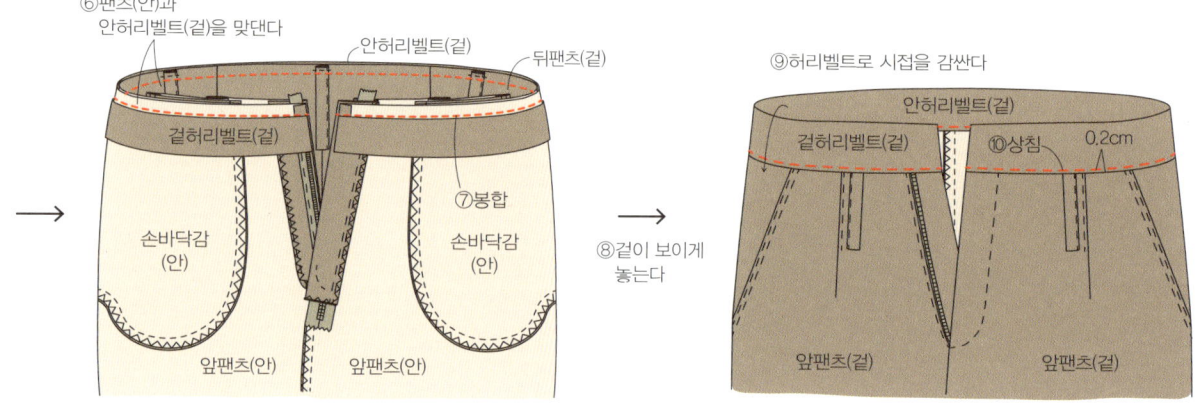

9 벨트고리감을 허리벨트에 고정한다

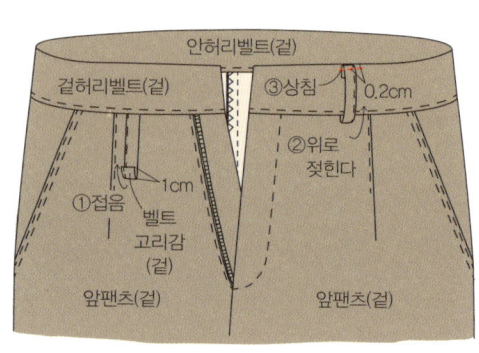

※나머지 벨트고리감도 ①~③ 과정과 같은 방법으로 만든다

10 팬츠에 단춧구멍을 뚫고, 단추를 단다

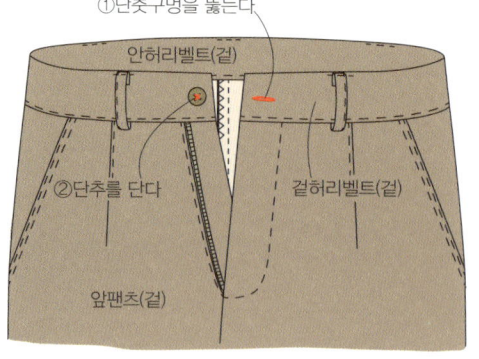

11 팬츠의 밑단을 정리한다
(P.79 / 6-①~② 참고)

< finish >

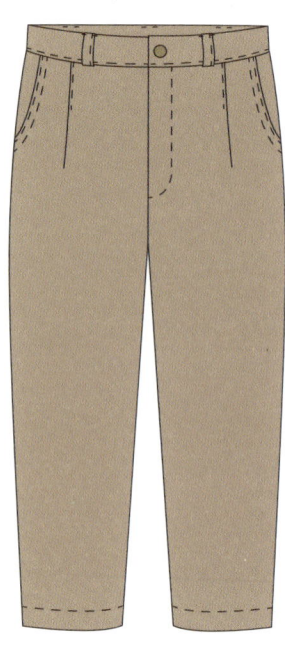

c-6 페플럼 스커트 *photo p.32*

[패턴에 대해서]

※ 패턴: C면
- 사용 패턴: 앞스커트, 뒷스커트, 앞페플럼, 뒤페플럼, 앞허리벨트, 뒤허리벨트

[재료]

- 겉감 … 140cm폭 x 225cm
- 소잉심지 … 25cm폭 x 55cm
- 1.8cm폭 지퍼전용 접착테이프 심지 … 1팩
- 25cm길이 콘실 지퍼 … 1개

[완성 사이즈]

사이즈 명칭	55	66	77	88
허리둘레	74	80	86	92
옷길이	83.5	85	86.5	88

[재단 배치도]

- 지정 이외의 시접은 1cm.
- ▨ 부분에 소잉심지를 붙인다
- ▨ 부분에 지퍼테이프 심지를 붙인다
- ∿ 표시된 부분은 지그재그봉제 또는 오버록 처리한다

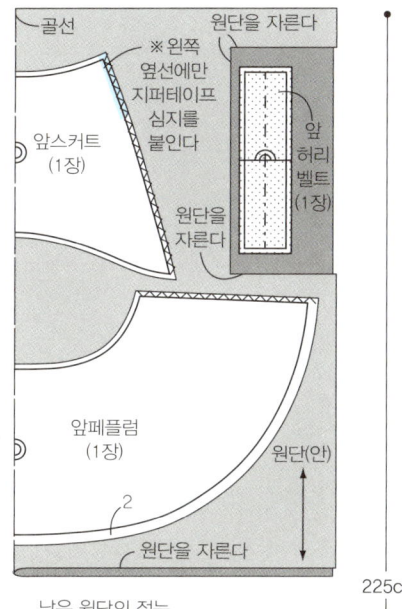

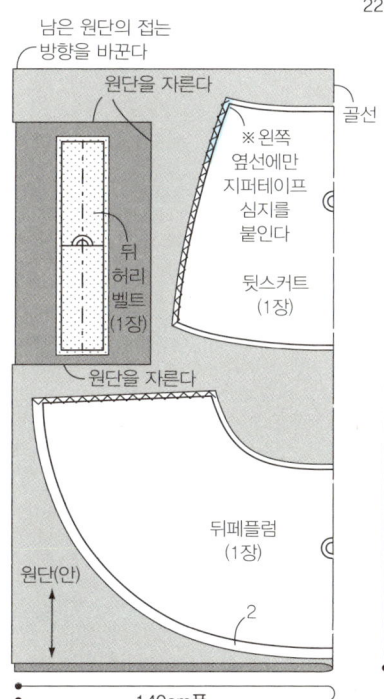

[만드는 순서]

1. 스커트의 옆선을 봉합한다
2. 스커트에 허리벨트와 지퍼를 단다
3. 페플럼을 만들어 스커트에 단다

[만드는 방법]

★치수가 기재되어 있지 않은 곳은 1cm로 봉합합니다.

1 스커트의 옆선을 봉합한다

2 스커트에 허리벨트와 지퍼를 단다

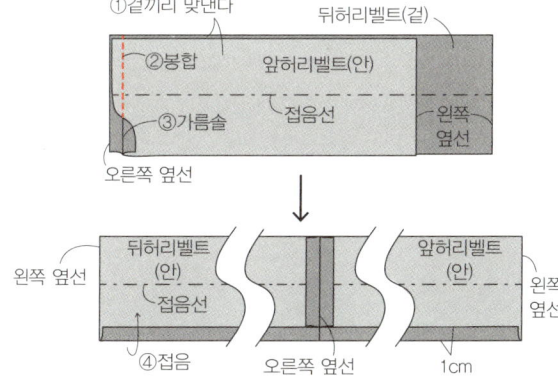

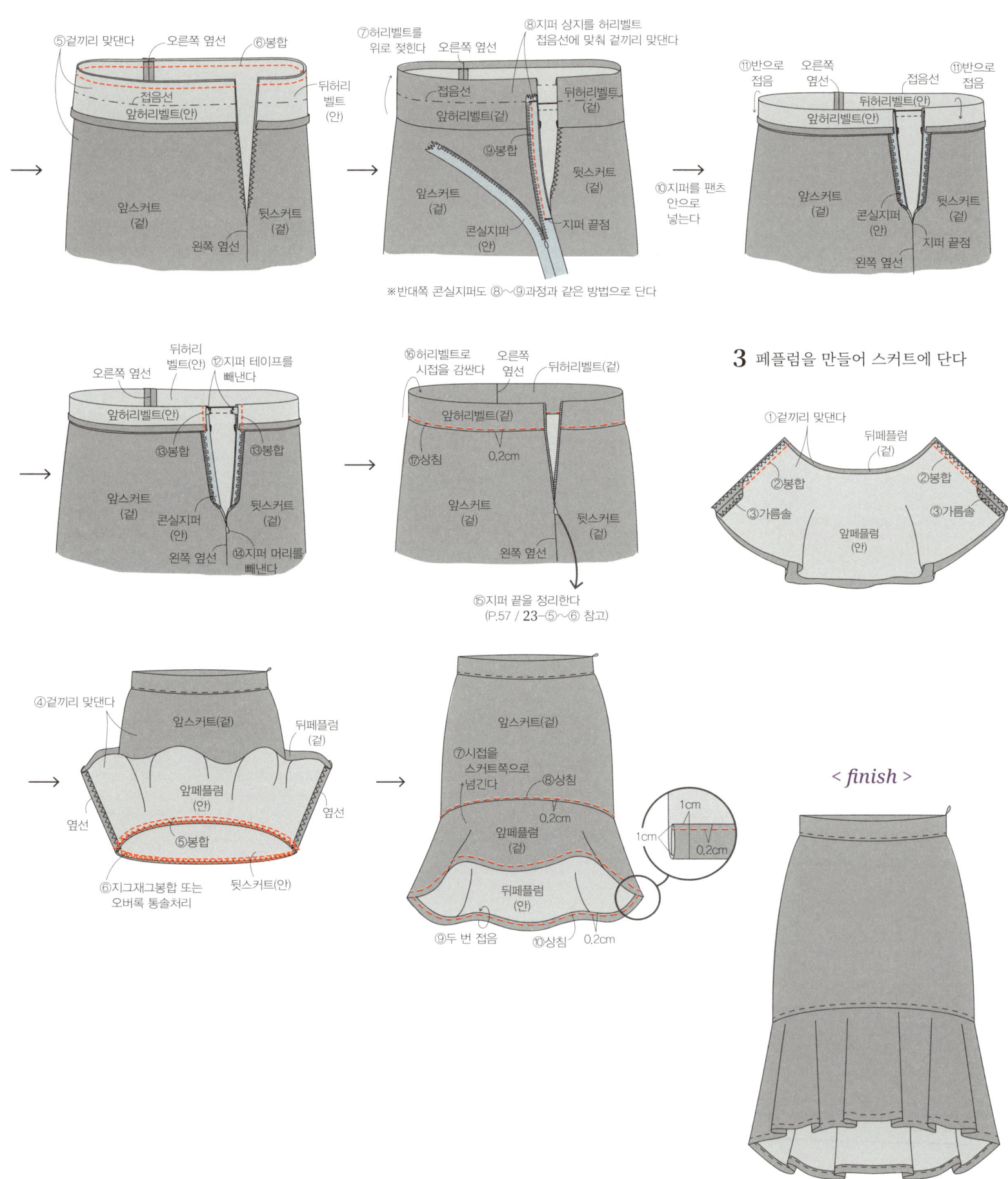

c-7 노 칼라 재킷 *photo p.33*

[패턴에 대해서]

※ 패턴: C면

- 사용 패턴: 앞몸판, 뒷몸판, 옆몸판, 주머니, 뚜껑감, 입술 주머니감, 앞안단, 뒤안단, 큰소매, 작은소매
- 뒷몸판 실물크기 패턴에서 뒤안단을 각각 베껴 사용합니다. (P.51 참고)

[재료]

- 겉감 … 150cm폭 x 270cm
- 주머니감 … 110cm폭 x 45cm
- 소잉심지 … 80cm폭 x 90cm
- 2.1cm폭 단추 … 3개

[완성 사이즈]

사이즈 명칭	55	66	77	88
가슴둘레	95.5	99.5	103	107
옷길이	71.5	74	76.5	78.5
소매길이	60	61.5	63	64

[재단 배치도]

- 지정 이외의 시접은 1cm.
- ▨ 부분에 소잉심지를 붙인다
- ∿ 표시된 부분은 지그재그봉제 또는 오버록 처리한다

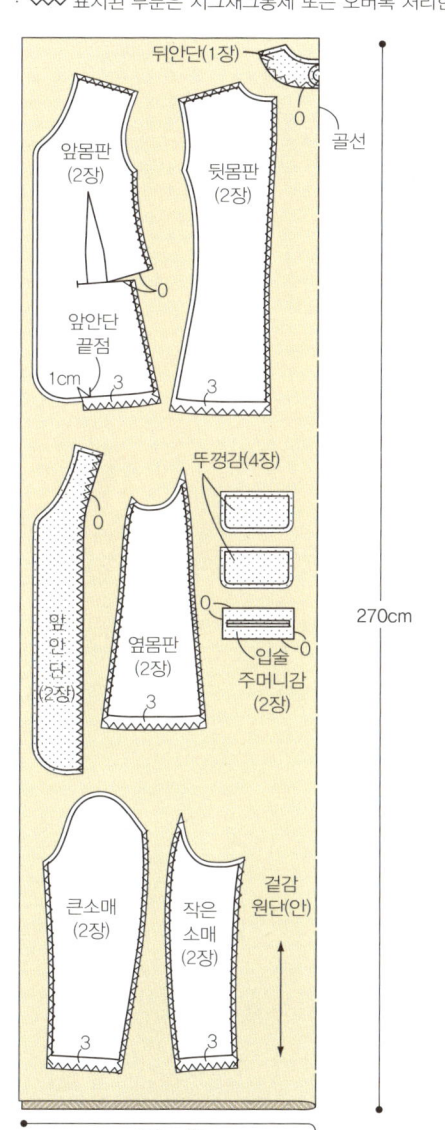

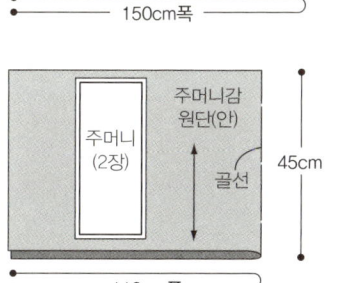

[만드는 순서]

1. 앞몸판에 다트를 잡는다
2. 앞·옆몸판을 연결한다
3. 뚜껑감을 만든다
4. 몸판에 입술포켓 주머니를 단다
5. 뒷몸판을 만들고 옆몸판과 연결한다
6. 몸판과 안단의 어깨를 봉합한다
7. 몸판에 안단을 단다
8. 소매를 만들어 몸판에 단다
9. 몸판과 소매의 밑단을 정리한다
10. 몸판에 단춧구멍을 뚫고, 단추를 단다

[만드는 방법]

★치수가 기재되어 있지 않은 곳은 1cm로 봉합합니다.

1 앞몸판에 다트를 잡는다

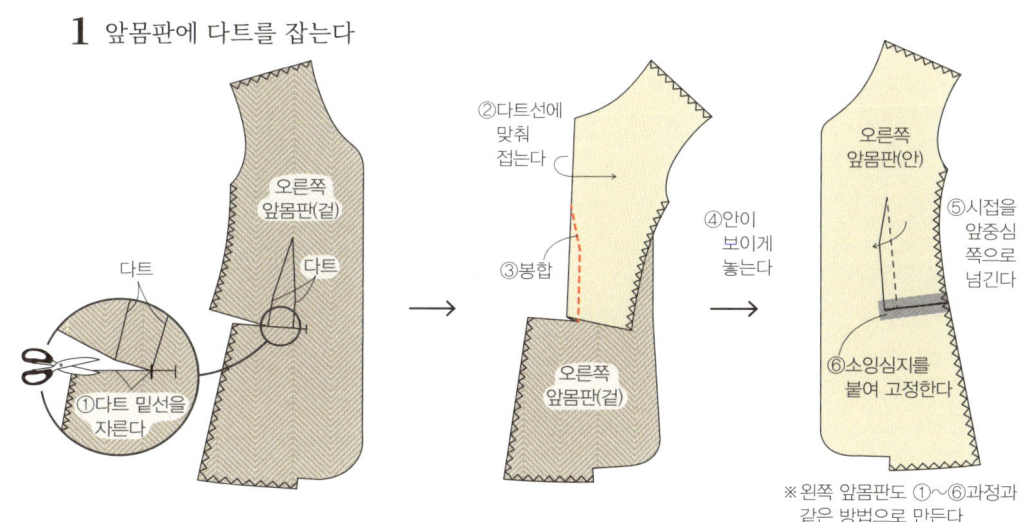

※왼쪽 앞몸판도 ①~⑥과정과 같은 방법으로 만든다

c-7 노 칼라 재킷

2 앞·옆몸판을 연결한다

3 뚜껑감을 만든다

4 몸판에 입술포켓 주머니를 단다

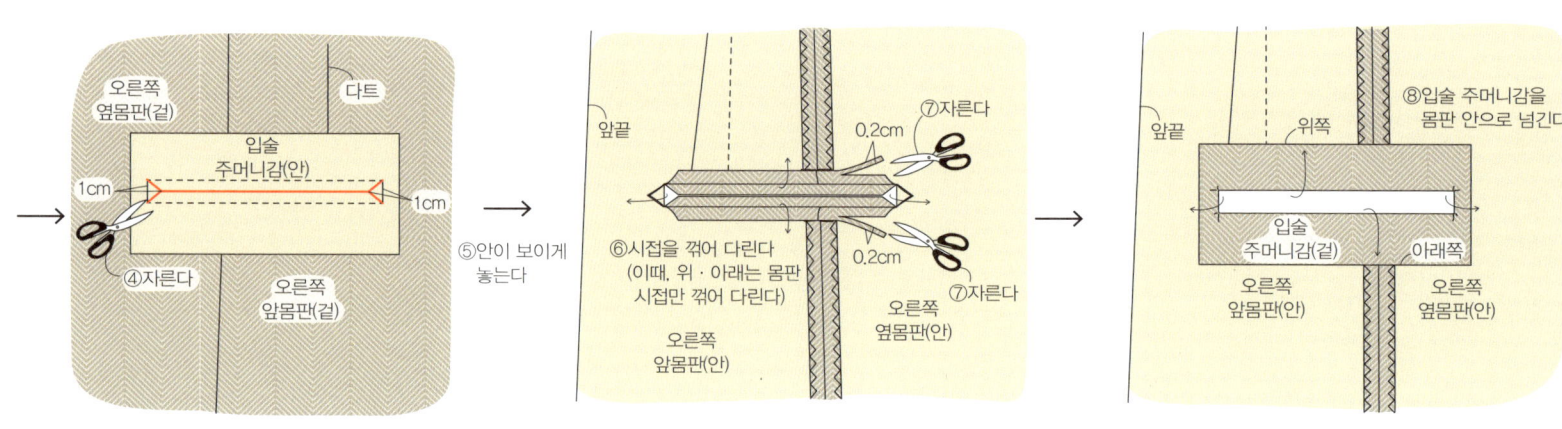

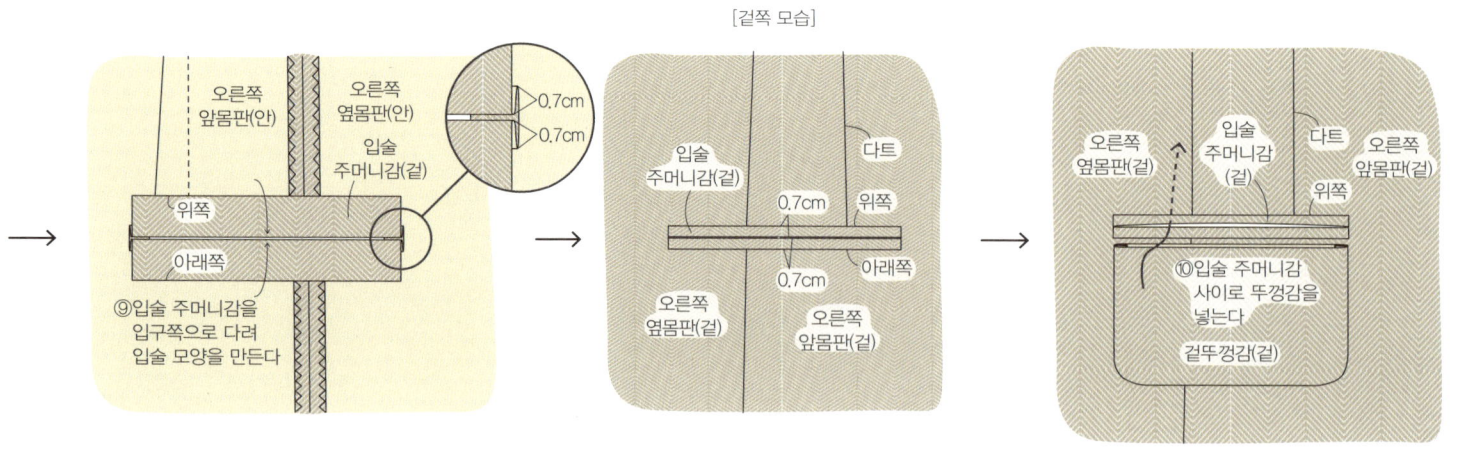

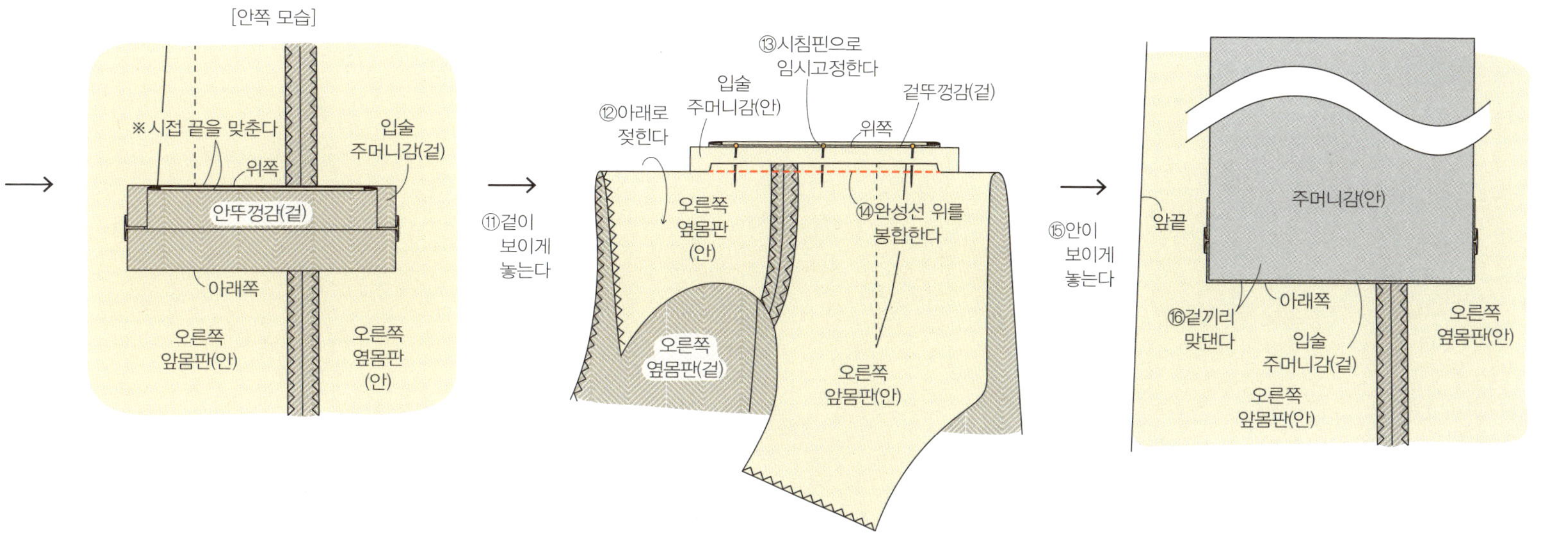

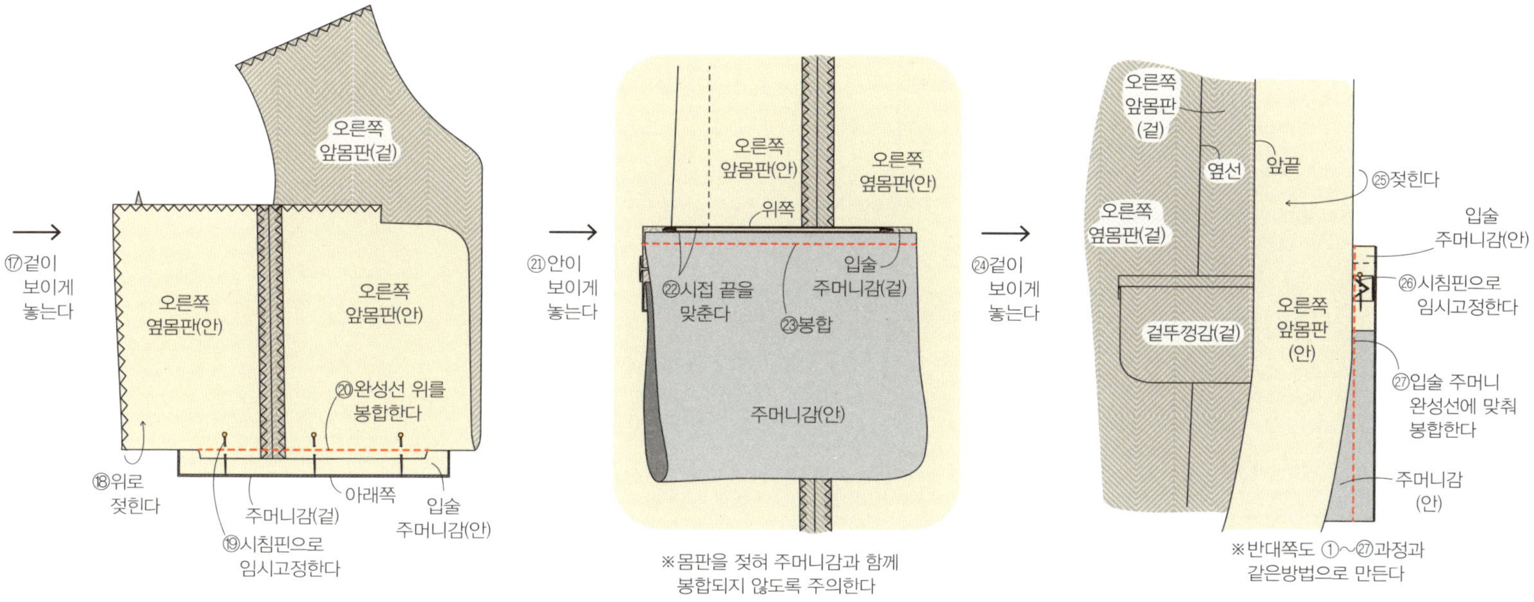

c-7 노 칼라 재킷

5 뒷몸판을 만들고 옆몸판과 연결한다

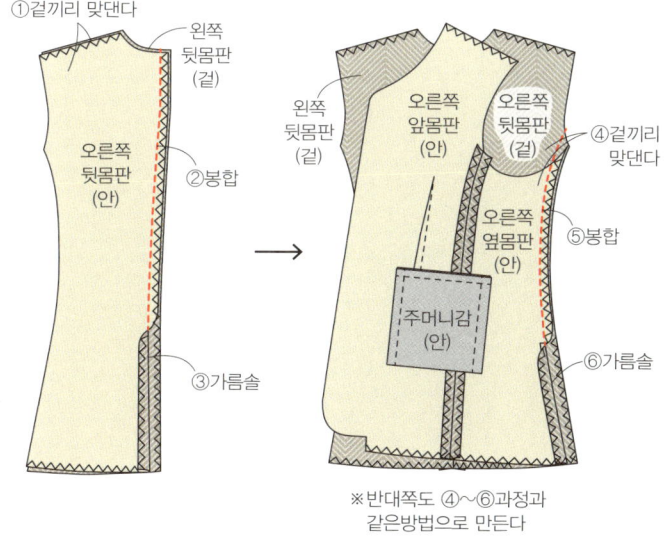

6 몸판과 안단의 어깨를 봉합한다 (P.89 / 3-①~⑥ 참고)

7 몸판에 안단을 단다

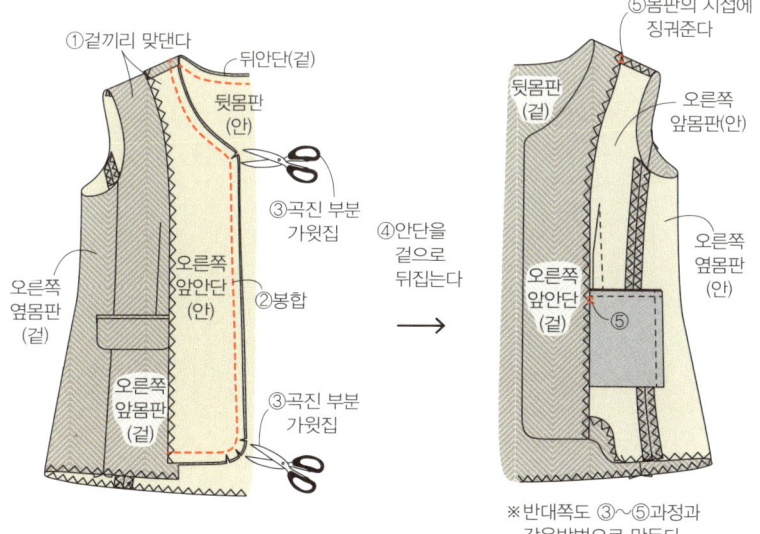

8 소매를 만들어 몸판에 단다

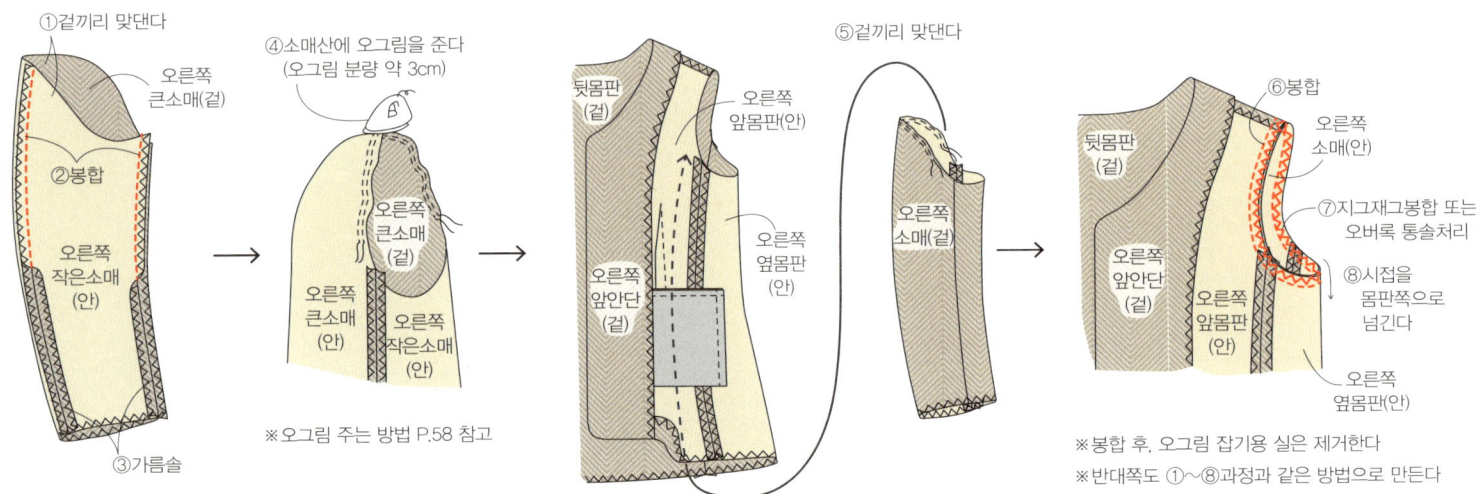

9 몸판과 소매의 밑단을 정리한다

10 몸판에 단춧구멍을 뚫고, 단추를 단다

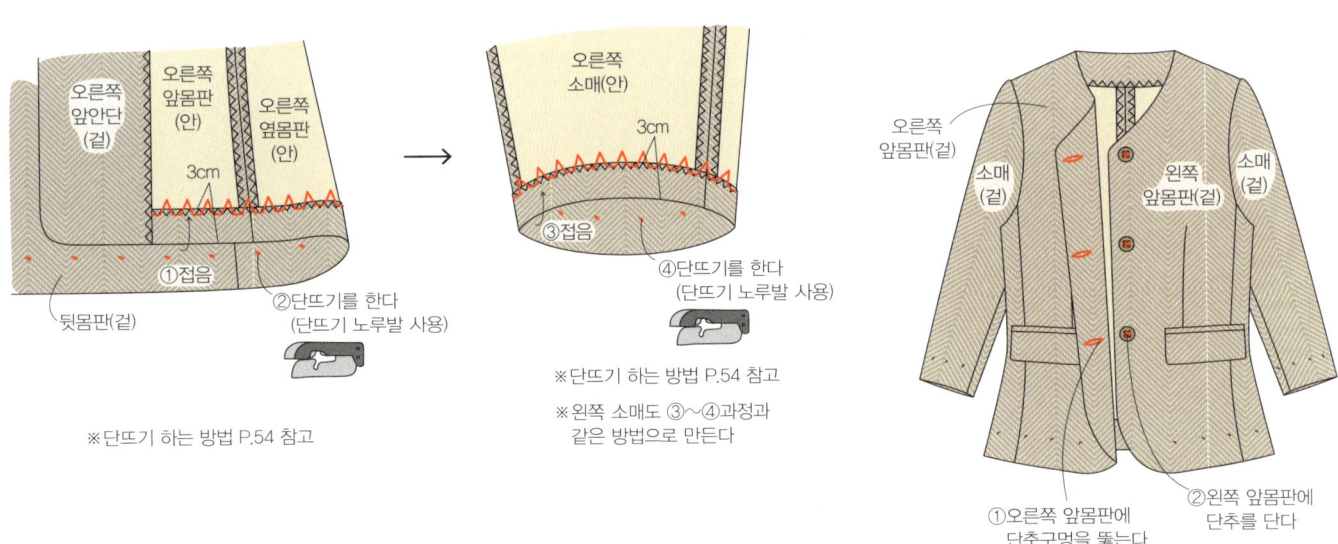

< *finish* >

c-8 숄더백 photo p.34

[패턴에 대해서]

※패턴: A면, C면
- 사용 패턴: 겉몸판, 겉옆판, 겉뚜껑감, 지퍼 주머니, 안몸판, 안옆판, 안뚜껑감, 안주머니
- A면에서 a-8/c-8 지퍼 주머니는 공통으로 사용합니다.

[재단 배치도]

- 지정 이외의 시접은 1cm.
- ▨ 부분에 소잉심지를 붙인다
- ∿∿ 표시된 부분은 지그재그봉제 또는 오버록 처리한다
- 안주머니감은 직접 제도하여 사용합니다.
- 소품은 원단의 식서 방향에 상관없이 재단이 가능합니다

[재료]

- 겉감 … 140cm폭 x 90cm
- 안감 … 110cm폭 x 90cm
- 소잉심지 … 30cm폭 x 30cm
- 가방심지 … 110cm폭 x 90cm
- 소프트 보강심지 … 110cm폭 x 90cm
- 양면 멜트심지 … 110cm폭 x 90cm
- 2.5cm폭 솜고정용 접착테이프 심지 … 1팩
- 1.8cm폭 자석단추 … 1쌍
- 15cm길이 지퍼 … 1개
- 0.6cm폭 양면징 … 6개
- 1.4cm폭 투웨이 가죽 핸들 … 1개
- 0.7cm폭 가죽라벨 … 5개

[완성 사이즈]

- One size 22cm×26cm

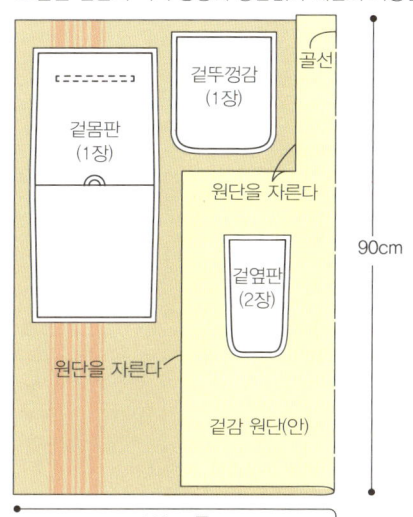

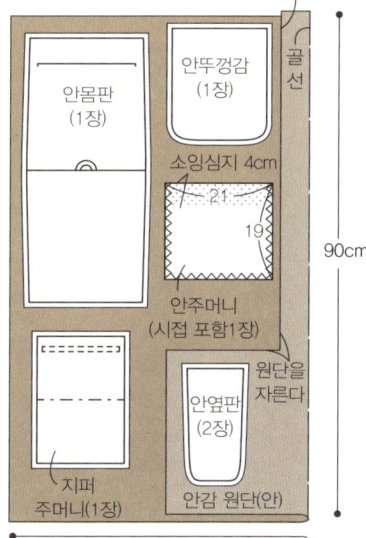

[심지 재단 · 부착]

※P.60을 참고하여 심지 작업을 한다
①소잉심지
- 지퍼 주머니감(1장)을 재단하여 붙인다
②가방심지
- 겉몸판(1장), 겉옆판(2장), 겉뚜껑감(1장), 안몸판(1장), 안옆판(2장), 안뚜껑감(1장)을 재단하여 붙인다
③양면 멜트심지 · 소프트 보강심지
- 겉몸판(1장), 겉옆판(2장), 겉뚜껑감(1장)을 재단하여 붙인다

[만드는 순서]

1 겉뒷몸판에 지퍼 주머니를 단다
2 뚜껑감을 만들어 몸판에 단다
3 겉몸판을 만든다
4 안몸판을 만든다
5 겉·안몸판을 연결한다
6 몸판에 가죽 핸들과 가죽라벨을 단다

[만드는 방법]

★치수가 기재되어 있지 않은 곳은 1cm로 봉합합니다.

1 겉뒷몸판에 지퍼 주머니를 단다 (P.87 / 3-①~⑩ 참고)

2 뚜껑감을 만들어 몸판에 단다

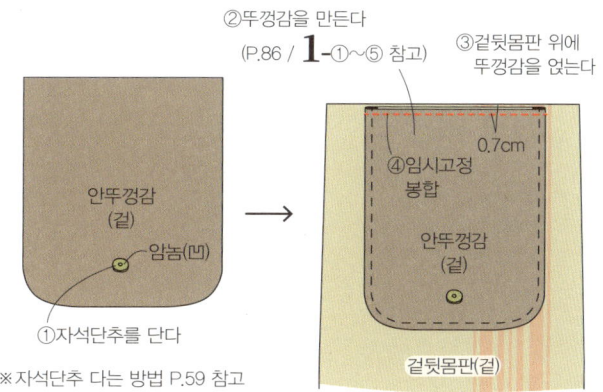

※자석단추 다는 방법 P.59 참고

3 겉몸판을 만든다

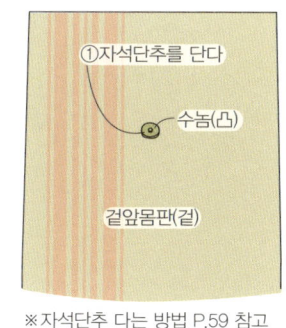

※자석단추 다는 방법 P.59 참고

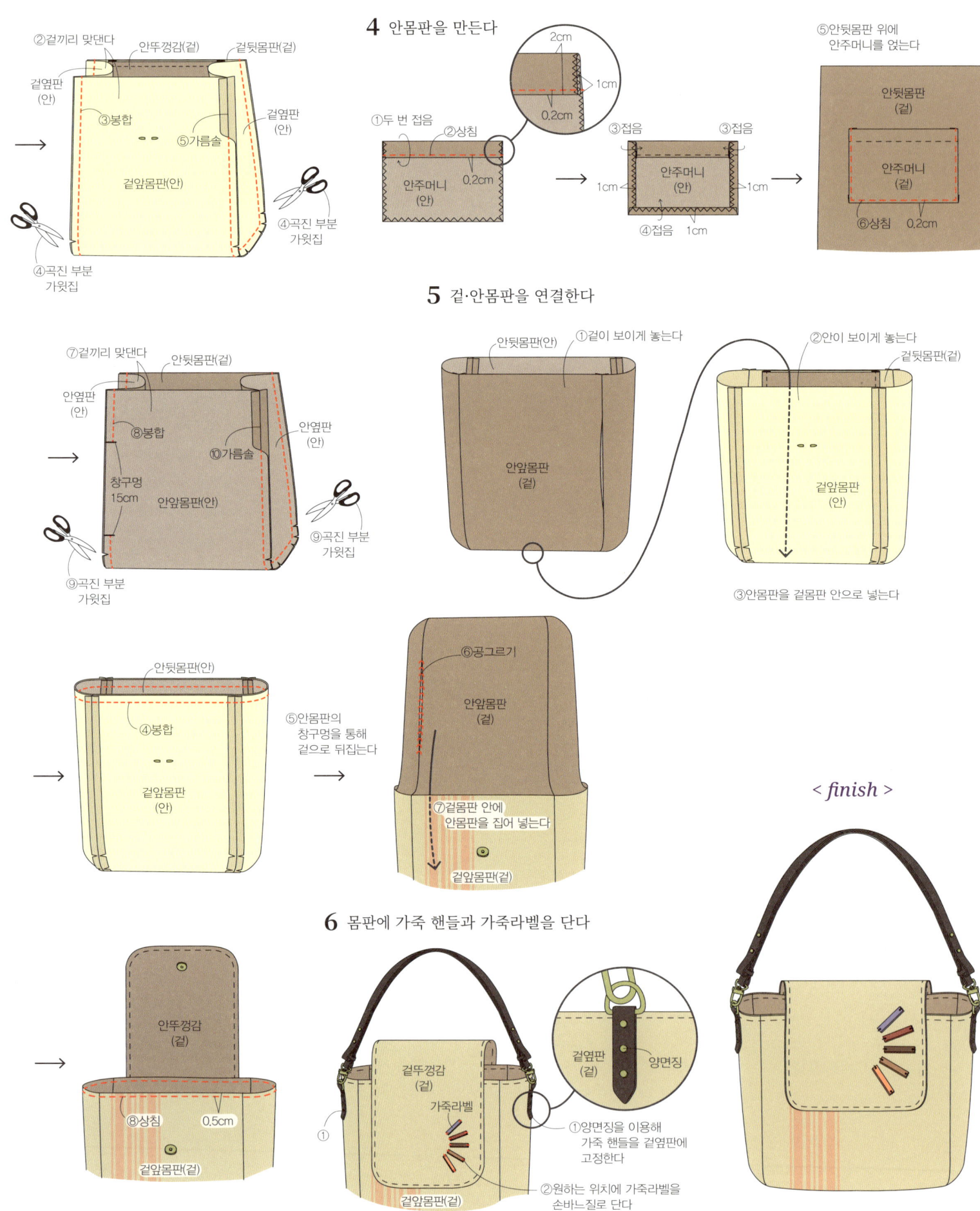

d-1 점프수트 *photo p.37*

[패턴에 대해서]

※패턴: D면
- 사용 패턴: 겉앞몸판, 겉뒷몸판, 안앞몸판, 안뒷몸판, 앞팬츠, 뒤팬츠, 손등감, 손바닥감

[재료]

- 겉감 … 140cm폭 × 315cm
- 소잉심지 … 10cm폭 × 10cm
- 1.2cm폭 소잉테이프 심지 … 1팩

[완성 사이즈]

사이즈 명칭	55	66	77	88
가슴둘레	92	97	101.5	106.5
엉덩이둘레	106	111	116	121
옷길이	118	118.5	125	128.5

[재단 배치도]

- 지정 이외의 시접은 1cm.
- ▨ 부분에 소잉테이프 심지를 붙인다
- ∽ 표시된 부분은 지그재그봉제 또는 오버록 처리한다
- 끈감, 어깨끈감은 직접 제도하여 사용합니다

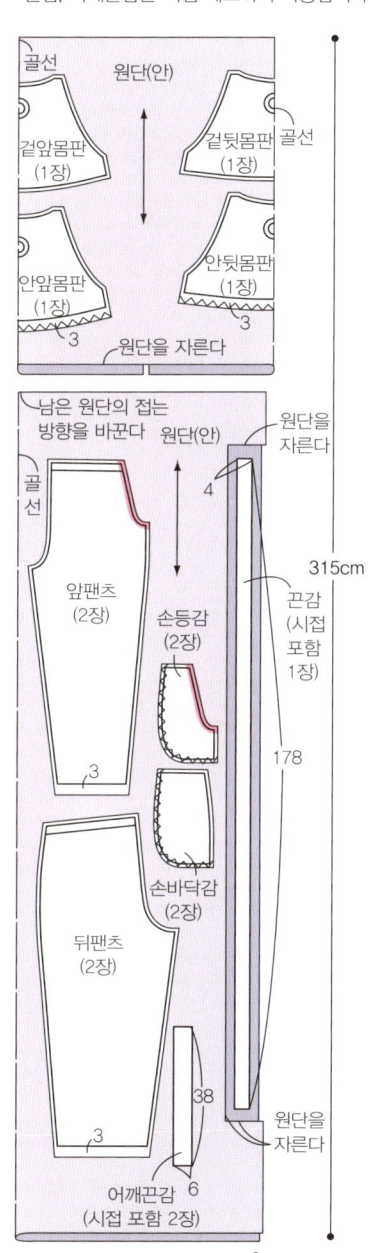

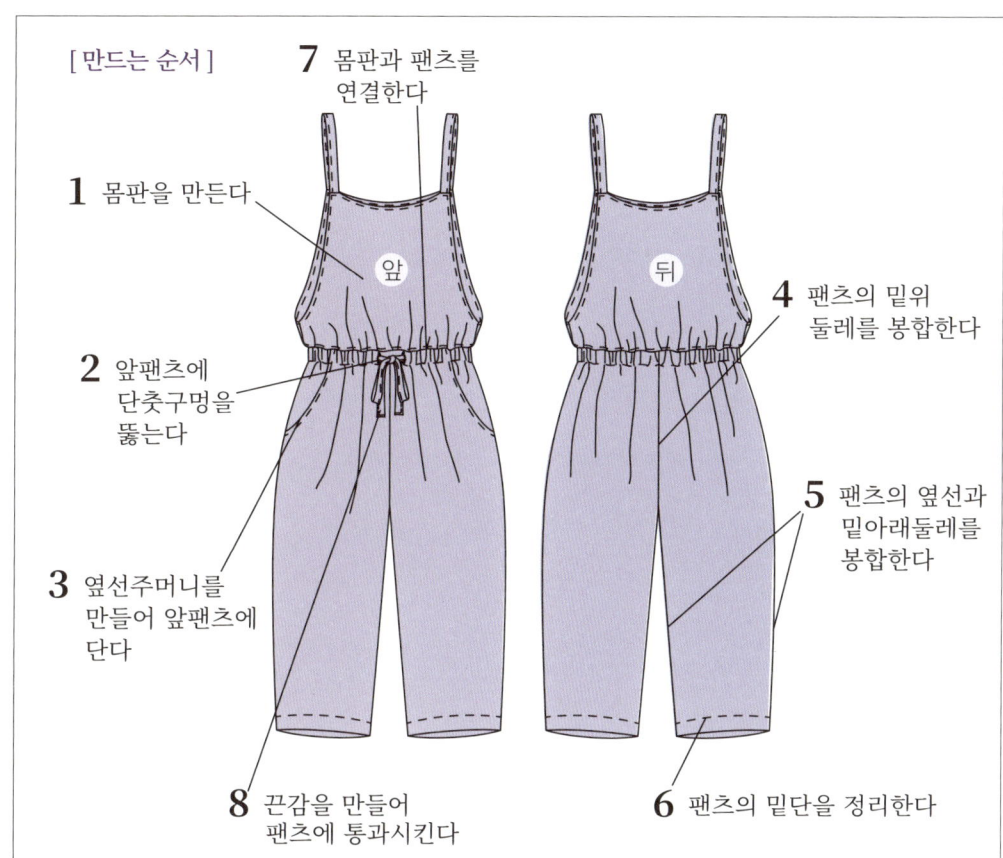

[만드는 방법]

★치수가 기재되어 있지 않은 곳은 1cm로 봉합합니다.

1 몸판을 만든다

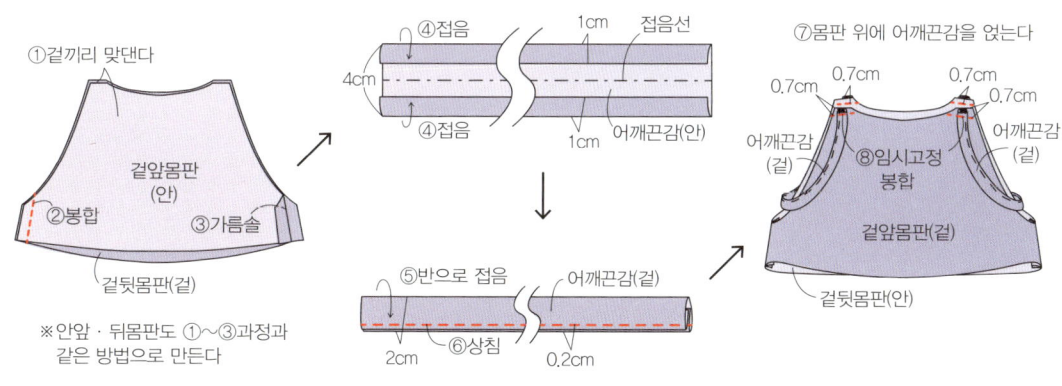

125

d-1 점프수트

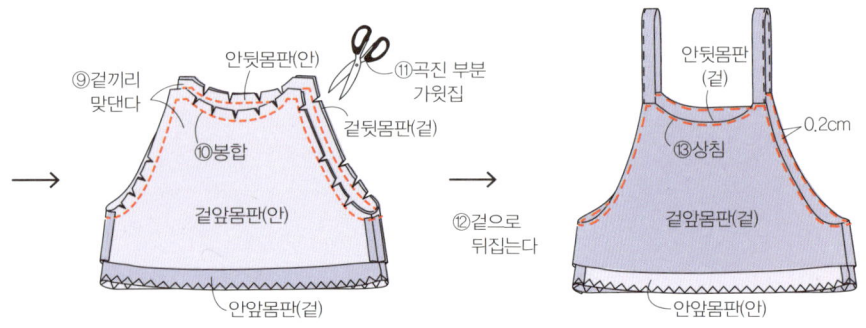

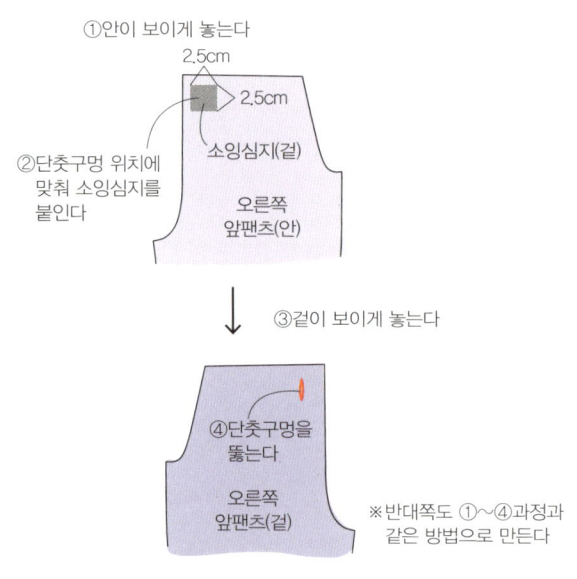

2 앞팬츠에 단춧구멍을 뚫는다

3 옆선주머니를 만들어 앞팬츠에 단다 (P.114 / 3-①~⑨ 참고)

※ 주머니 입구를 0.2cm 간격으로만 상침한다

4 팬츠의 밑위둘레를 봉합한다 (P.78 / 3-①~④ 참고)

5 팬츠의 옆선과 밑아래둘레를 봉합한다 (P.78 / 4-①~⑦ 참고)

6 팬츠의 밑단을 정리한다 (P.79 / 6-①~② 참고)

7 몸판과 팬츠를 연결한다

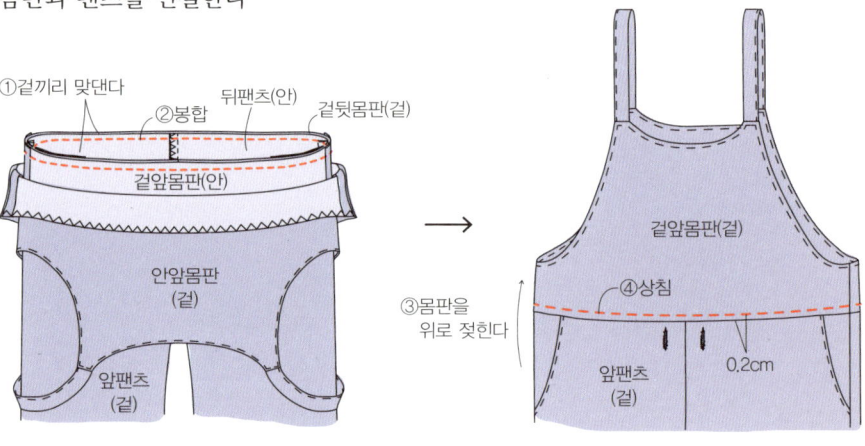

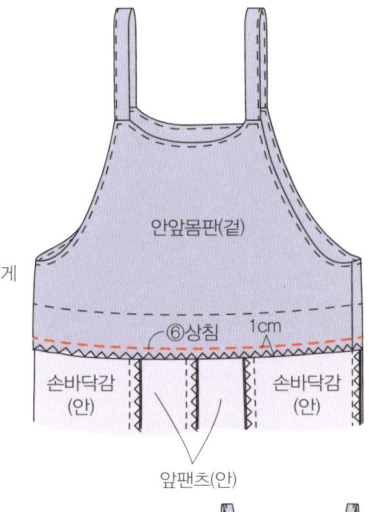

8 끈감을 만들어 팬츠에 통과시킨다

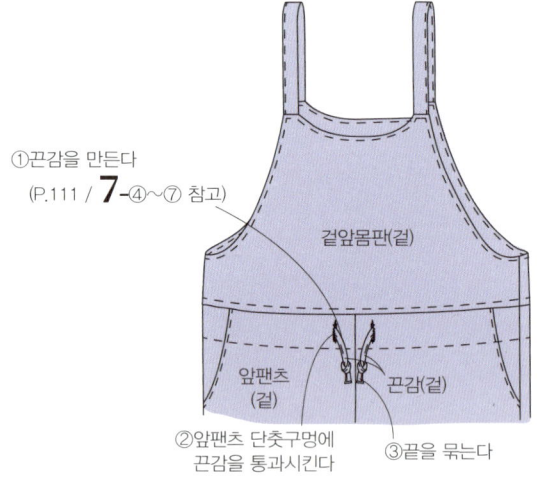

< finish >

d-2 퍼프 소매 블라우스 *photo p.38*

[패턴에 대해서]

※패턴: D면

- 사용 패턴: 앞몸판, 뒷몸판, 뒤안단, 소매, 커프스
- 뒷몸판 실물크기 패턴에서 뒤안단을 각각 베껴 사용합니다. (P.51 참고)

[재료]

- 겉감 … 130cm폭 x 225cm
- 소잉심지 … 25cm폭 x 30cm
- 1.2cm폭 소잉테이프 심지 … 1팩
- 1.2cm폭 바이어스 메이커 … 1개
- 단춧구멍 테이프 … 1개
- 1.1cm폭 단추 … 3개

[완성 사이즈]

사이즈명칭	55	66	77	88
가슴둘레	103.5	108.5	113	118
옷길이	68	70	72	74
소매길이	43	43.5	44	44.5

[재단 배치도]

- 지정 이외의 시접은 1cm.
- ▓ 부분에 소잉심지를 붙인다
- ▨ 부분에 소잉테이프 심지를 붙인다
- ∿ 표시된 부분은 지그재그봉제 또는 오버록 처리한다
- 목둘레 안바이어스천은 직접 제도하여 사용합니다
- 왼쪽에서부터 55/66/77/88 사이즈

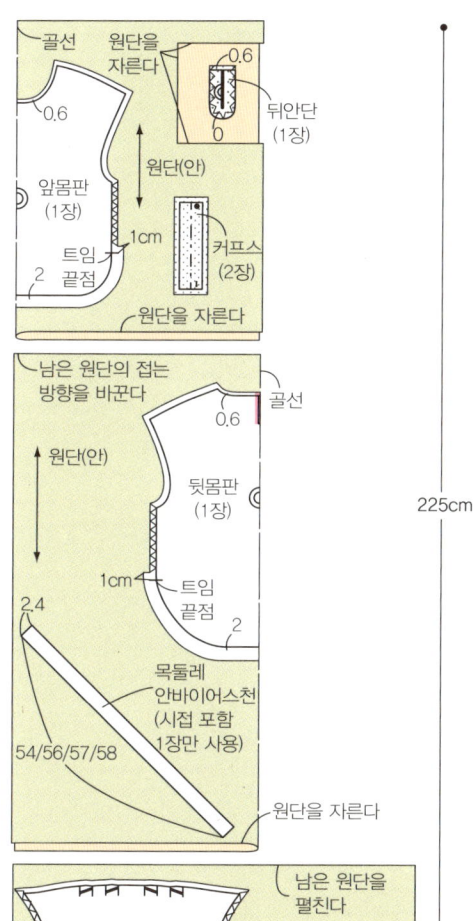

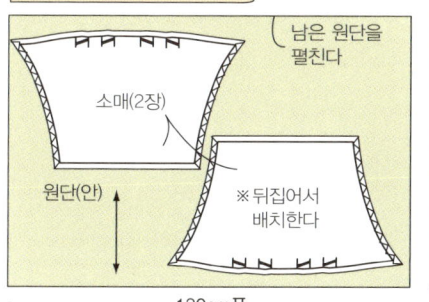

[만드는 순서]

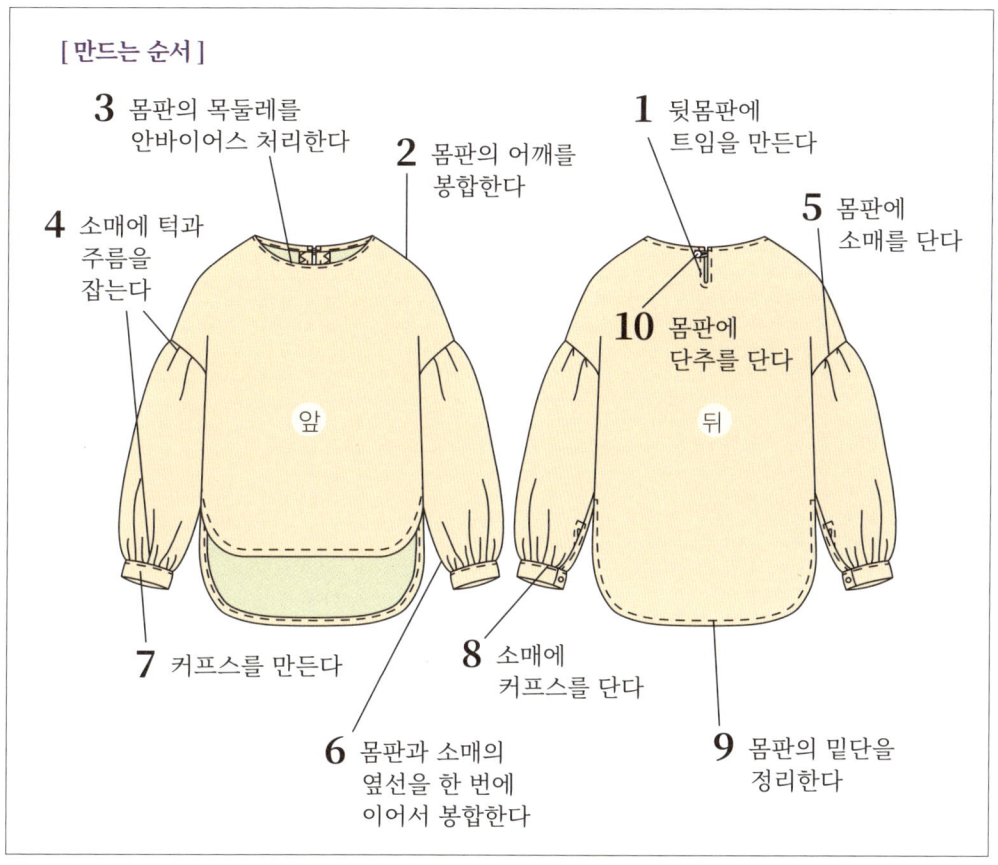

1. 뒷몸판에 트임을 만든다
2. 몸판의 어깨를 봉합한다
3. 몸판의 목둘레를 안바이어스 처리한다
4. 소매에 턱과 주름을 잡는다
5. 몸판에 소매를 단다
6. 몸판과 소매의 옆선을 한 번에 이어서 봉합한다
7. 커프스를 만든다
8. 소매에 커프스를 단다
9. 몸판의 밑단을 정리한다
10. 몸판에 단추를 단다

[만드는 방법]

★치수가 기재되어 있지 않은 곳은 1cm로 봉합합니다.

1 뒷몸판에 트임을 만든다

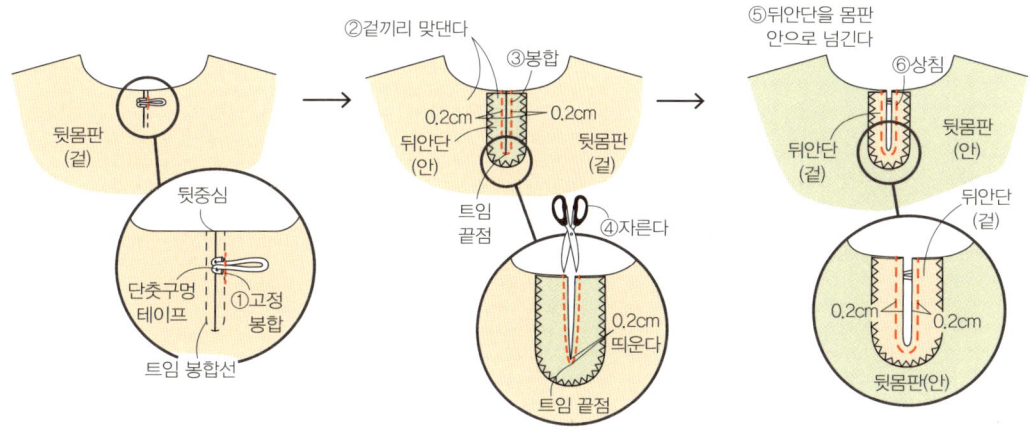

d-2 퍼프 소매 블라우스

2 몸판의 어깨를 봉합한다 (P.69 / **1**-①~④ 참고)

3 몸판의 목둘레를 안바이어스 처리한다

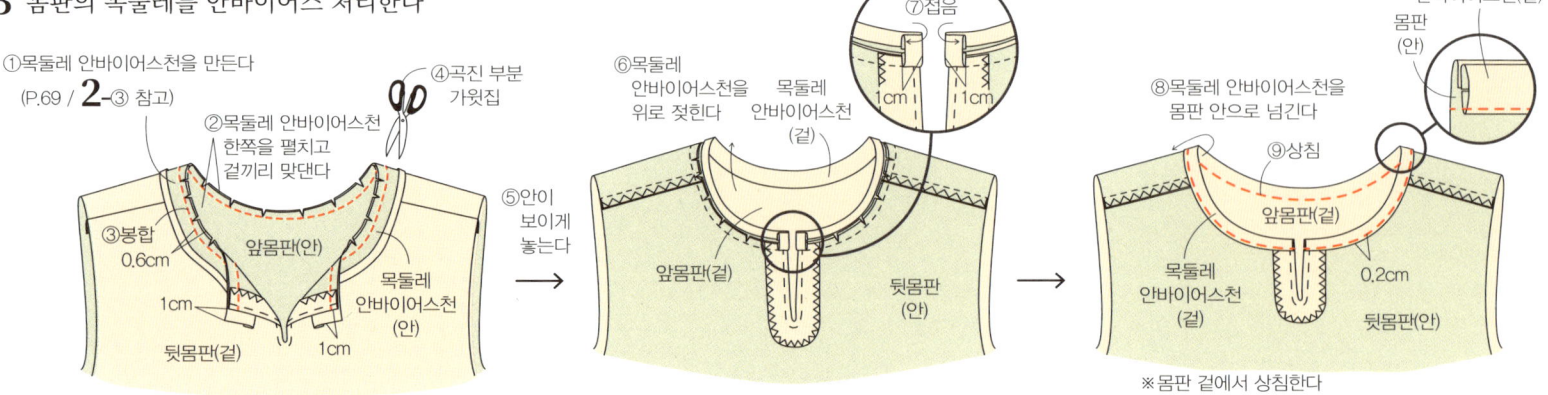

4 소매에 턱과 주름을 잡는다

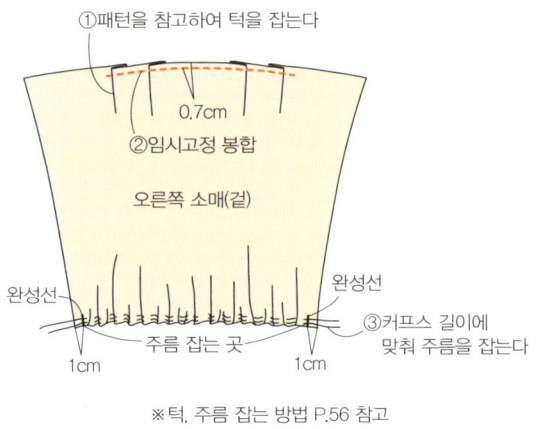

5 몸판에 소매를 단다 (P.67 / **5**-①~④ 참고)

6 몸판과 소매의 옆선을 한 번에 이어서 봉합한다

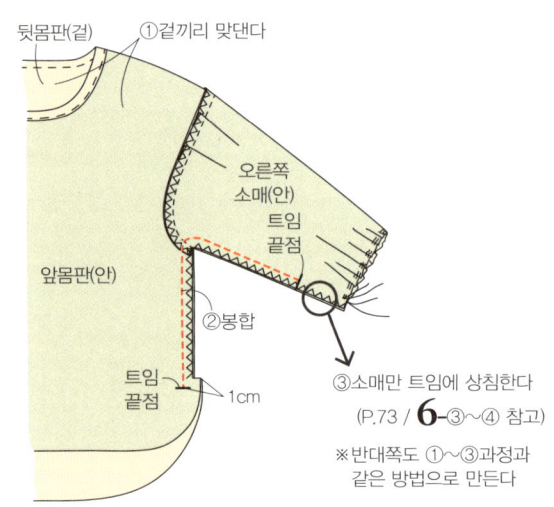

7 커프스를 만든다 (P.73 / **7**-①~④ 참고)

8 소매에 커프스를 단다 (P.73 / **8**-①~⑦ 참고)

9 몸판의 밑단을 정리한다

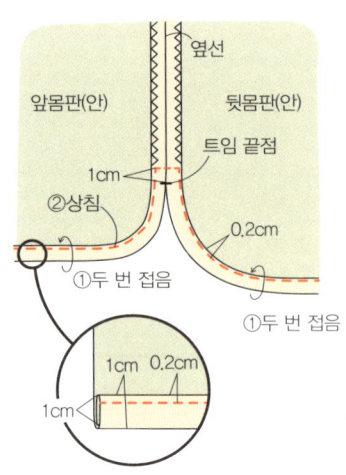

10 몸판에 단추를 단다

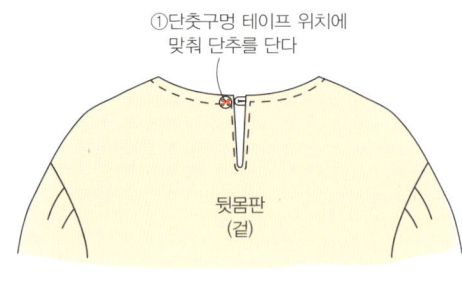

< finish >

d-3 리본 소매 블라우스 *photo p.39*

[패턴에 대해서]

※패턴: D면

- 사용 패턴: 앞몸판, 뒷몸판, 뒤안단, 소매, 커프스
- 뒷몸판 실물크기 패턴에서 뒤안단을 각각 베껴 사용합니다. (P.51 참고)

[재료]

- 겉감 … 140cm폭 x 225cm
- 소잉심지 … 60cm폭 x 60cm
- 1.2cm폭 소잉테이프 심지 … 1팩
- 1.2cm폭 바이어스 메이커 … 1개
- 단춧구멍 테이프 … 1개
- 1.1cm폭 단추 … 1개

[완성 사이즈]

사이즈 명칭	55	66	77	88
가슴둘레	103.5	108.5	113	118
옷길이	68	70	72	74
소매길이	43	43.5	44	45.5

[재단 배치도]

- 지정 이외의 시접은 1cm.
- ▦ 부분에 소잉심지를 붙인다
- ▨ 부분에 소잉테이프 심지를 붙인다
- ∿ 표시된 부분은 지그재그봉제 또는 오버록 처리한다
- 목둘레 안바이어스천은 직접 제도하여 사용합니다
- 왼쪽에서부터 55/66/77/88 사이즈

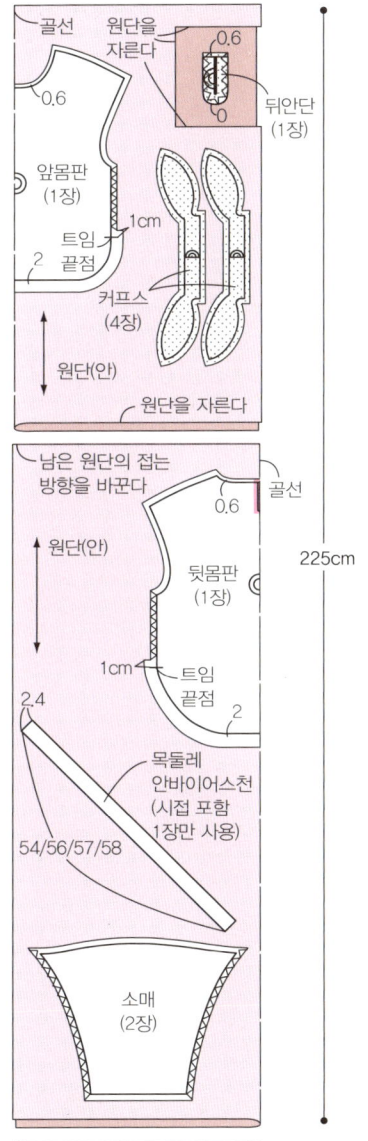

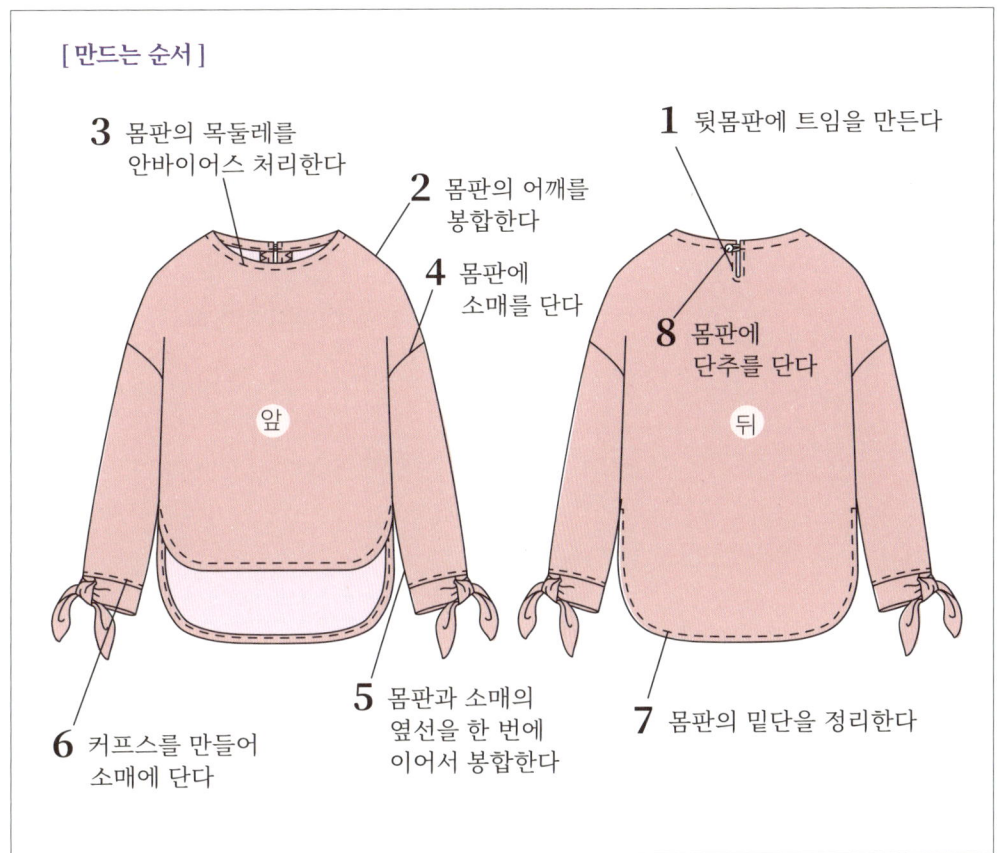

[만드는 순서]

1. 뒷몸판에 트임을 만든다
2. 몸판의 어깨를 봉합한다
3. 몸판의 목둘레를 안바이어스 처리한다
4. 몸판에 소매를 단다
5. 몸판과 소매의 옆선을 한 번에 이어서 봉합한다
6. 커프스를 만들어 소매에 단다
7. 몸판의 밑단을 정리한다
8. 몸판에 단추를 단다

[만드는 방법]

★치수가 기재되어 있지 않은 곳은 1cm로 봉합합니다.

1. 뒷몸판에 트임을 만든다 (P.127 / 1-①~⑥ 참고)
2. 몸판의 어깨를 봉합한다 (P.69 / 1-①~④ 참고)
3. 몸판의 목둘레를 안바이어스 처리한다 (P.128 / 3-①~⑨ 참고)
4. 몸판에 소매를 단다 (P.67 / 5-①~④ 참고)

d-3 리본 소매 블라우스

5 몸판과 소매의 옆선을 한 번에 이어서 봉합한다

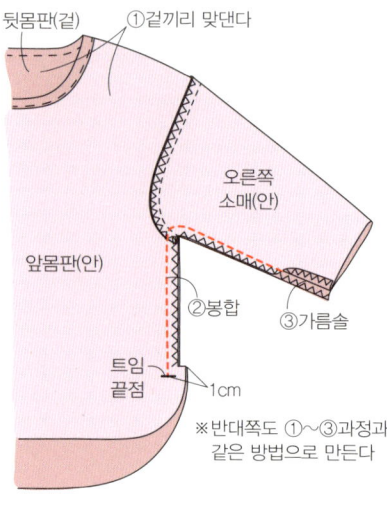

6 커프스를 만들어 소매에 단다

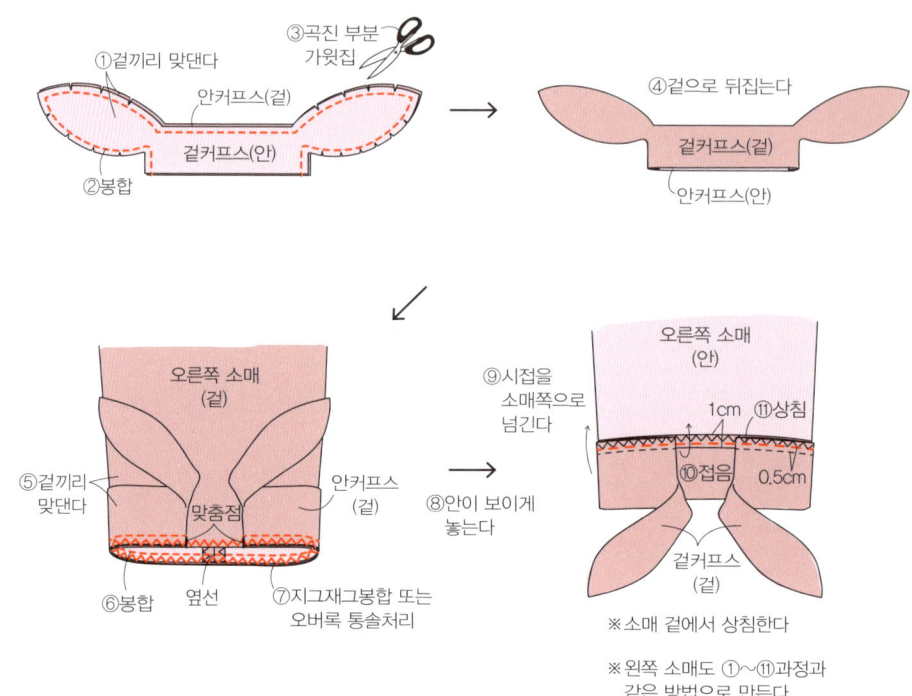

7 몸판의 밑단을 정리한다 (P.128 / **9**-①~② 참고)

8 몸판에 단추를 단다 (P.128 / **10**-① 참고)

< *finish* >

d-4 밑단 투 버튼 팬츠 *photo p.40*

[패턴에 대해서]

※패턴: D면
- 사용 패턴: 앞팬츠, 뒤팬츠, 팬츠 밑단감, 허리벨트, 손등감, 손바닥감

[재료]

- 겉감 … 140cm폭 x 225cm
- 소잉심지 … 45cm폭 x 60cm
- 1.2cm폭 소잉테이프 심지 … 1팩
- 단춧구멍 테이프 … 4개
- 1.25cm폭 단추 … 4개
- 3cm폭 고무줄 … 1팩

[완성 사이즈]

사이즈 명칭	55	66	77	88
엉덩이둘레	105	109.5	114	119
옷길이	94	96	98	100

[재단 배치도]

- 지정 이외의 시접은 1cm.
- ▦ 부분에 소잉심지를 붙인다
- ▬ 부분에 소잉테이프 심지를 붙인다
- ∼ 표시된 부분은 지그재그봉제 또는 오버록 처리한다
- 벨트고리감은 직접 제도하여 사용합니다

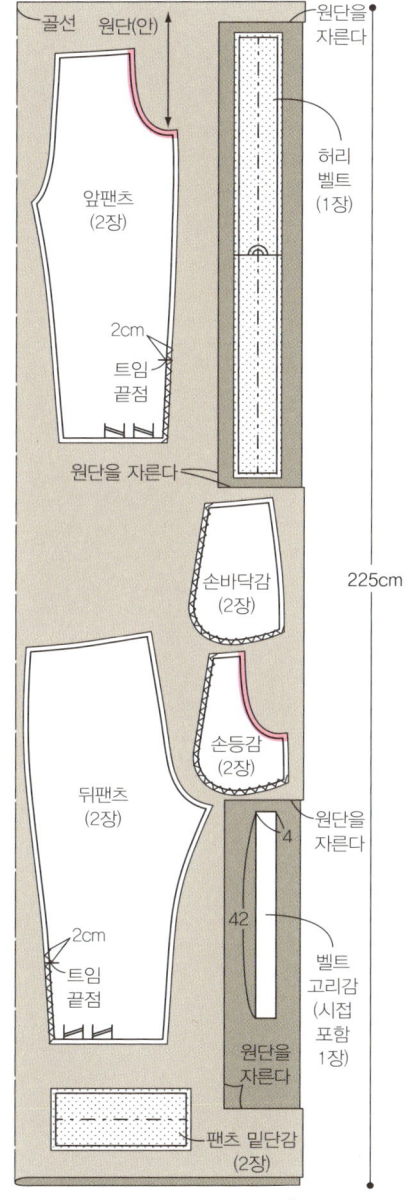

[만드는 순서]

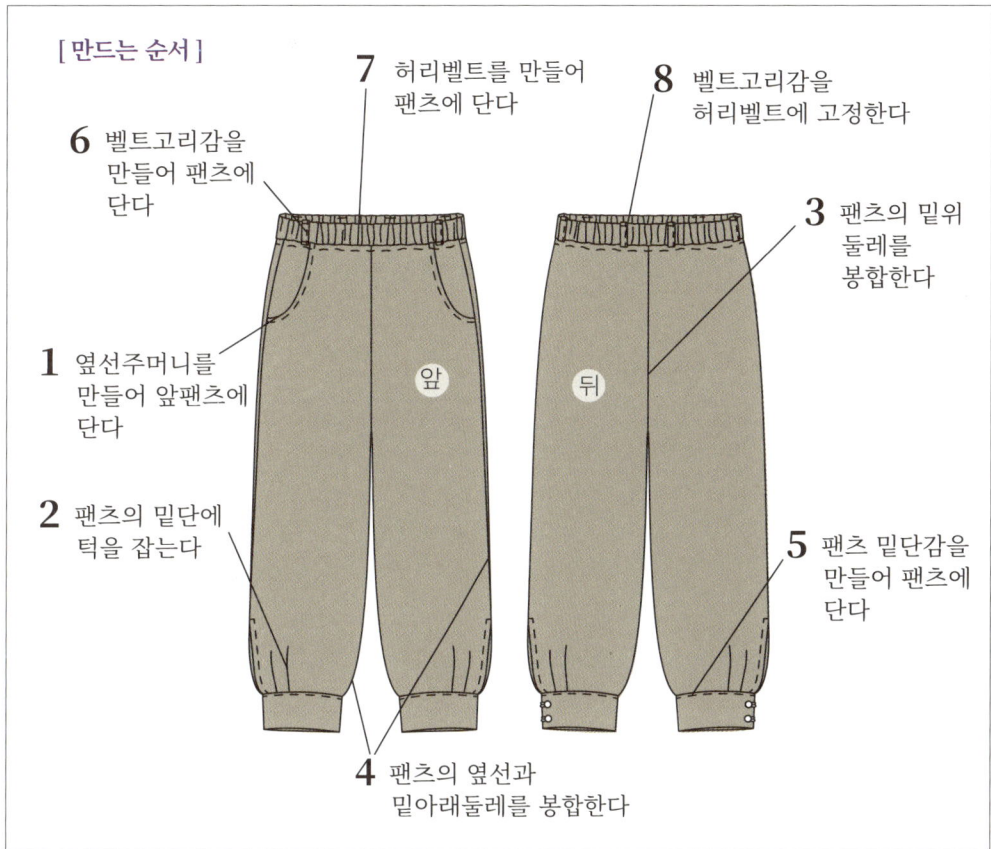

1 옆선주머니를 만들어 앞팬츠에 단다
2 팬츠의 밑단에 턱을 잡는다
3 팬츠의 밑위 둘레를 봉합한다
4 팬츠의 옆선과 밑아래둘레를 봉합한다
5 팬츠 밑단감을 만들어 팬츠에 단다
6 벨트고리감을 만들어 팬츠에 단다
7 허리벨트를 만들어 팬츠에 단다
8 벨트고리감을 허리벨트에 고정한다

[만드는 방법]

★치수가 기재되어 있지 않은 곳은 1cm로 봉합합니다.

1 옆선주머니를 만들어 앞팬츠에 단다

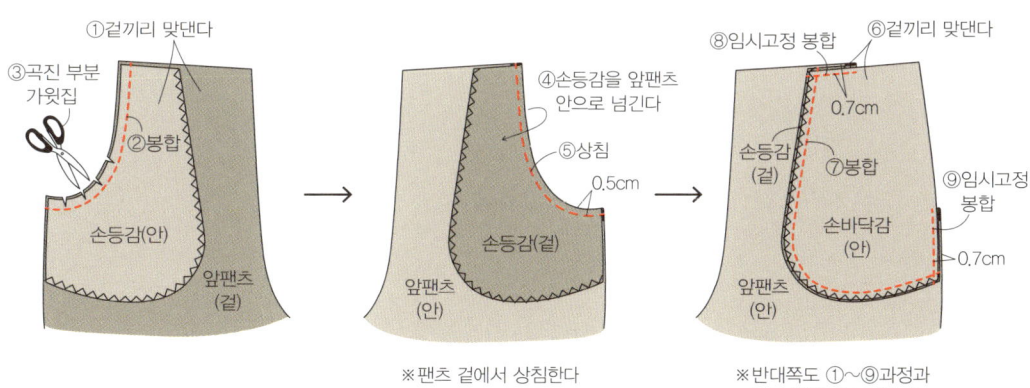

※팬츠 겉에서 상침한다
※반대쪽도 ①~⑨과정과 같은 방법으로 만든다

d-4 밑단 투 버튼 팬츠

2 팬츠의 밑단에 턱을 잡는다

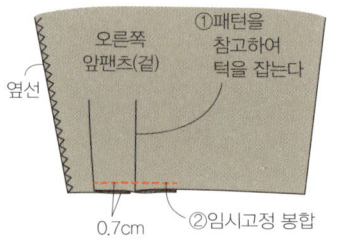

3 팬츠의 밑위둘레를 봉합한다 (P.78 / 3-①~④ 참고)

4 팬츠의 옆선과 밑아래둘레를 봉합한다

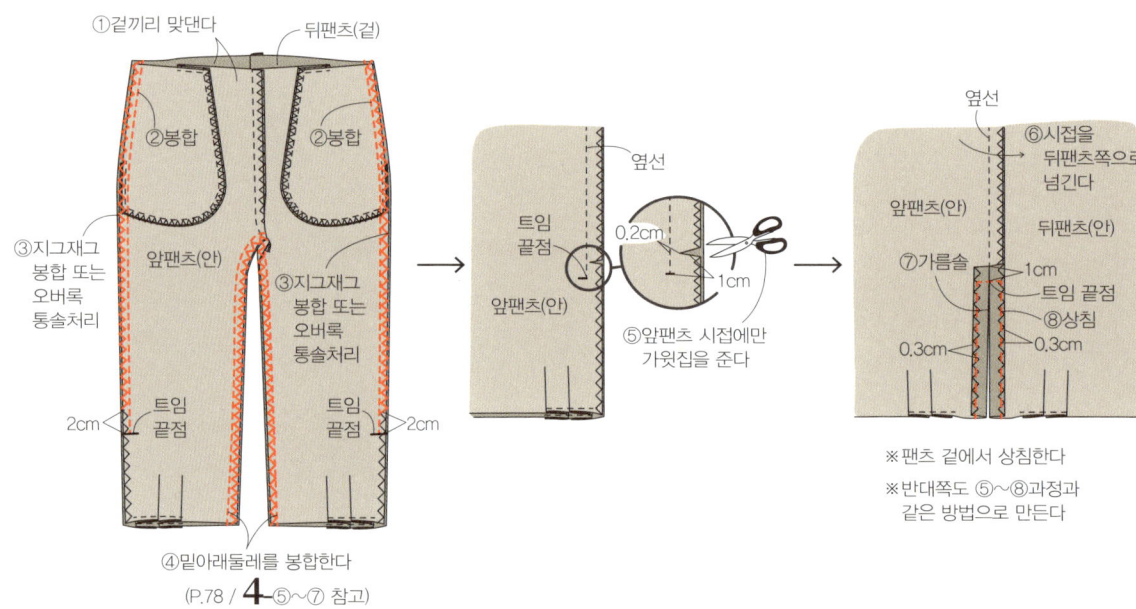

5 팬츠 밑단감을 만들어 팬츠에 단다

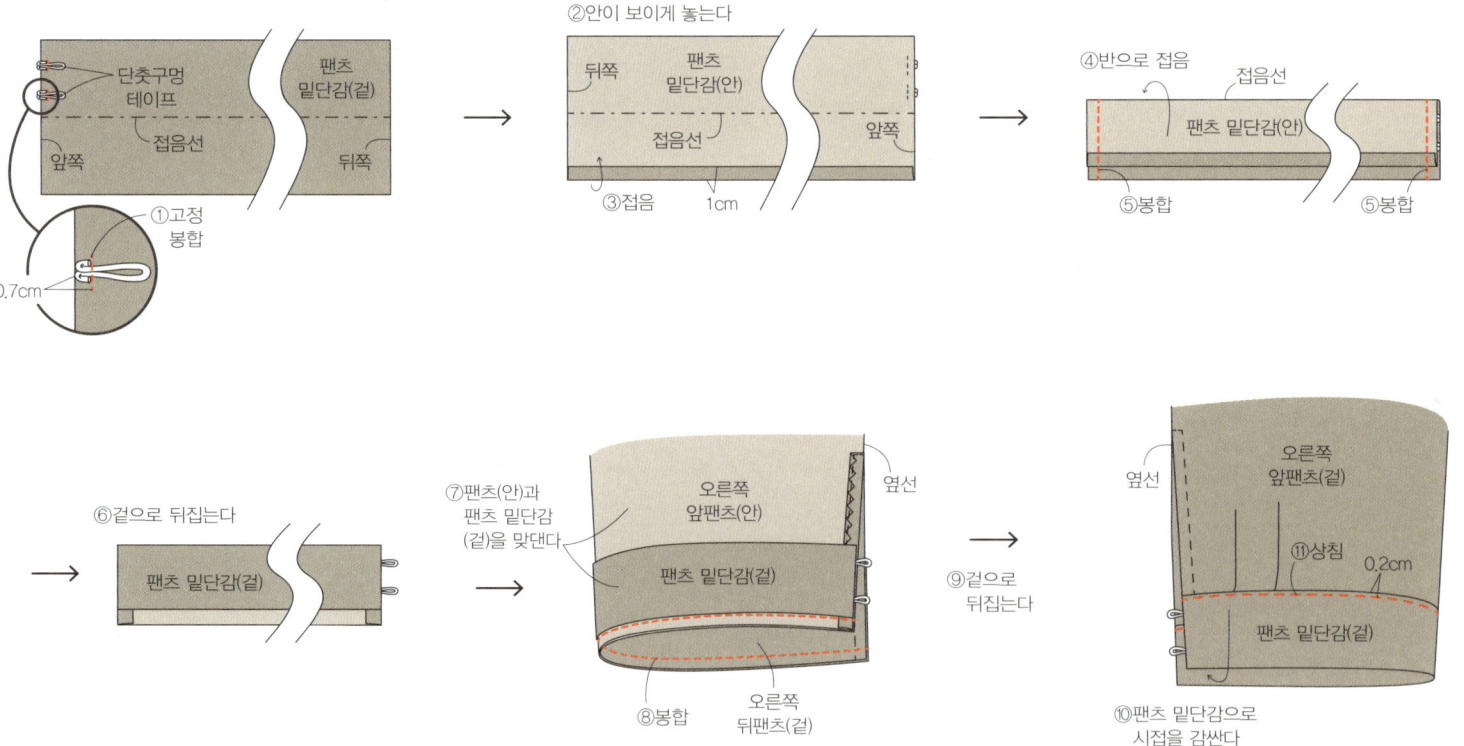

6 벨트고리감을 만들어 팬츠에 단다

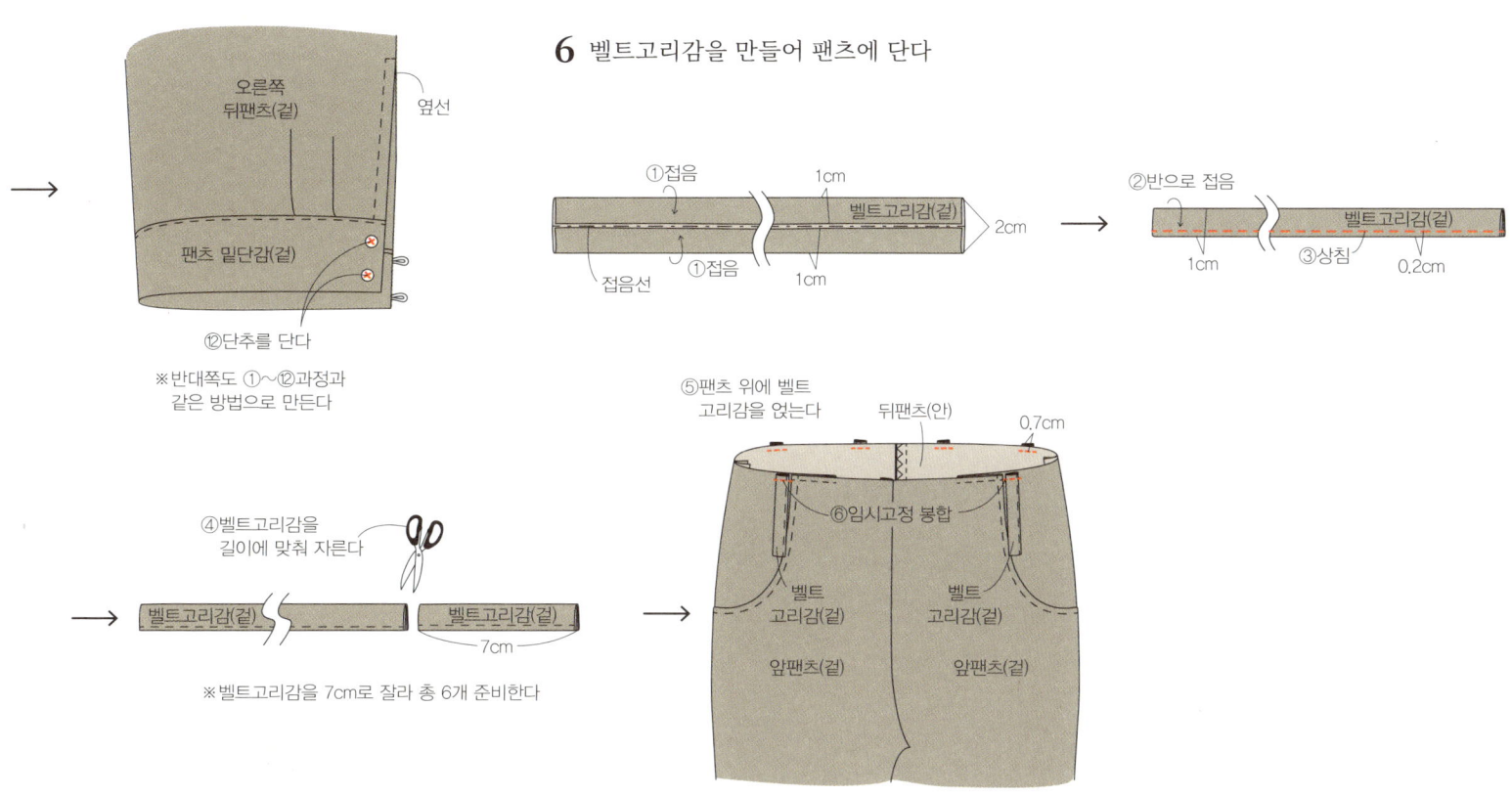

7 허리벨트를 만들어 팬츠에 단다 (P.78 / 5-①~⑰ 참고)

8 벨트고리감을 허리벨트에 고정한다

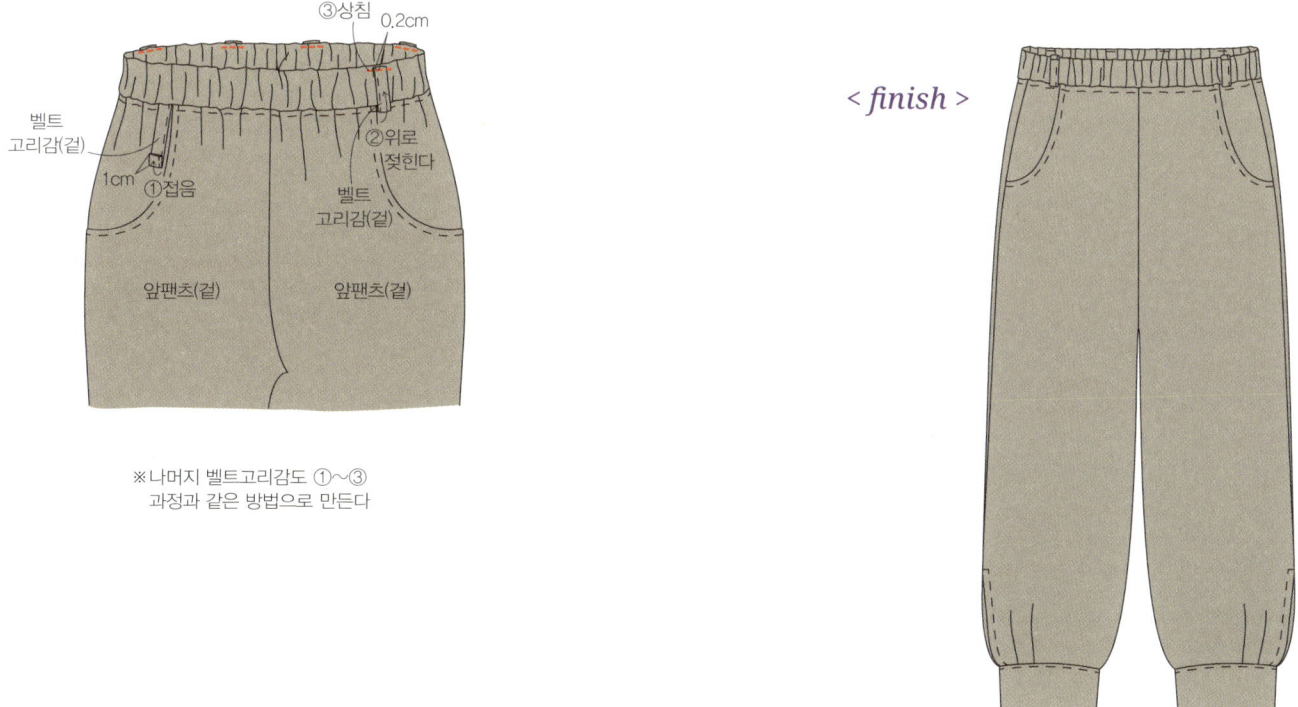

< *finish* >

d-5 스커트 *photo p.41*

[패턴에 대해서]

※패턴: D면

- 사용 패턴: 앞스커트, 뒷스커트, 주머니
- 앞스커트와 뒷스커트는 시접이 포함된 패턴으로 수록되어 있습니다.

[재료]

- 겉감 … 140cm폭 x 180cm
- 1.2cm폭 소잉테이프 심지 … 1팩
- 2cm폭 고무줄 … 1팩

[완성 사이즈]

사이즈 명칭	55	66	77	88
허리둘레	100	106	112.5	118
옷길이	73	74.5	76	77.5

※허리둘레는 고무줄을 달기 전 사이즈입니다

[재단 배치도]

- 지정 이외의 시접은 1cm.
- ▨ 부분에 소잉테이프 심지를 붙인다
- ∿ 표시된 부분은 지그재그봉제 또는 오버록 처리한다

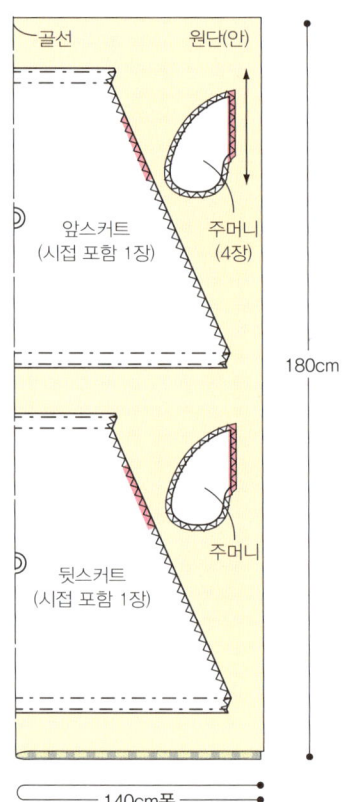

[만드는 순서]

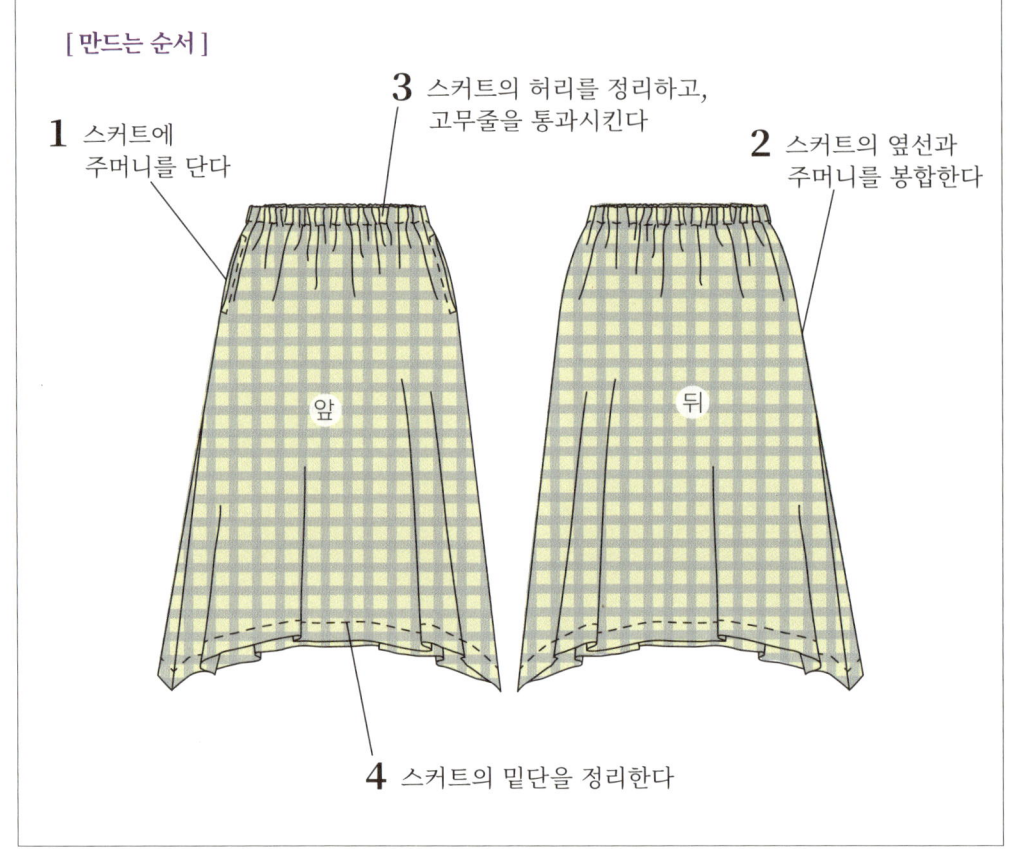

1 스커트에 주머니를 단다
2 스커트의 옆선과 주머니를 봉합한다
3 스커트의 허리를 정리하고, 고무줄을 통과시킨다
4 스커트의 밑단을 정리한다

[만드는 방법]

★치수가 기재되어 있지 않은 곳은 1cm로 봉합합니다.

1 스커트에 주머니를 단다

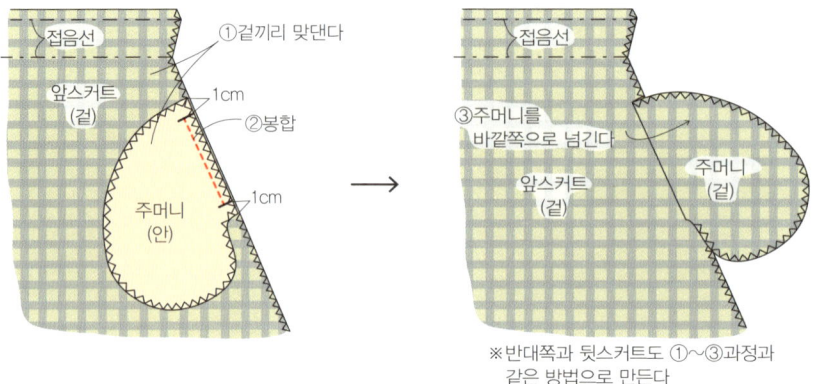

※반대쪽과 뒷스커트도 ①~③과정과 같은 방법으로 만든다

2 스커트의 옆선과 주머니를 봉합한다

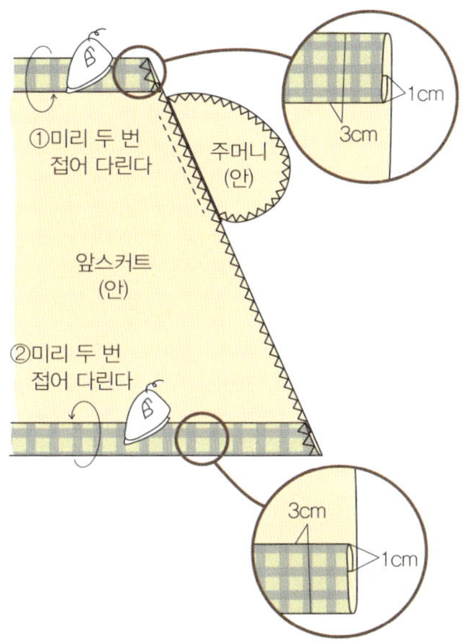

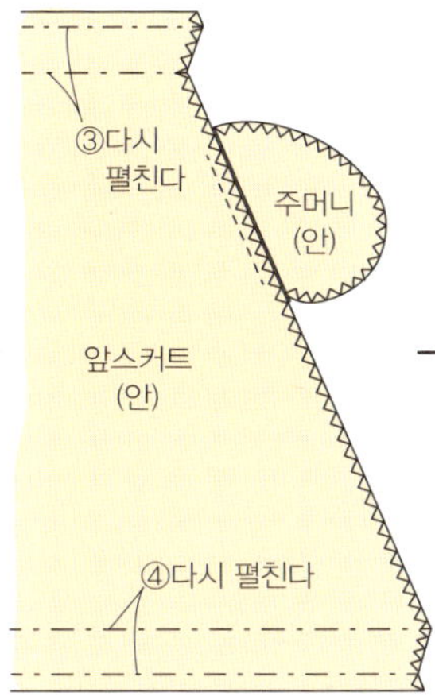

※뒷스커트도 ①~④과정과 같은 방법으로 만든다

3 스커트의 허리를 정리하고, 고무줄을 통과시킨다

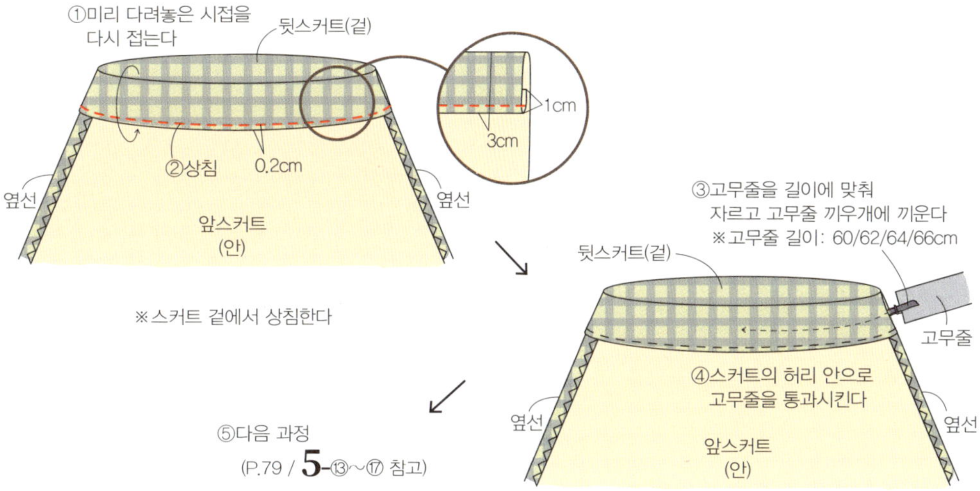

※스커트 겉에서 상침한다

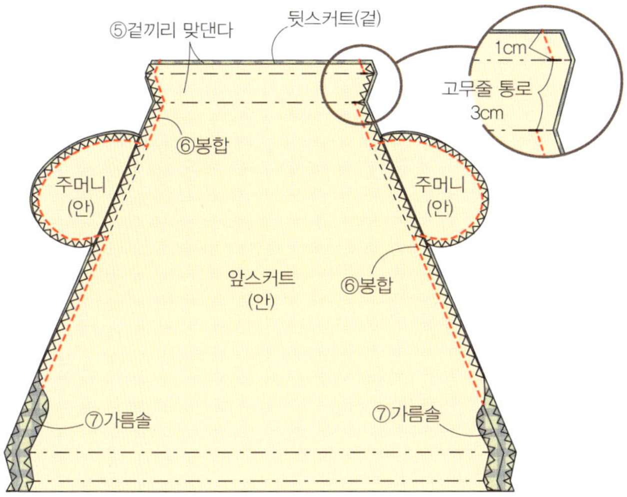

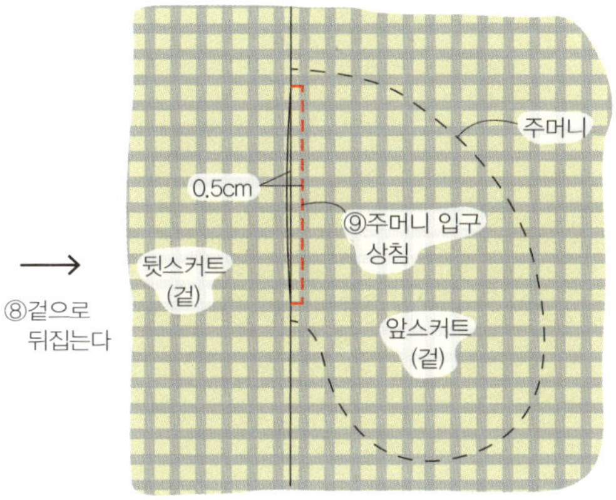

※앞스커트와 앞스커트쪽 주머니만 상침한다
※반대쪽도 ⑨과정과 같은 방법으로 만든다

⑤다음 과정
(P.79 / 5-⑬~⑰ 참고)

4 스커트의 밑단을 정리한다

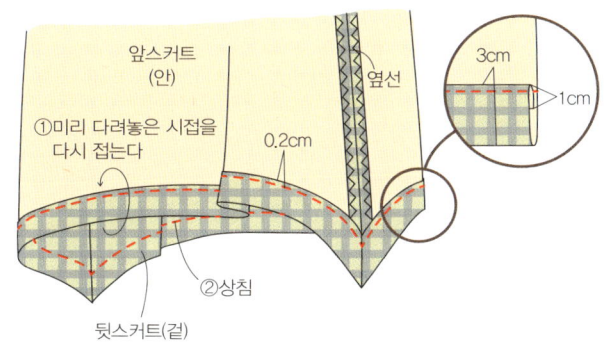

< *finish* >

d-6 후드 재킷 *photo p.42*

[패턴에 대해서]

※ 패턴: D면
- 사용 패턴: 앞몸판, 뒷몸판, 후드, 주머니, 소매

[재료]

- 겉감 … 150cm폭 x 225cm
- 1cm(완성폭) 바이어스 테이프 … 1팩
- 1.2cm폭 바이어스 메이커 … 1개

[완성 사이즈]

사이즈 명칭	55	66	77	88
가슴둘레	102.5	107.5	112	116.5
옷길이	58.5	61	63.5	66
소매길이	53	54.5	55.5	57

[재단 배치도]

- 지정 이외의 시접은 1cm.
- ▨ 부분에 소잉테이프 심지를 붙인다
- ⌇⌇ 표시된 부분은 지그재그봉제 또는 오버록 처리한다

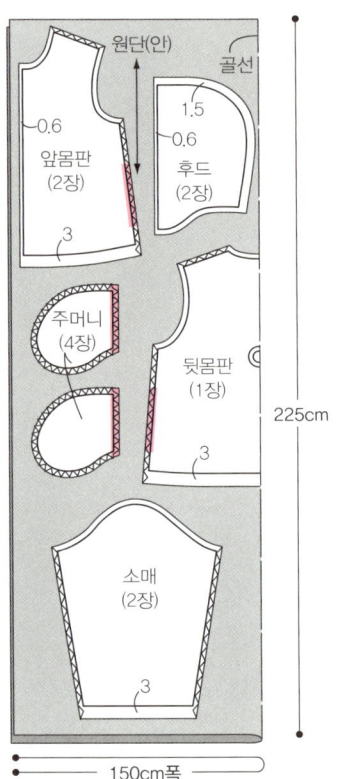

[만드는 방법]

★치수가 기재되어 있지 않은 곳은 1cm로 봉합합니다.

1 몸판에 주머니를 단다

※반대쪽과 뒷몸판도 ①~③과정과 같은 방법으로 만든다

2 몸판의 어깨를 봉합한다
(P.89 / 3-①~③ 참고)

3 몸판에 소매를 단다
(P.67 / 5-①~④ 참고)

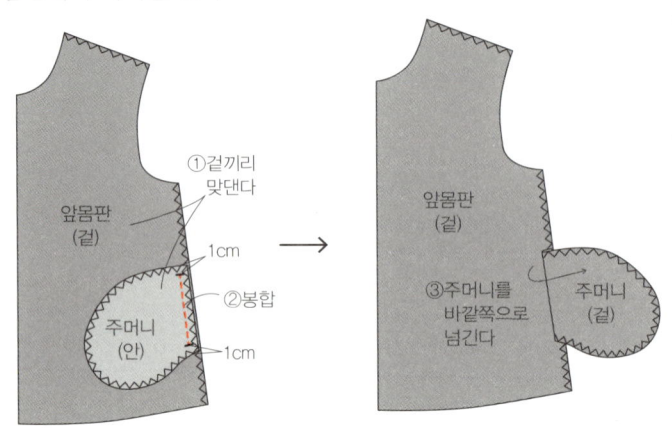

d-6 후드 재킷

4 몸판과 소매의 옆선을 한 번에 이어서 봉합하고, 주머니를 정리한다

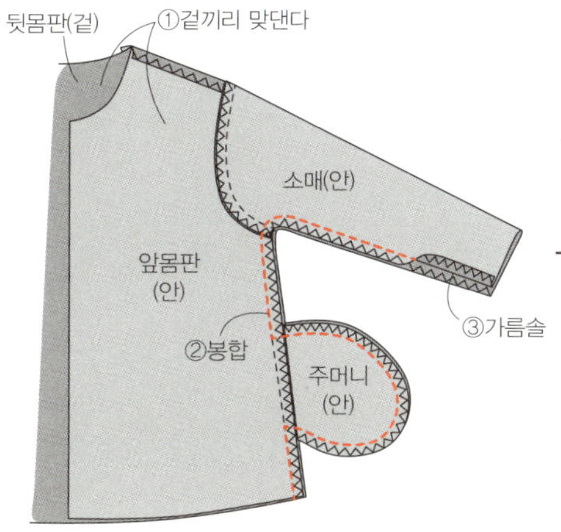

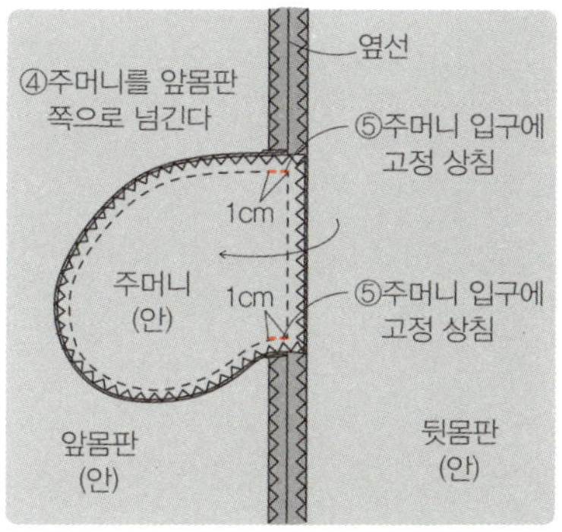

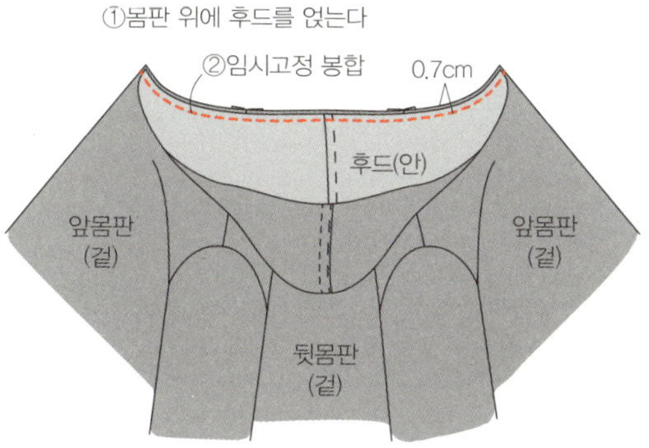

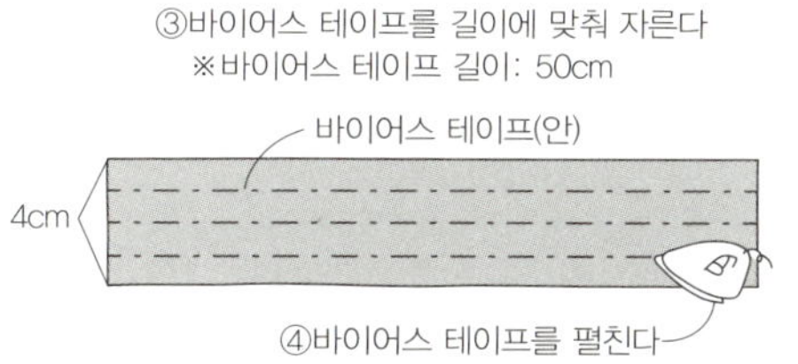

5 후드를 만든다

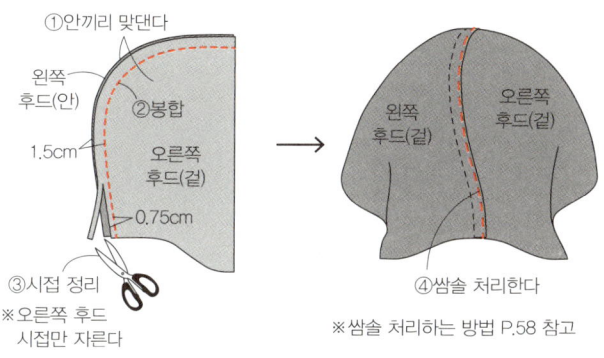

6 몸판에 후드를 단다

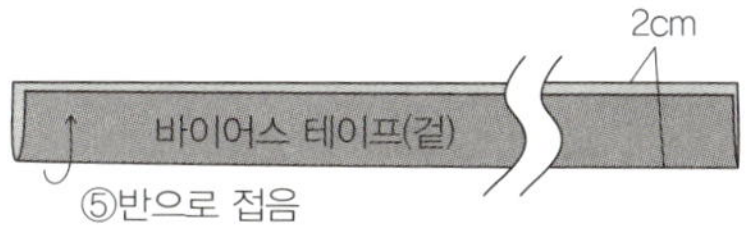

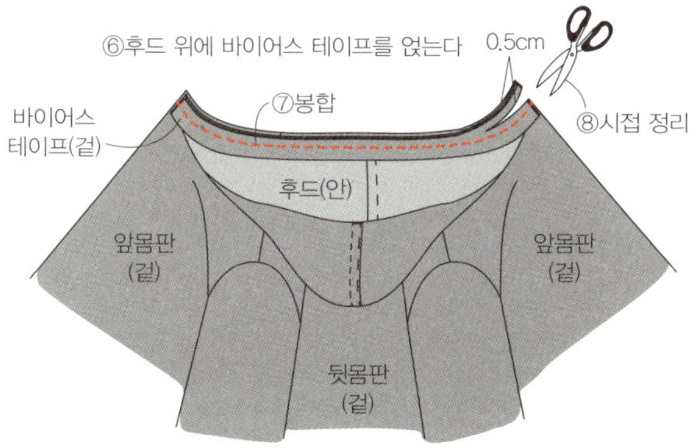

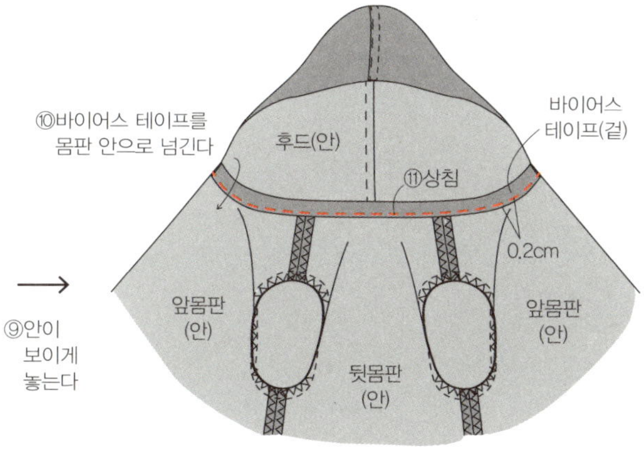

7 몸판과 후드의 둘레를 안바이어스 처리한다

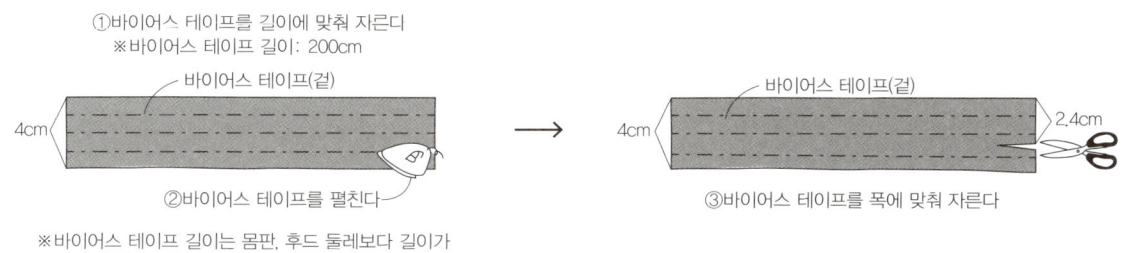

d-6 후드 재킷

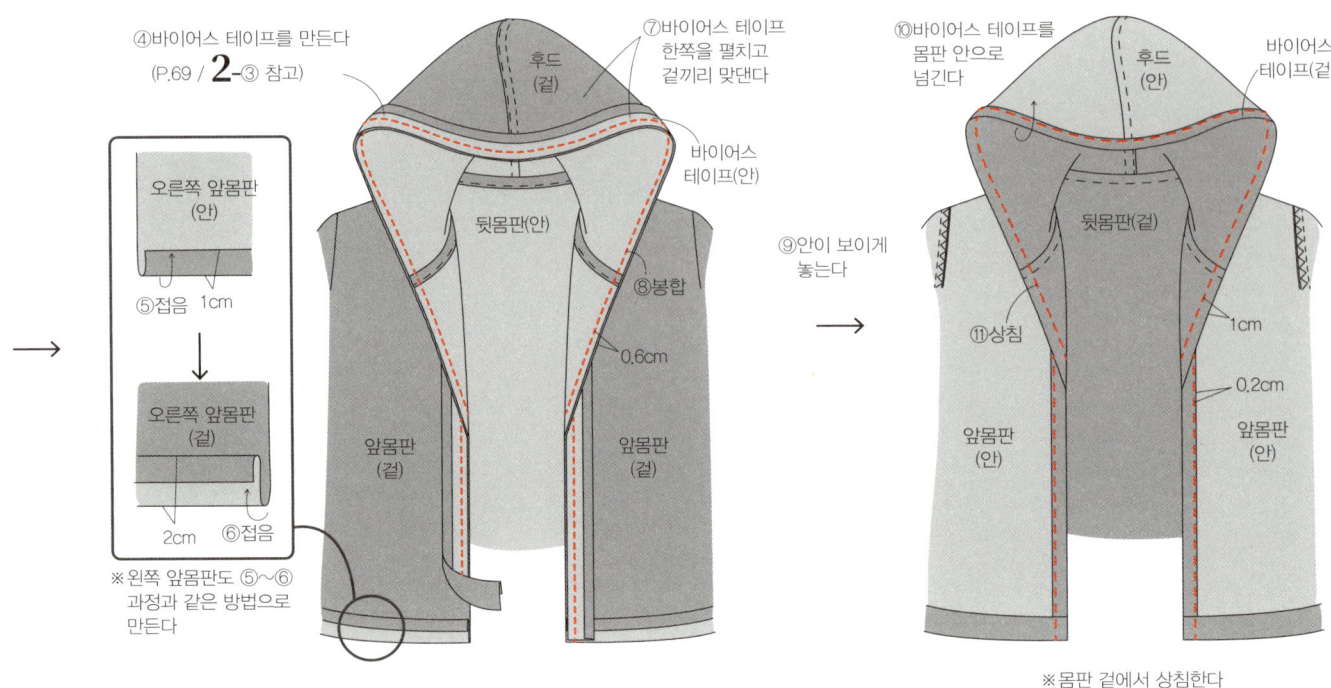

8 몸판과 소매의 밑단을 정리한다

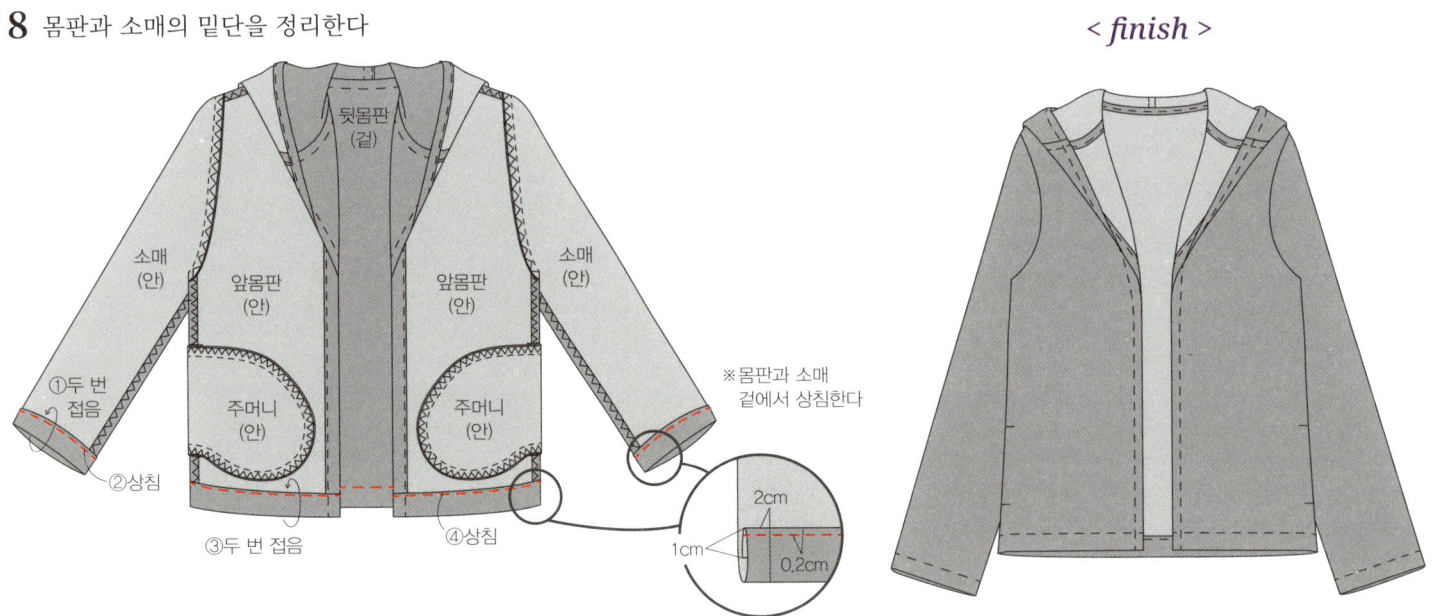

< finish >

d-7 에코백 photo p.43

[패턴에 대해서]

※ 패턴: D면
- 사용 패턴: 겉몸판, 안몸판

[재료]
- 겉감 … 110cm폭 x 90cm
- 안감심지 … 110cm폭 x 90cm
- 3cm폭 웨이빙끈 … 2팩
- 5cm폭 가죽라벨 … 1개
- 4cm폭 끼워라벨 … 1개
- 0.5cm폭 양면징 … 2개

[완성 사이즈]

One size 33cm × 37cm

[재단 배치도]
- 지정 이외의 시접은 1cm.
- 소품은 원단의 식서 방향에 상관없이 재단이 가능합니다

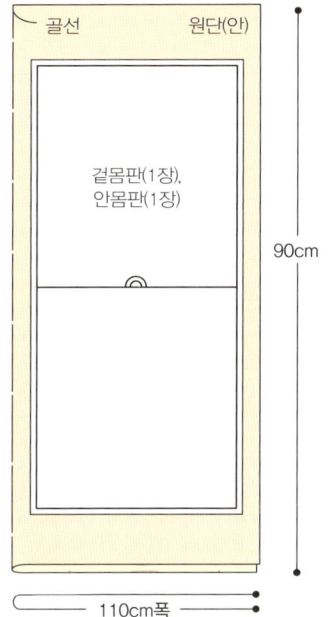

[심지 재단 · 부착]

※ P.60을 참고하여 심지 작업을 한다

① 안감심지
– 겉몸판(1장), 안몸판(1장)을 재단하여 붙인다

[만드는 순서]

1. 몸판의 입구를 정리한다
2. 겉몸판에 가죽라벨과 끼워라벨을 단다
3. 겉·안몸판을 연결한다

[만드는 방법]

★ 치수가 기재되어 있지 않은 곳은 1cm로 봉합합니다.

1 몸판의 입구를 정리한다

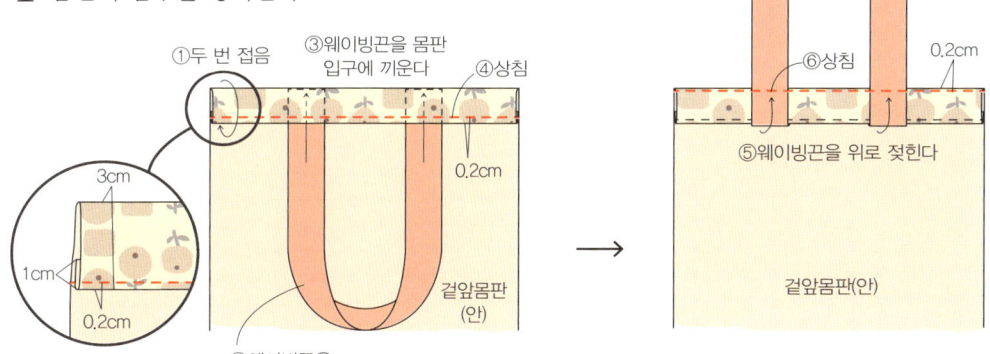

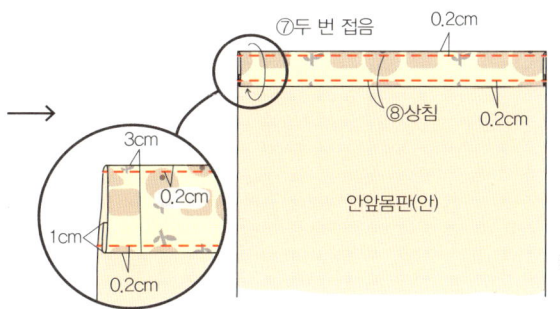

d-7 에코백

2 겉몸판에 가죽라벨과 끼워라벨을 단다

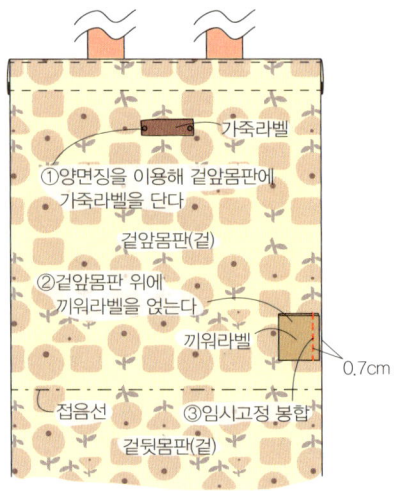

※양면징 다는 방법 P.59 참고

3 겉·안몸판을 연결한다

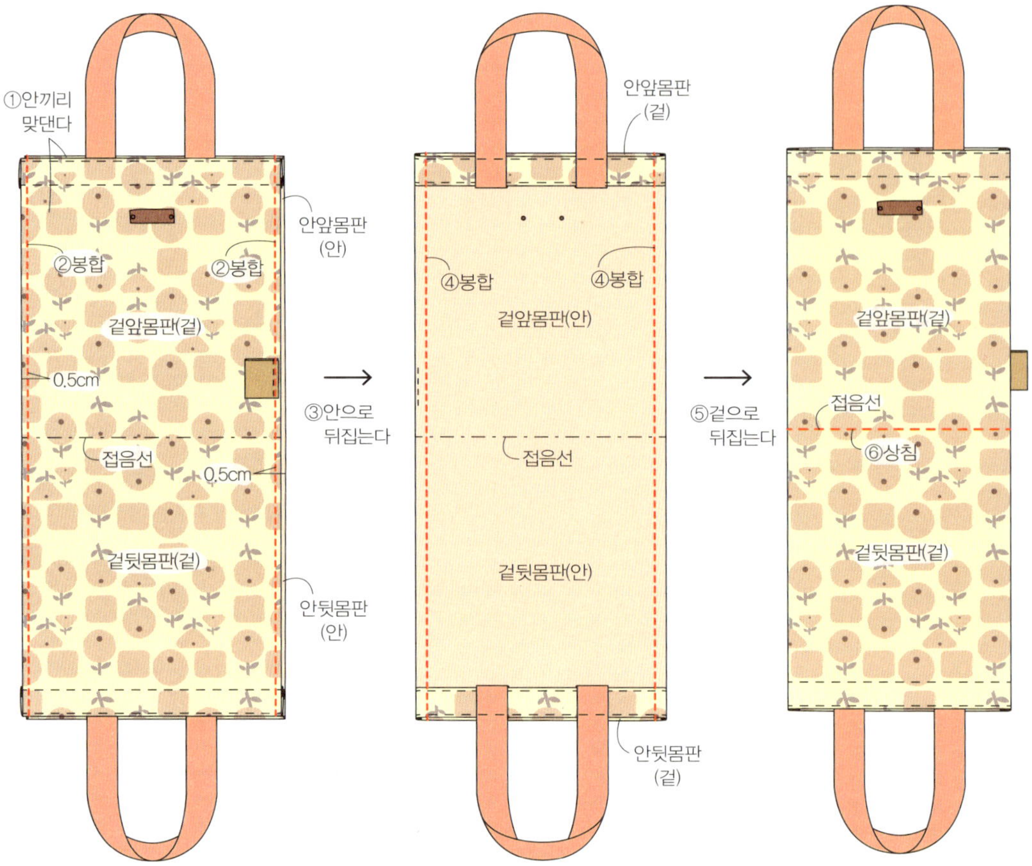

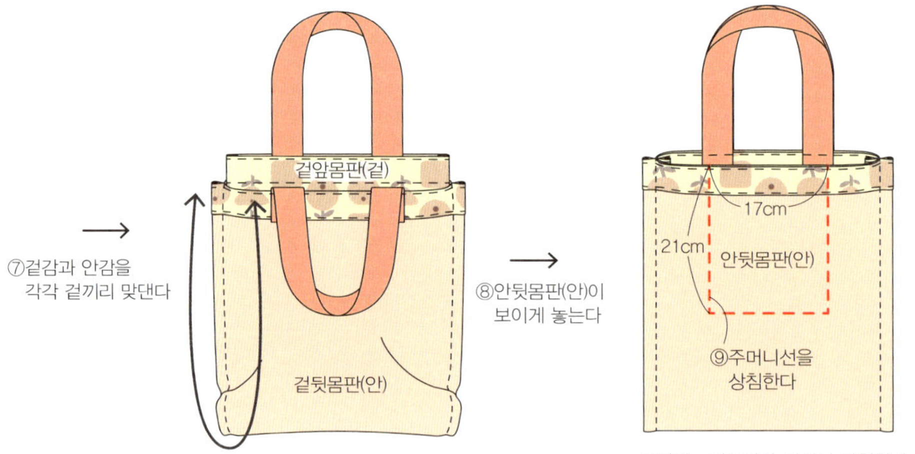

< finish >

d-8 토트백 *photo p.44*

[패턴에 대해서]

※패턴: D면
- 사용 패턴: 겉앞몸판1, 겉앞몸판2, 겉뒷몸판1, 겉뒷몸판2, 겉옆판1, 겉옆판2, 앞주머니, 안몸판1, 안몸판2, 안주머니
- 사용 심지 패턴: 양면 멜트심지 · 소프트 보강심지 (겉앞몸판용, 겉뒷몸판용, 겉옆판용)

[재료]

- 무늬 원단감 … 110cm폭 x 90cm
- 무지 원단감 … 136cm폭 x 45cm
- 안감심지 … 50cm폭 x 50cm
- 커버링 심지 … 50cm폭 x 50cm
- 가방심지 … 110cm폭 x 90cm
- 소프트 보강심지 … 110cm폭 x 90cm
- 양면 멜트심지 … 110cm폭 x 90cm
- 2.5cm폭 솜고정용 접착테이프 심지 … 1팩
- 1.8cm폭 자석단추 … 1쌍
- 1.9cm폭 토트형 가죽 핸들 … 1쌍
- 1.9cm폭 숄더형 가죽 핸들 … 1개
- 4cm폭 금속라벨 … 1개
- 2.1cm폭 사시꼬미 … 1팩

[완성 사이즈]

One size 29cm × 27cm

[재단 배치도]

- 지정 이외의 시접은 1cm.
- 소품은 원단의 식서 방향에 상관없이 재단이 가능합니다

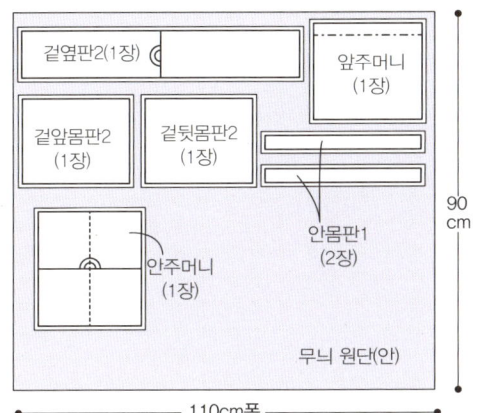

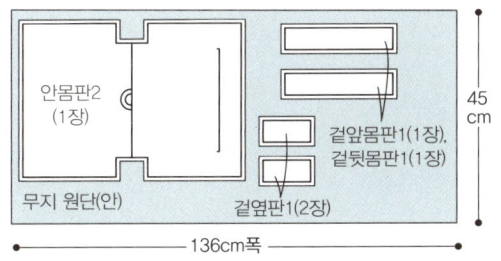

[심지 재단 · 부착]

※P.60을 참고하여 심지 작업을 한다

① 안감심지
— 안주머니(1장)를 재단하여 붙인다

② 커버링 심지
— 앞주머니(1장)를 재단하여 붙인다

③ 가방심지
— 겉앞몸판1(1장), 겉앞몸판2(1장), 겉뒷몸판1(1장), 겉뒷몸판2(1장), 겉옆판1(2장), 겉옆판2(1장), 안몸판1(2장), 안몸판2(1장)을 재단하여 붙인다

※ 양면 멜트심지, 소프트 보강심지 재단 · 부착 방법은 1 제작 과정에 포함하여 설명하고 있습니다.

[만드는 순서]

1 겉몸판과 겉옆판에 심지를 붙인다
2 겉몸판을 만든다
3 겉옆판을 만들어 겉몸판에 연결한다
4 안주머니를 만들어 안뒷몸판에 단다
5 안몸판을 만든다
6 겉·안몸판을 연결한다
7 몸판에 가죽 핸들, 사시꼬미를 단다

[만드는 방법]

★치수가 기재되어 있지 않은 곳은 1cm로 봉합합니다.

1 겉몸판과 겉옆판에 심지를 붙인다

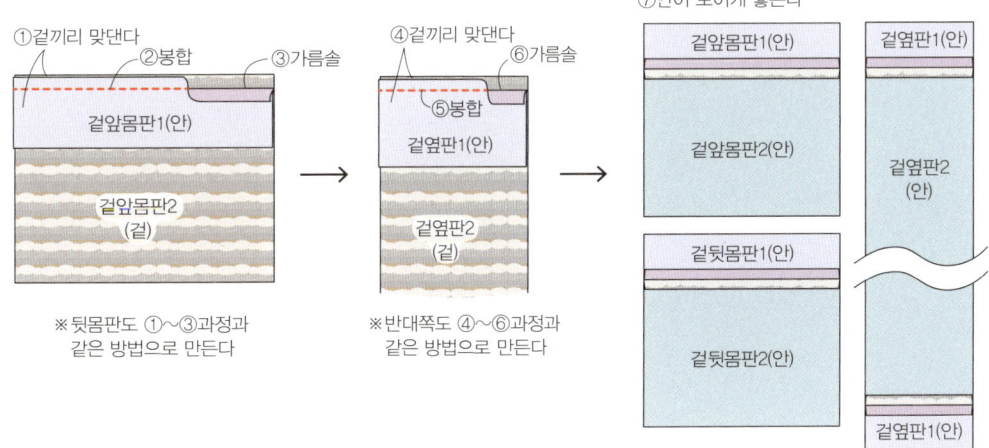

d-8 토트백

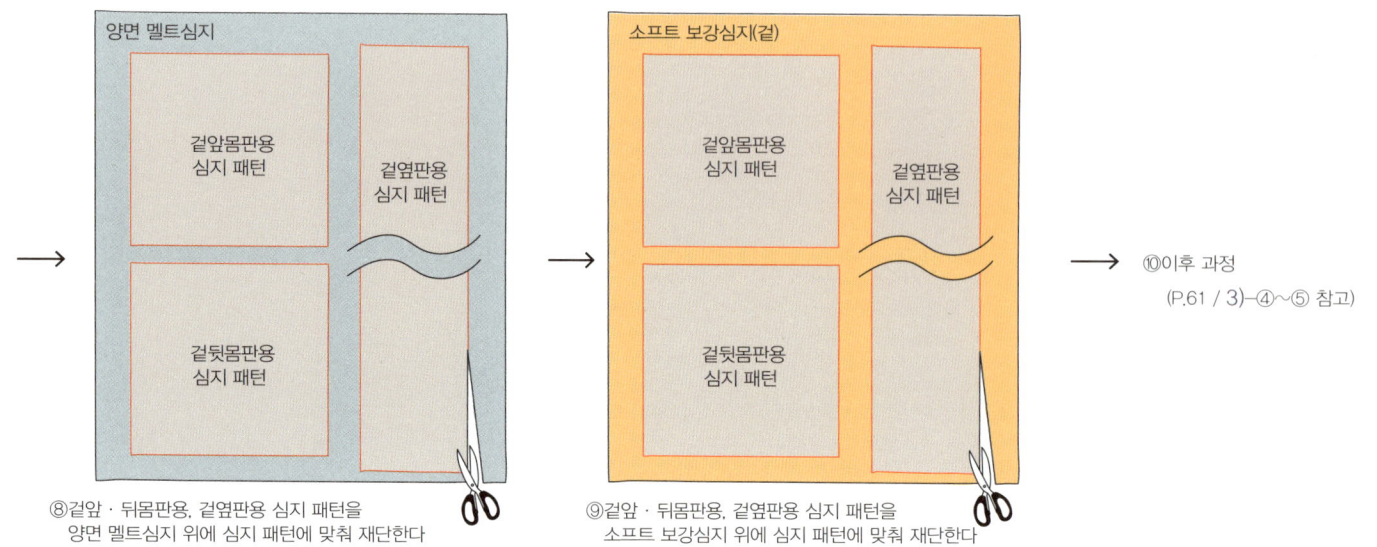

2 겉몸판을 만든다

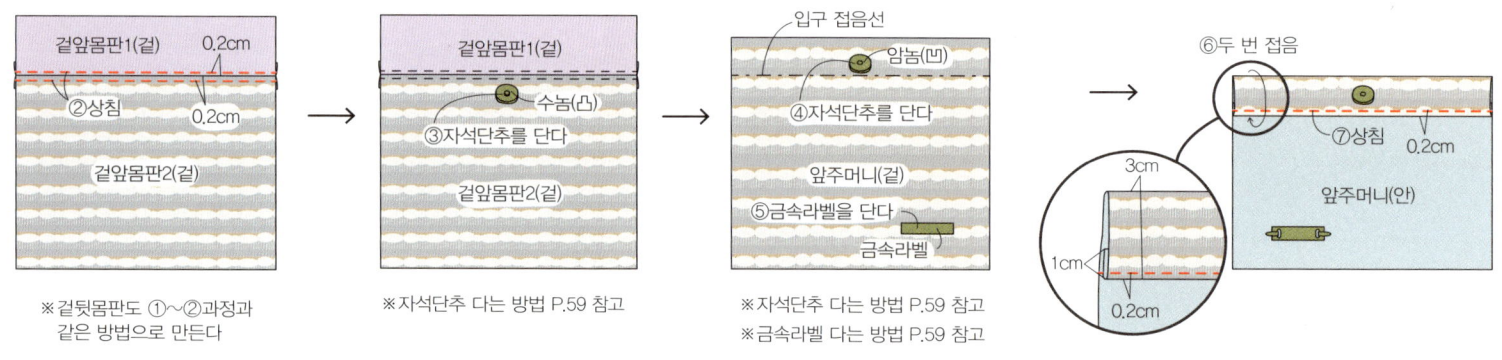

3 겉옆판을 만들어 겉몸판에 연결한다

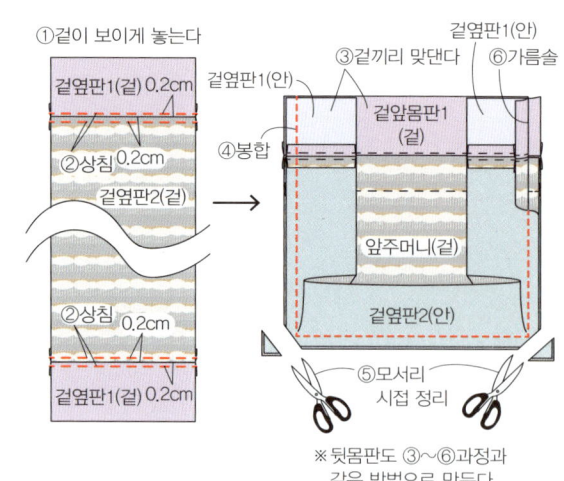

4 안주머니를 만들어 안뒷몸판에 단다

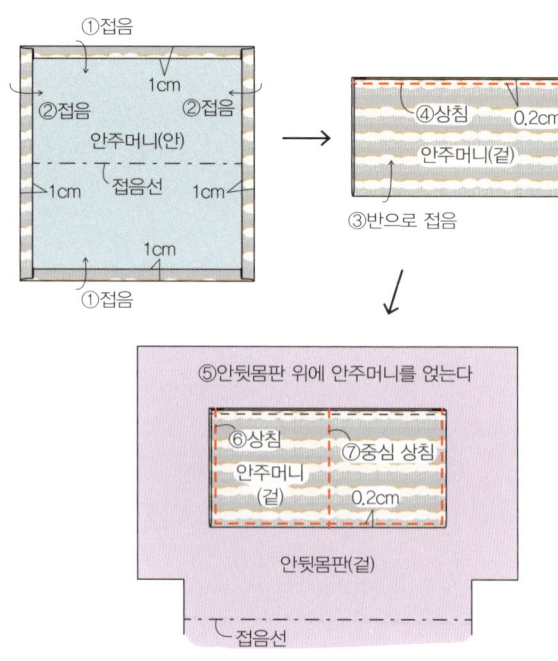

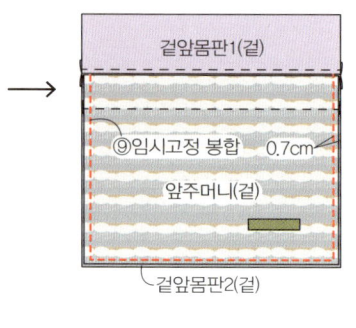

5 안몸판을 만든다

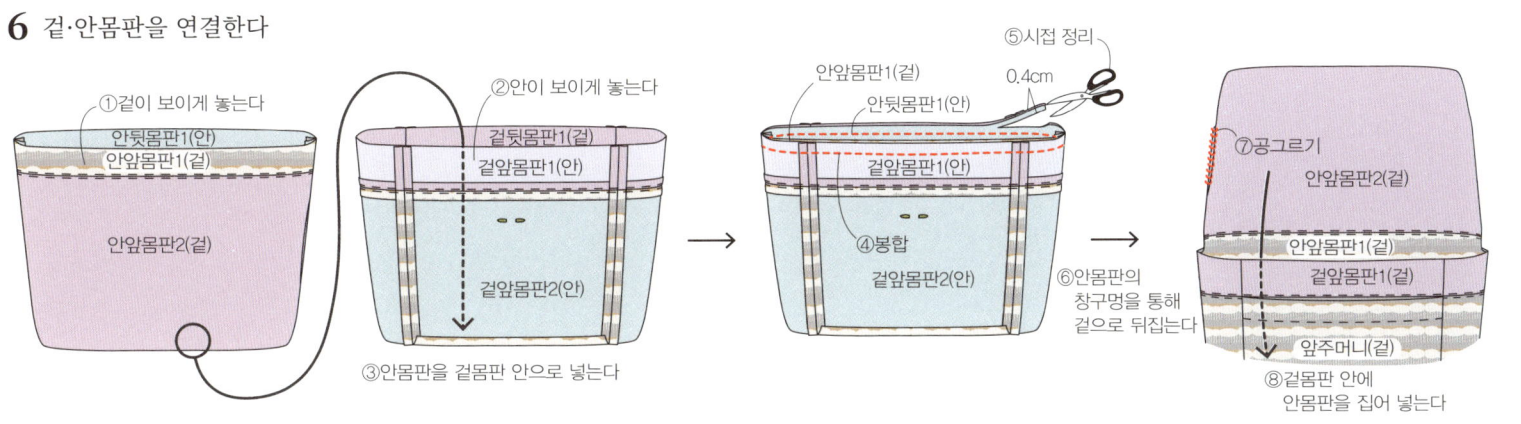

6 겉·안몸판을 연결한다

7 몸판에 가죽 핸들, 사시꼬미를 단다

< finish >

김공주

결혼 후 10년 넘게 아이들만 키우며 지내다 평소 관심 많던 소잉을 배우게 되었다. AMSA에서 소잉 마이스터 강사 자격을 취득한 후, 2015년부터 심플소잉 대전 노은점을 운영하며 좋은 사람들과 함께하고 있다.

[블 로 그]   http://blog.naver.com/choroc5
[인스타그램] simplesewing_choroc
[연 락 처]   심플소잉 대전 노은점
            대전광역시 유성구 은구비남로 13, 105호
            070-7776-5337

노정미

대학졸업 후 결혼하고 전업주부로 지내던 중, 소잉분야에 관심을 갖게 되어 AMSA에서 소잉 마이스터 강사 자격을 취득하였다. 2013년부터 심플소잉 목포 하당점을 운영하며 현재는 AMSA 전라지부 지부장 및 이사로 활동하고 있다.

[블 로 그]   http://blog.naver.com/njm1230
[인스타그램] simplesewing_hadang
[연 락 처]   심플소잉 목포 하당점
            전라남도 목포시 백년대로 380
            061-287-8155

이현정

공무원으로 10년 이상 근무하고 결혼 후 전업주부로 지내던 중, 소잉 분야에 관심이 생겨 AMSA에서 소잉 마이스터 강사 자격을 취득하였다. 현재 심플소잉 여수 엑스포점을 운영하고 있다.

[블 로 그]   http://blog.naver.com/mylhj4574
[인스타그램] simplesewing_yeosu
[연 락 처]   심플소잉 여수 엑스포점
            전라남도 여수시 박람회길 70
            061-642-0427

최은례

평범하게 결혼을 하고 전업주부로 지내다가 소잉에 관심이 생겨 배우게 되었다. AMSA에서 소잉 마이스터 강사 자격을 취득하고, 현재는 심플소잉 군산 지곡점을 운영하고 있다.

[블 로 그]   http://blog.naver.com/dmsfptjdah
[인스타그램] simplesewing_gunsan
[연 락 처]   심플소잉 군산 지곡점
            전라북도 군산시 신지길 9, 석산빌딩 102호
            063-468-6338

SEWING HARUE 26
네 가지 스타일의 핸드메이드 여성복

초판 1쇄 인쇄   2021년 03월 05일
초판 1쇄 발행   2021년 03월 18일

발행인	정용효
저자	김공주, 노정미, 이현정, 최은례 (가나다순)
기획/제작	이슬희, 유윤경, 윤효인
감수	브라이언
편집디자인	전하리
일러스트	이슬희, 유윤경, 윤효인
패턴제작	소잉컨텐츠
패턴편집	이슬희

사진	Reina Ryu
모델	박헌지, 배가율
촬영장소	스튜디오 샤이모
인쇄	웰컴P&P

PRINTED IN KOREA
ISBN 979-11-88062-37-9 13590
판매가 18,000원

등록번호	제 2016-000002호
등록일자	2016년 01월 26일
발행처	주)핸디스 소잉스토리 광주광역시 북구 서암대로 133 (신안동), 3층
대표전화	062_513_8957
팩스	062_515_8827
문의전화	070_8893_9218

소잉스토리는
소잉D.I.Y 취미실용서를 출간합니다.
www.sewingstory.com

※ 본 책은 저작권법에 따라 보호받는 저작물이므로 무단전재와 무단복제를 금지하며, 이 책 내용의 전부 또는 일부를 이용하려면 반드시 저작권자 주)핸디스의 서면 동의를 받아야 합니다.

※ 본 책에 사용된 인쇄 용지는 표지-미스틱(208g), 내지-미스틱(105g)·모조지(120g)입니다.

※ 잘못 인쇄된 책은 구입처에서 교환해 드립니다.

초보자의 눈으로 개발하는
실물 패턴전문 브랜드 패턴인!

1500여종의 상품 구성 및 매달 신상품 출시!

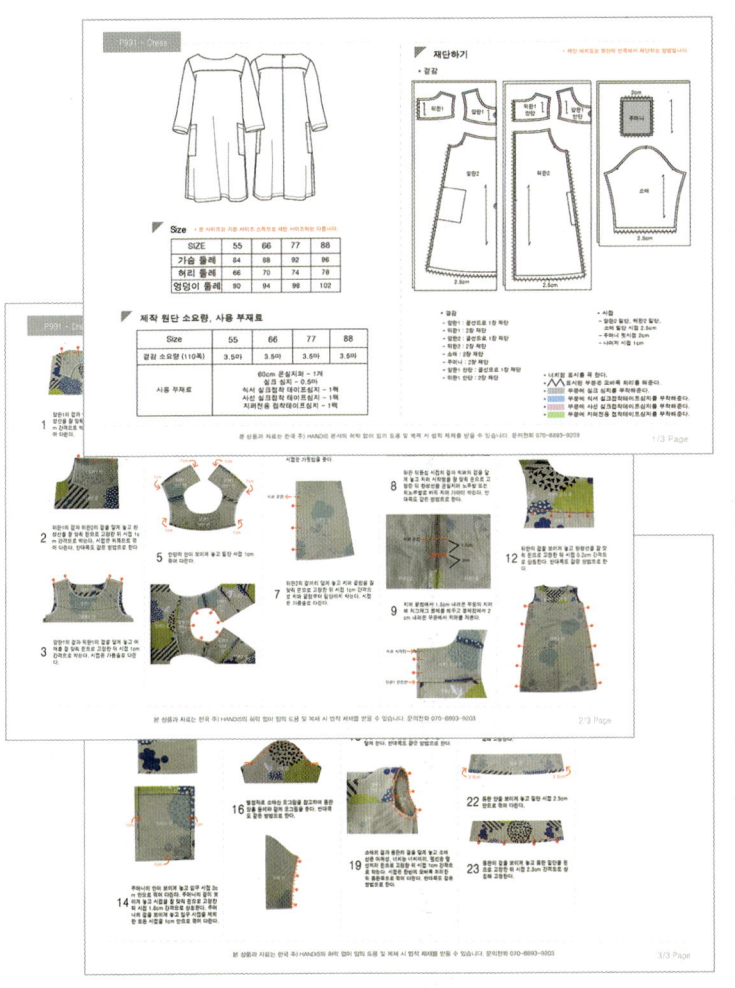

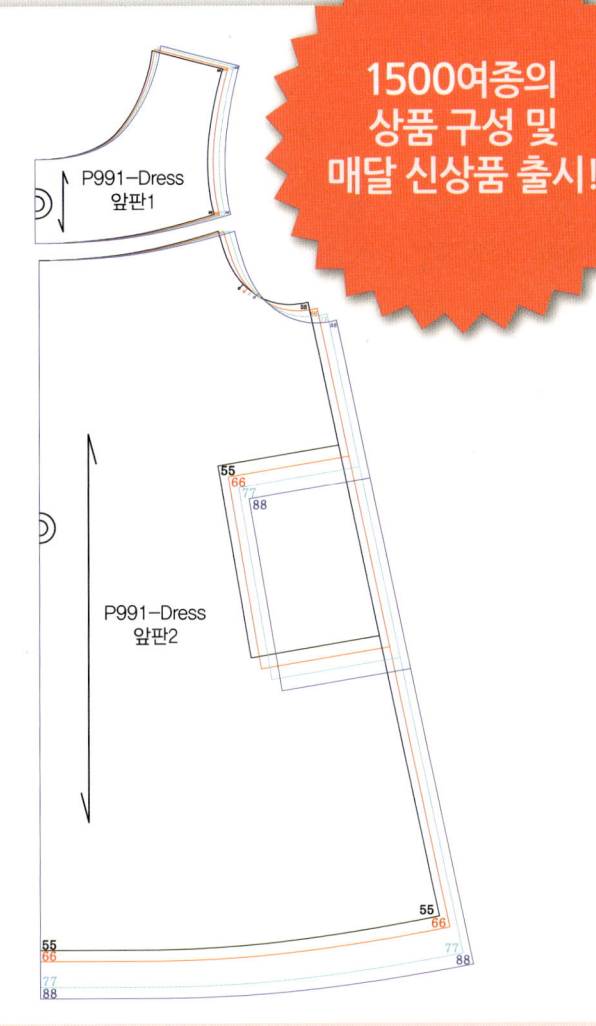

재단배치도부터 소잉 팁까지
꼼꼼한 사진 제작 설명서와 웹 제작 설명서로
쉽고 재미있게!

패턴 전문 캐드를 사용한
전 사이즈 실물 패턴과 사이즈별 컬러선으로
깔끔하고 편리하게!

아래의 구매처에서 패턴인의 모든 상품을 만나 보세요!

패션스타트
전국 대리점 보유

심플소잉
전국 대리점 보유

퀼트스타

천가게 / 천싸요 / 인패브릭 / 앤쏘라이프 / 선퀼트 / 아이러브아이옷 / 원단천국 / 원단1번지

심플소잉

국내 최초 재봉틀 공방 브랜드

심플소잉은 국내 40여 개의 대리점을 보유한 국내 최초 DIY 소잉 전문 브랜드입니다.

고품질의 미싱
디자인, 기능, 내구성을 두루 갖춘 품격 있는 미싱을 직접 체험할 수 있습니다.

다양한 소잉 전문 원단/부자재
국내·외 다양한 원단과 부자재를 보유하고 있어 작품의 완성도를 높여줍니다.

차별화된 '심플소잉'만의 교육

 수강 최대 인원 5명 소수 인원제 밀착 수업

 내 스케줄에 맞춰 수강하는 수업 사전 예약제

 충분히 갖춰진 소잉 전문 환경

 정규과정 교재 & 실물 패턴 제공

 홈패션, 소품, 의상을 한 곳에서

 초보에서 마스터가 되기 위한 단계별 학습

 모두 똑같은 패키지 NO! 나만의 개성 있는 작품

 소잉 전문 교육을 통한 창업 인재 양성

이런 분들께 심플소잉 추천드려요!
- 지친 일상에 힐링이 될 취미가 필요하신 분
- 묵혀만 두었던 미싱을 제대로 사용해 보고 싶으신 분
- 1인 창업·주부 창업을 고민하시는 분

SIMPLE SEWING

과정별 가격

과정	가격	회차	작품개수
초급	10만원	5회	4개
중급	18만원	10회	5개 ~ 9개
	• 중급은 소품, 아동복, 여성복, 펫 소잉, 베이비 소잉 5개의 분반으로 나눠집니다.		
	• 분반 별로 작품 갯수가 상이합니다.		
고급 [소품]	18만원	10회	4개
고급 [의상]	25만원	14회	4개

※ 원단·부자재 가격이 미포함된 가격입니다. ※ 운영은 매장별로 상이할 수 있습니다.
※ 전화·방문 시 더 정확하고 친절한 안내를 받으실 수 있습니다.

심플소잉 대리점 안내

경기·강원 지역
경기광주 오포점	031-767-6415	남양주 별내점	031-572-7353
분당 수내점	031-711-0015	수원 광교점	031-211-3885
수원 영통점	031-273-9411	수지 신봉점	031-264-3769
안양 동편마을점	031-703-7249	용인 죽전점	031-265-0301
원주 단구점	033-762-0251	이천 창전점	031-638-8904
인천 구월점	032-233-0708	일산 주엽점	031-906-6577
평택 소사벌점	031-651-7794	화성 동탄점	070-4190-3830

충청 지역
대전 노은점	070-7776-5337	서산 호수공원점	041-665-0607
세종 나성점	070-8820-8922	아산 배방점	041-532-5476
제천 중앙점	043-642-3106	천안 백석점	070-4078-9135
천안 신방점	041-579-7275	청주 가경점	043-232-0306
청주 율량점	043-900-3579		

경상 지역
부산 동래온천점	051-365-1591	김해 내외점	055-337-5744
양산 물금점	055-388-3636	울산 남구점	052-271-1188
포항 대이점	054-272-6349	창원 남양점	055-263-5662

전라 지역
광주 시청점	062-375-0525	군산 지곡점	063-468-6338
나주 빛가람점	061-336-6055	목포 하당점	061-287-8155
순천 동외점	061-900-9965	여수 엑스포점	061-642-0427
전주 송천점	063-278-1088		

대리점 개설 상담 및 문의

1644-5662

패션스타트

소잉교육/원단/부자재/패턴/서적/미싱

에코백부터 자켓까지
내 손으로 직접 트렌드를 디자인 하는 곳

바느질의 시작, 패션스타트 대리점

차별화된 '패션스타트'만의 교육

| 수강 최대 인원 5명 소수 인원제 밀착 수업 | 내 스케줄에 맞춰 수강하는 수업 사전 예약제 | 충분히 갖춰진 소잉 전문 환경 | 정규과정 교재 & 실물패턴 제공 |

| 홈패션, 소품, 의상을 한 곳에서 | 초보에서 마스터가 되기 위한 단계별 학습 | 모두 똑같은 패키지 NO! 나만의 개성 있는 작품 | 소잉 전문 교육을 통한 창업 인재 양성 |

전국 패션스타트 대리점

김포 장기점	031-981-7971	원주 혁신점	033-744-3027
평택 안중점	031-683-5451	동해 천곡점	033-535-7373
수원 송죽점	031-207-0966	진해 경화점	055-551-3653

 모바일 사이트

 교육 커리큘럼

Happy Bears
Sewing Notion

For your happy sewing

FROM HAPPY BEARS

직접 만들어서 더 의미있는 DIY 작품은 어떤 마음을 가지고 만드냐에 따라서 그 가치가 또 달라지는 것 같아요. 누군가를 걱정하고, 아끼고, 사랑하는 마음을 담아 완성 한다면 그 마음까지 함께 고스란히 전해지는 것이 손으로 직접 만드는 핸드메이드(HAND MADE)가 아닐까 생각됩니다 :-)

해피베어스 역시 소잉 DIY를 하는 모든 사람들을 위하는 마음을 담아 소잉작업에 필요한 좋은 상품(Product)을 고민하여 보다 더 멋진 작품을 완성할 수 있고, 늘 즐겁고 행복한 작업시간을 가질 수 있도록 가치있고, 실용적인 다양한 소잉 부자재를 기획하는데 노력하고 있습니다.

01 작품의 완성도와 품격을 UP↑
프라임 소잉전용실

의상, 소품, 홈패션, 미싱퀼트/자수 등 작품 구분없이 사용 가능하며 일반 원단부터 론(아사), 시폰, 수영복원단, 다이마루, 모직 등 다양한 원단을 봉제할 수 있는 멀티실입니다. 코어(CORE)사로 일반 폴리에스테르실에 비해 내구성이 Good! 파인 프라임(53수2합/얇은 원단용), 프라임(45수2합/일반 원단용), 스티치 프라임(29수3합/두꺼운 원단용) 총 3종으로 구성.

SIZE 약 바닥 3 X 높이 5cm
　　 파인 프라임/프라임(400m), 스티치 프라임(200m)
PRICE 프라임 2,600 won / 파인, 스티치 2,800 won

02 꽃잎처럼 부드럽고 가벼운
라라실 (고급 날나리실)

다이마루, 저지, 수영복 원단 등 스판성 있는 원단을 봉제하거나 퀼팅 작업시 밑실 전용으로 사용하기 좋고, 가장자리 오버록 및 인터록 처리시 더욱 고급스럽게 마무리 할 수 있습니다. 보송보송 부드러운 촉감으로, 아이들 피부에도 자극이 없습니다.

SIZE 약 바닥 3 X 높이 5cm / 100D/2 / 350m
PRICE 2,700 won

03 달달한 분위기를 더해요
마시멜로 무지개실

실 한가닥에 다채로운 색상이 그러데이션 되어 있어 무척 매력적인 무지개실. 미싱퀼트, 미싱자수, 의상, 소품, 홈패션 등 다양한 작품에 사용할 수 있는 달콤한 멀티실입니다. 일반 무지개실과 달리 실 중심에 나일론사가 들어있는 코아사(코어사)로 내구성 또한 good! 총 10컬러 구성.

SIZE 약 바닥 3 X 높이 5cm / 45수2합 / 400m
PRICE 3,800 won

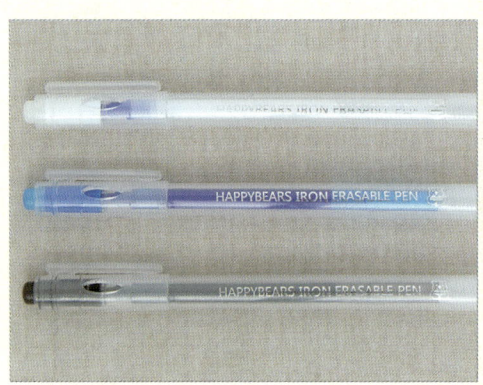

04 제도/재단 작업시 없어선 안될 필수템
아이론 열펜

펜촉의 팁 두께는 0.5mm 정도로 선이 비교적 가늘고 견고하게 그어지기 때문에 섬세한 작업에 사용하기 좋고, 작업후 다리미의 열만으로 쉽게 선을 지울 수 있어 간편합니다. 3가지 색상으로 구성되어 있습니다.

SIZE 심 두께 약 0.5mm
PRICE 1,800 won

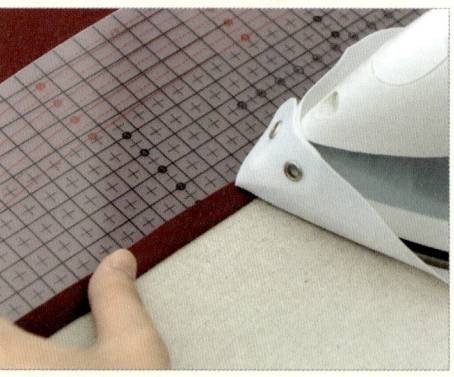

05 덕분에 작업시간이 줄었어요
아이론 시접자

아이론 시접자는 고열에 녹지 않는 특수 열경화성 아크릴 소재로, 직선, 곡선, 완만한 곡선, 각지거나 둥근 모서리 부분 등 거의 모든 시접 부분을 한번에 손쉽게 다릴 수 있는 스마트한 시접자입니다. 원단을 꺾어 원하는 치수에 재단선을 맞춘 다음, 꺾인 부분을 다려주세요. 2가지 사이즈 구성.

SIZE 약 20 X 10cm / 약 30 X 10cm / 두께 약 0.4mm
PRICE 10,000 / 12,000 won

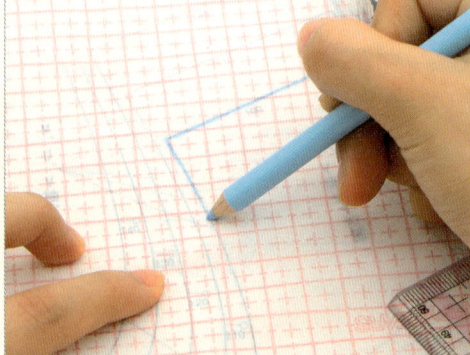

06 모눈 디자인으로 더 똑똑하게!
그리드(모눈) 부직포 패턴지

흔하지 않는 핑크색 모눈 눈금으로, 선이 선명하며 1cm(굵은 실선), 5mm(십자, 점선)로 표시되어 구분하기 쉽습니다. 눈금이 있어 쉽게 면적 계산을 할 수 있고, 원단 소요량 측정이 가능하며, 깔끔하게 롤로 말려 있어서 퀼트나 의류 패턴 작업 등 다양한 작업 시 편리하고 오래 사용할 수 있습니다.

SIZE 약 폭 50cm, 총 길이27m (2,700cm)
PRICE 14,000 won

〈상품구매처〉 패션스타트/ 패션스타트NCC 대리점/ 심플소잉/ 심플소잉NCC 대리점/ 퀼트스타/ 그외 온·오프라인

JANOME
세계 No.1 미싱브랜드

스카이라인 S3플러스

SKYLINE S3+

의상, 소품, 퀼트까지 모든 작품 제작 기법을 아우르는
프리미엄 소잉 미싱

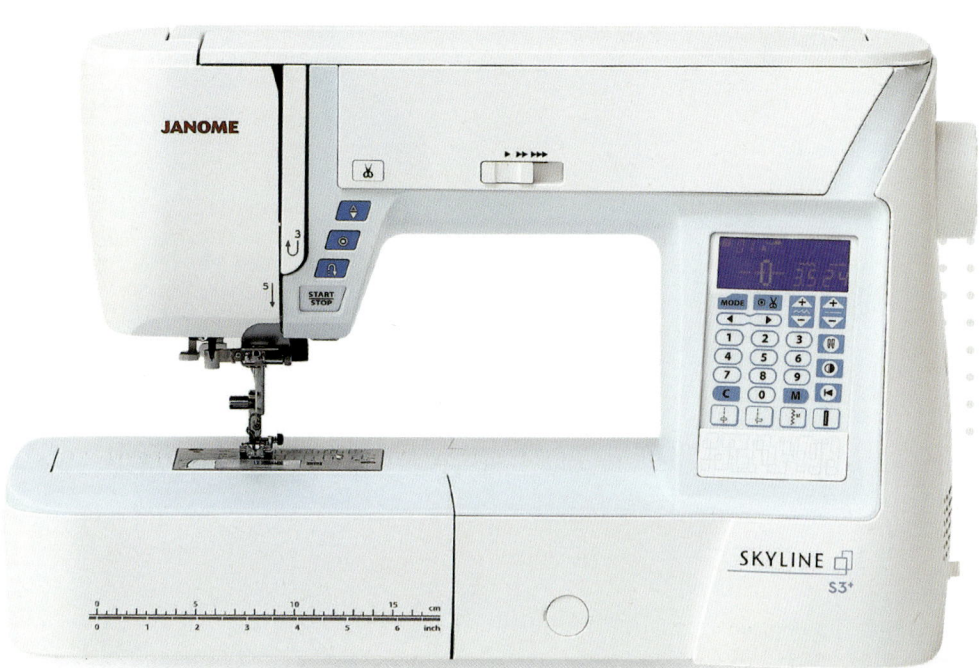

S3+ 특징

01 현대적 감각의 세련된 디자인

02 분당 최대 속도 820SPM

03 특수 합금 통주물 구조의 강한 프레임

04 360도 회전방식의 수평가마

05 필수 패턴 122가지 + 문자&기호 패턴 266가지

S3+ 기능

 시작/정지 버튼
버튼 하나로 손쉬운 조작이 가능

 바늘 상하 버튼
두 번 누르면 한 땀 한 땀 재봉이 가능

 자동 사절 버튼
한 번만 누르면 자동으로 실이 커팅

 자동 실끼우기 장치
레버만 내리면 윗실이 자동으로 장착

 자동 보강 재봉
시작과 마무리 매듭이 자동으로 지어짐

 후진 재봉 버튼
실풀림을 막아주는 마감 재봉 기능

 388가지 스티치
필수+응용 패턴으로 다양해진 스티치

 쌍침 재봉 버튼
쌍침 재봉 모드를 활성화하는 버튼

민간자격 등록번호 2017-00475

사단법인 AMSA 아시아머신소잉협회

아시아머신소잉협회(AMSA : ASIA MACHINE SEWING ASSOCIATION)는 소잉전문영역에서 가장 높은 교육수준을 유지하여 작가와 강사를 양성하고, 그 강사들이 모여 구성된 명실공히 국내 최대의 협회입니다.
AMSA는 능률적이고 안정적인 소잉을 구현할 수 있는 소잉기술을 바탕으로 교육 프로그램, 교재를 마련하고 이들의 품질을 계속적으로 개선하고 감독합니다.
또 강사에게 자격을 부여하고 AMSA 교육을 전파하기 위한 지원 서비스를 합니다.

소잉마이스터강사 320명	90개의 대리점과 공방
매년 2,400명 취미반 양성	강사준비 500명 진행중

〈2020년 제 11회 전시회〉 주제-SEWING WITH MOVIES

〈2019년 제 10회 전시회〉 주제-쏘라벨

〈2018년 제 9회 전시회〉 주제-소잉, 명화를 만나다.

AMSA 정규과정 운영과정

- 취미반 수강(2~6개월)
- ▼
- AMSA 정규과정 수강(6~15개월)
- ▼
- 포트폴리오 등록(인증시험 2개월전)
- ▼
- 포트폴리오 및 실물 심사(인증시험 1개월전)
- ▼
- 정규과정 인증시험 합격

- 소잉 아트 디자이너 자격 취득
- ▼
- MSET 수료 또는 소잉 관련학과 졸업과 심사
- ▼
- 소잉 마이스터 자격 취득
- ▼
- 정규과정 교육운영(강사용 정규과정 교재 수령)

※ 본 머신 소잉 지도강사 자격은 매년 갱신됩니다.

협회원 누적 15,000명이 먼저 경험한 검증된 정규 운영과정입니다.
취미반부터 소잉 지도강사 자격증까지 쭉 경험해보세요.

**여러분도 창업이 가능한 소잉강사가 될 수 있습니다.
지금 바로 문의하세요~**

AMSA 사무국　전화번호 070.8281.8958　팩스 062.522.8827　이메일 amsa2009@naver.com　홈페이지 amsa.or.kr
사무국 주소 - 광주광역시 북구 서암대로 133.3층　교육장 주소 - 대전광역시 서구 문정로 28 청솔빌딩 3층 303호

Sewing Harue

〈소잉 하루에〉 시리즈는 소잉스토리의 대표 개발서적 시리즈입니다. 각 서적에는 All Color 사진 설명서 / 일러스트 제작 설명서가 들어있어 초보자들도 쉽게 따라 만들 수 있습니다. 각 사이즈별로 그레이딩된 실물크기 패턴도 함께 들어있습니다. 쉽고 친절한 〈소잉 하루에〉 시리즈를 지금 만나보세요.

[Vol.26] 네 가지 스타일의 핸드메이드 여성복

네 작가들의 각각의 취향과 마음을 담은 작품들을 소개합니다. 작가별로 8작품씩, 총 32작품을 수록하고 있어 한 권으로 다양한 스타일의 아이템을 제작할 수 있습니다. 실물크기 패턴과 All Color 일러스트 제작 설명서를 수록하였으며, 스타일링 팁에는 수록된 작품으로 연출한 코디를 소개합니다. 소잉에 필요한 다양한 팁을 소개하고 있어 소잉을 어려워하는 초보자들도 쉽고 즐겁게 작품을 만들 수 있도록 도와줍니다. 소잉 하루에 Vol.26에서 나의 취향과 닮은 작가의 작품을 찾아보고 즐거운 옷 만들기를 시작해보세요!

32작품 수록 / 144쪽
실물크기 패턴 2매(4면) 32작품 수록 /
정가 18,000원

[Vol.25] 편안하고 특별한 핸드메이드 여성복

편하게 입을 수 있는 다양한 스타일의 여성복을 소개합니다. 베스트, 티셔츠, 블라우스, 셔츠, 자켓, 하의 총 6가지 테마의 작품이 총 31개가 수록되어 있어 한 권으로 다양한 아이템을 제작할 수 있습니다. 실물크기 패턴과 All Color 일러스트 설명서를 수록하였으며, 스타일링 팁에는 수록된 작품으로 연출할 수 있는 코디를 소개합니다. 소잉에 필요한 다양한 팁을 소개하고 있어 소잉을 어려워하는 초보자들도 쉽고 즐겁게 작품을 만들 수 있도록 도와줍니다. 소잉 하루에 Vol.25와 함께 일상 속 소잉의 즐거움을 느껴보세요.

31작품 수록 / 136쪽
실물크기 패턴 2매(4면) 31작품 수록 /
정가 18,000원

[Vol.20 개정판] Man & Kid Clothes 트렌디한 남성복 만들기

이지 캐주얼 스타일의 다양한 남성복을 소개합니다. 티셔츠, 셔츠, 팬츠, 자켓, 소품 등 다양한 아이템들이 수록되어 있으며, 아이와 함께 입을 수 있는 아이템도 수록되어 있습니다. 소잉에 필요한 다양한 팁을 소개하고 사진 제작 설명서와 All Color 일러스트 제작 설명서가 들어있어 쉽고 즐겁게 작품을 만들 수 있도록 도와줍니다. 세상에 하나뿐인 옷을 만들어 소중한 사람에게 선물해 보세요.

29작품(아동 6작품) 수록 / 112쪽
실물크기 패턴 2매(4면) 29작품(아동 6작품) 수록 /
정가 16,000원

[Vol.24] 깔끔한 실루엣의 원피스 만들기 25

'깔끔한 실루엣의 원피스'라는 주제를 가지고 기본 원피스, 주름 원피스, 프린세스 원피스, 랩 원피스, 셔츠 원피스, 소품 총 6가지 테마의 원피스와 소품을 한 권에 담았습니다. 총 25작품의 실물크기 패턴과 All Color 일러스트 설명서를 수록하였으며 스타일링 팁에는 원피스로 연출할 수 있는 코디를 소개합니다. 소잉에 필요한 다양한 팁을 소개하고 있어 소잉을 어려워하는 초보자들도 쉽고 즐겁게 작품을 만들 수 있도록 도와줍니다. 아름다운 실루엣이 가득한 원피스 작품들을 만들어보세요!

25작품 수록 / 120쪽
실물크기 패턴 2매(4면) 25작품 수록 /
정가 16,000원

[Vol.18 개정판] 리넨으로 시작하는 여성복 만들기

입을수록 멋스러운 리넨 여성복을 소개합니다. 블라우스, 스커트, 팬츠, 원피스, 자켓, 코디 아이템 등 총 34가지 아이템들이 다양하게 수록되어 있으며, All Color 일러스트 제작 설명서와 소잉에 필요한 다양한 팁을 소개하고 있어 쉽고 즐겁게 작품을 만들 수 있도록 도와줍니다. 친절한 소잉 하루에와 함께 나만의 리넨 의상을 직접 만들어 보세요.

34작품 수록 / 164쪽
실물크기 패턴 2매(4면) 32작품 수록 /
정가 16,000원

〈소잉 하루에〉 시리즈

[Vol.10] 매일매일이 행복한 아기옷 바느질
[Vol.11] 진짜 쉬운 머신소잉의 기초
[Vol.12 신개정판] 내 손으로 만드는 사랑스러운 우리아이 한복
[Vol.13 개정판] 오버록 미싱으로 만드는 핸드메이드 아이옷
[Vol.14 개정판] 마리앤느의 핸드메이드 에이프런
[Vol.15] 그녀들이 만드는 행복한 홈인테리어
[Vol.16] 여우꼬리가 들려주는 행복한 자수 소품 이야기
[Vol.17] 처음 배우는 소잉 가방과 파우치 26
[Vol.19] 트렌디한 소잉 DIY 클러치와 가방만들기
[Vol.21] 리넨으로 만드는 엄마와 딸의 커플룩
[Vol.22] 미네와 함께 만들어 보는 일상의 소품과 의상
[Vol.23] 정성이 깃든 우리 가족 한복 만들기

Homepage

Sewing Story

소잉스토리는 소잉 D.I.Y. 서적을 출간하는 소잉 전문 출판사입니다. 프로페셔널 기획과 짜임새 있는 완성도를 바탕으로 2009년 한국 최초의 소잉 D.I.Y 잡지인 "소잉 하루에"를 창간했으며, 현재는 단행본 형식으로 변경하여 매년 3회씩 발간하고 있습니다. 일본의 인기 있는 소잉 D.I.Y 서적들을 번역하여 발간하는 일도 함께 하고 있습니다.

즐겨 입는 핸드메이드 여성복 35

[즐겨 입는 핸드메이드 여성복 35]에서는 다양한 형태의 여성복과 코디를 더 돋보이게 해줄 소품들을 한 권에 담았습니다. 아이템 35종이 수록되어 있으며, 일러스트 제작 설명서로 만드는 방법을 소개해 초보 소어들도 쉽게 옷을 만들 수 있습니다. 실물크기 패턴도 함께 수록되어 있어 패턴을 직접 제도해야 하는 어려움 없이 쉽게 작품을 제작할 수 있습니다. [즐겨 입는 핸드메이드 여성복 35]를 통해 나만의 핸드메이드를 즐겨보세요.

35작품 수록 / 88쪽 / 정가 18,000원
실물크기 패턴 1매(2면) 28작품 수록

다양한 디테일의 상의 셔츠와 블라우스

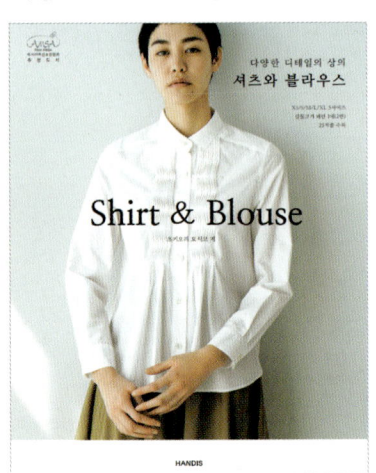

[다양한 디테일의 상의 셔츠와 블라우스]에서는 다양한 디테일의 셔츠와 블라우스를 소개합니다. 소매의 형태부터 밑단 처리, 핀턱 장식 등 소잉에 유용한 많은 디테일이 담긴 작품이 25종 수록되어있으며, 내가 원하는 디테일을 선택하여 제작할 수 있습니다. All Color 사진 제작 설명서와 일러스트 설명서로 만드는 방법을 설명하고 있고, 실물크기 패턴을 수록하여 패턴을 직접 제도해야 하는 어려움 없이 초보자도 깔끔한 셔츠를 제작할 수 있습니다. [다양한 디테일의 상의 셔츠와 블라우스]를 통해 소잉의 기술을 한 단계 성장시켜보세요.

25작품 수록 / 88쪽 / 정가 16,000원
실물크기 패턴 1매(2면) 25작품 수록

매일 입고 싶은 핸드메이드 여성복 만들기

[매일 입고 싶은 핸드메이드 여성복 만들기]에서는 실루엣이 예쁜 다양한 여성복을 한 권에 담았습니다. 여성들에게 사랑받는 아이템인 블라우스부터 원피스, 스커트, 팬츠 등 다양한 아이템이 14종 수록되어 있으며, All Color 사진 제작 설명서로 만드는 방법을 설명하고 있어 초보자도 쉽게 소잉을 즐길 수 있게 도와줍니다. 실물크기 패턴을 수록하여 패턴을 직접 제도해야 하는 어려움 없이 쉽게 작품을 제작할 수 있습니다. [매일 입고 싶은 핸드메이드 여성복 만들기]와 함께 일상을 함께하고 싶은 여성복을 직접 만들어보세요.

14작품 수록 / 88쪽 / 정가 17,000원
실물크기 패턴 2매(4면) 14작품 수록

내 아이를 위한 사랑스러운 아동복 만들기

[내 아이를 위한 사랑스러운 아동복 만들기]에서 귀여운 디테일로 가득한 아동복 15종을 한 권에 았습니다. 사진 제작 설명서와 일러스트 제작 설명서로 만드는 방법을 소개해 초보 소어들도 쉽게 다가갈 수 있도록 도와줍니다. 90, 100, 110, 120 총 4사이즈의 실물크기 패턴도 함께 수록되어 있어 패턴을 직접 제도해야 하는 어려움 없이 쉽게 작품을 제작할 수 있습니다. [내 아이를 위한 사랑스러운 아동복 만들기]와 함께 내 아이와 소중한 시간을 함께할 아동복을 직접 만들어보세요.

15작품 수록 / 80쪽 / 정가 16,000원
실물크기 패턴 2매(4면) 15작품 수록

직접 만드는 나만의 핸드메이드 스커트 25

[직접 만드는 나만의 핸드메이드 스커트 25]에서는 다양한 디자인의 스커트를 한 권에 모았습니다. 스커트 25종이 수록되어 있으며, 사진 제작 설명서와 일러스트 제작 설명서로 만드는 방법을 소개해 스커트 제작을 도전하지 못했던 소어들도 쉽게 다가갈 수 있도록 도와줍니다. S, M, L, LL 총 4사이즈의 실물크기 패턴도 함께 수록되어 있어 패턴을 직접 제도해야 하는 어려움 없이 쉽게 작품을 제작할 수 있습니다. [직접 만드는 나만의 핸드메이드 스커트 25]와 함께 핸드메이드 스커트를 내 손으로 만들어보세요.

25작품 수록 / 88쪽 / 정가 16,000원
실물크기 패턴 1매(2면) 25작품 수록

소잉으로 만드는 사계절 원피스

[소잉으로 만드는 사계절 원피스]에서는 다양한 디자인의 원피스를 한 권에 가득 담았습니다. 오버핏의 원피스 17종이 수록되었고 일러스트 제작 설명서로 만드는 방법을 소개해 초보자도 쉽게 다가갈 수 있도록 도와줍니다. S, ML, LL 총 3사이즈의 실물크기 패턴도 함께 들어있어 패턴을 직접 제도해야 하는 어려움 없이 쉽게 작품을 제작할 수 있습니다. [소잉으로 만드는 사계절 원피스]와 함께 편안하고 스타일리한 원피스 스타일을 즐겨보세요!

17작품 수록 / 72쪽 / 정가 16,000원
실물크기 패턴 2매(4면) 17작품 수록

패션스타트, 심플소잉, 퀼트스타 및 온/오프라인 서점에서 더 많은 핸디스 소잉스토리의 서적을 만나보세요!